간 첩 시 대

간첩시대

한국 현대사와 조작간첩

김정인

황병주

조수룡

정무용

홍정완

홍종욱

유상수

이정은

책과함께

누구나 간첩으로
몰릴 수 있었던 시대의 이야기

무소불위 권력은 사람을 죽이는 것을 자신의 권리로 안다. 권력 보위를 위해 죽일 수 있는 권리를 아무렇지 않게 행사한다. 인생과 함께 자존감마저 송두리째 무너지는 듯한 끔찍한 고통은 어느 날 갑자기 공안기관에 끌려간 그들, 조작간첩의 몫일 뿐이다. 감옥 안에서든, 세상에 나와서든 하루하루를 힘겹게 견뎌야 하는 건 그들이다. 그들과 그들의 고통을 잊은 세상은 여전히 아무 일 없다는 듯 오늘도 흘러간다. 십수 년 전 처음 조작간첩 피해자들을 만났을 때, 사회적 소외를 견디며 살아온 그분들의 삶의 무게를 감히 가늠할 수 없다는 절망감에 한동안 힘들었다.

그때 깊은 인상을 준 두 분이 계셨다. 한 분은 나랑 한자까지 이름이 같았고 이미 이 세상 분이 아니었다. 김정인 선생님은 1980년에 중앙정보부에 갑자기 끌려가 1985년에 사형당했다. 그는 1964년에 갑자기 나타난 외삼촌에게 이끌려 북한에 갔다가 3일 만에 돌아왔다. 그뿐이었다. 고문에 못 이겨 한 허위자백과 평소 듣던 라디오와 부인에게 사준 금반지가 간첩 증거로 둔갑했다. 그는 사형선고를 받았고 두 번의 재심 청구 모두 기각되었다. 그가 남긴 2차 재심 청구서는 이렇게 끝을 맺고 있다.

아무런 증거도 없는 것을 가지고 채고형까지는 너무나 가하지 않습니까. 넓으신 마음으로 이 못난 소인을 한번 살려주세요. 판사님 형법에 의한 벌만 주싶시오, 판사님…. **1984년 11월 15일 피고인 김정인**

변호사의 도움도 받지 못하고, 맞춤법도, 문장도 제대로 갖추지 못한 글로 억울함을 간절히 호소했던 그를 떠올리는 건 고통이었다. 그런데 한 사람의 생명을 권력 보위의 일개 수단으로밖에 보지 않았던 권력자 '그'는 지금도 여전히 잘살고 있다!

또 한 분은 다큐멘터리 영화 〈무죄〉의 주인공으로 박동운 선생님이다. 1981년에 체포되어 18년 동안 감옥살이를 하셨다. 농협에 근무하며 가정을 꾸리고 평온한 삶을 사던 그는 어느 날 안기부에 끌려가 고문을 당했다. 월북한 아버지에게 포섭되어 간첩 활동을 했다는 허위자백과 자귀를 유일한 증거로 1심에서 사형선고를 받았다. 그 모진 삶을 견뎌낸 피해자임에도 박동운 선생님의 온화한 표정과 절제 있는 말씀과 성품은 지금도 뵐 때마다 존엄한 삶의 의미를 되짚게 한다. 그 가슴 저린 사연을 담담한 어조로 내레이션하며 영화 마지막에 자식들에게 "너희들이 언젠가 이해해줄 것이라" 기대하시던 모습이 아직 눈에 선하다.

삶은 숭고하다. 하지만 스스로 아무런 일도 하지 않는데, 고문이라는 폭력에 무너지며 '간첩 잡은 아빠 되고 신고하는 엄마 되자'라는 표어가 버젓이 통용되던 시절에 자신의 삶을 송두리째 앗아갈 간첩으로 조작된 그분

간첩 시대

들에겐 감히 말할 수 없는 송구한 명제다. 그분들의 몸과 마음에 깊이 패어 있는 상처를 치유하기 위한 노력을 옆에서 지켜보며 이런 생각을 종종 했다. 그저 평범한 삶을 살던 그분들이 한 서린 마음으로 10년이 넘게 감옥에 있으면서 아마도 '내가 왜 여기에 와 있는 거지?'라는 생각을 수도 없이 했을 텐데….

2018년 들꽃재단이 한국역사연구회에 울릉도 간첩단 사건과 삼척 간첩단 사건에 관한 책을 써달라는 제안을 했다. 들꽃재단은 조작간첩 사건 피해자들이 받은 보상금의 일부를 종잣돈으로 설립한 재단이다. 그 이야기를 듣는 순간, 어쩌면 조작간첩 피해자 치유의 첫걸음이 자신의 인생을 뒤바꾼 그 사건의 진실을 아는 것이 아닐까 무릎을 쳤다. 사건의 전후맥락 속에 자신이 어떻게 그런 일을 겪었는지 이해할 수 있다면, 재심으로 무죄판결을 받고도 그때의 충격과 고통에서 벗어나지 못했던 피해자들에게 '과거'를 털고 '현재'를 살 수 있는 힘을 드릴 수 있을지 모른다는 생각이 들었다.

어떻게 조작간첩 연구를 할 것인가? 그야말로 첫걸음이었기에 조심스러웠고 정말 잘 써서 조작간첩 피해자들에게 헌정하고 싶었다. 그리고 한국 현대사 연구에서 100여 건이 넘는 것으로 추정되는 조작간첩 사건은 중요한 주제이므로 후학들이 관심을 갖고 의미 있는 성과를 거두는 게 필요하다고 보았다. 그렇게 쉽지 않은 주제인데도 관심을 갖는 고마운 후배들과 함께 한국역사연구회 팀은 울릉도 간첩단 사건을, 역사문제연구소 팀은 삼척 간첩단 사건을 맡아 집필하기로 했다. 그런데 구체적인 사건을 다루면서, 개괄적으로 조작간첩 사건의 역사를 다룬 성과가 없다는 것을 알았다. 그렇다면 이참에 개괄적인 연구를 먼저 하고 구체적인 사건은 다음에 다루기로 하면서 바로 이 책이 탄생할 수 있었다.

이 책은 울릉도 간첩단 사건과 삼척 간첩단 사건 연구에 참여하는 8명이 공동 집필했다. 1장부터 4장까지는 조작간첩 사건의 배경으로서 한국 사회에서 간첩이 갖는 의미와 간첩 담론의 변천, 공안기구의 실태, 남파공작원 등을 살핀다.

1장 '한국에서 간첩이란'에서는 한국 현대사에 등장한 여러 유형의 간첩의 역사를 개괄적으로 다룬다. 분단이라는 비극에서 발원하는 남파간첩과 그들에게 폭력적으로 강요되었던 전향을 살피고, 1960년대 말부터 오늘날까지 반복적으로 등장한 조작간첩 사건의 양상을 분석한다. 최근 극우보수에 의해 '나와 다르면 모두 간첩'이라는 프레임이 등장하는 과정도 살핀다.

2장 '공안통치와 간첩 담론'에서는 1960~1970년대 박정희 체제의 공안통치 전략상 매우 중요한 매개였던 간첩에 대한 담론 분석을 통해 우리 사회의 지배질서가 어떻게 작동하는지를 들여다본다. 간첩이 북한의 위협을 강조하기 위한 상징이자 남한 주민들을 통제하기 위한 장치로 기능한 점에 주목하면서 간첩 담론의 역사적 변화를 살핀다.

3장 '북한의 대남전략과 남파공작원'에서는 간첩 조작의 논리와 실체를 파악하기 위해 조작간첩이 아닌 실제 '간첩', 즉 남파공작원의 실체를 다룬다. 1960~1970년대 북한 대남정책의 추이와 조선노동당 연락부 등의 대남 기구와 조직에 대한 분석과 함께 남파공작원의 실태 및 남파 교육과 침투 방법을 고찰한다.

4장 '간첩을 만드는 공안기구'에서는 조작간첩 사건의 기획과 실행을 주도한 공안기구의 변천 과정을 다룬다. 공안 통치가 본격적으로 시작되는 군부독재 시기의 국가 정보기구와 군 정보기구를 중심으로 공안기구의 변천 과정을 살피고, 민주화 이후에도 간첩 조작 활동을 지속한 공안기구의 문제

점을 지적한다.

5장부터 8장까지는 월북자 가족, 재일한인, 재유럽·미국 한인, 납북귀환 어부 등이 어떻게 간첩으로 만들어졌는지를 구체적인 사례를 통해 검토한다.

5장 '누구를 간첩으로 만들었나 1: 월북자 가족'에서는 월북자 가족 간첩단 사건을 다룬다. 이들 사건이 모두 한국전쟁 과정에서 일어난 '이산'을 배경으로 하고 있다는 점에 주목하면서 유신체제기 중앙정보부에 의해 조작된 사건으로서 1974년 울릉도 간첩단과 1979년 삼척 간첩단, 그리고 전두환 정부의 국가안전기획부(안기부)가 조작한 1980년 김정인 일가, 정춘산 일가 간첩단 조작 사건, 1981년 진도 가족 간첩단 조작 사건, 1982년 송씨 일가 간첩단 사건을 분석한다.

6장 '누구를 간첩으로 만들었나 2: 재일한인'에서는 재일한인 그리고 일본을 방문한 남한 출신자를 대상으로 한 조작간첩 사건을 다룬다. 한반도의 냉전과 분단이 그대로 재일한인 사회에 재현된다는 점에 주목하면서 일본 '우회간첩'의 사례로서 조작되었던 재일한인을 대상으로 한 '유학생 간첩단 사건'과 유학이나 연수로 일본을 방문한 이들이 포함된 '울릉도 간첩단 사건'을 고찰한다.

7장 '누구를 간첩으로 만들었나 3: 재유럽·미국 한인'에서는 조작간첩 사건 중 유럽·미국 지역의 간첩단 조작 사건을 다룬다. 박정희, 전두환 정권의 중앙정보부와 안기부가 북한의 우회전술에 대한 대응으로 유럽을 주목해 정권의 정치적 위기를 돌파하기 위해 '간첩단' 사건을 조작한 점에 주목하면서 동백림 간첩 조작 사건, '유럽 간첩단' 조작 사건, '유럽 거점 간첩단' 조작 사건, '서독 유학생 학원 간첩 침투' 조작 사건, '구미 유학생 간첩단' 조작 사건 등을 살핀다.

8장 '누구를 간첩으로 만들었나 4: 납북귀환어부'에서는 '간첩' 조작 사건의 주된 표적이었던 '납북귀환어부'를 다룬다. 해방 이후 근해 어업의 동향과 어부의 지위와 납북어부를 둘러싼 남·북의 대응 변화에 대한 분석을 바탕으로 1970~1980년대 납북귀환어부 '조작' 간첩 사건을 고찰한다.

책의 제목을 '간첩 시대'라 했듯이, 이 책을 집필하면서 '공안과 간첩'이 분단과 독재체제하에서 일어난 반민주적이고 반인권적인 비극을 고스란히 드러내는 키워드임을 새삼 깨닫게 되었다. 이 책의 필자들은 모두 처음으로 간첩의 역사를 집필했다. 그만큼 한국 현대사에서 조작간첩 사건의 역사가 갖는 중요성에 비해 아직 이를 연구하는 전문가는 거의 없음을 의미한다. 미력하나마 공동 연구의 산물로서 이 책이 나온 만큼 조작간첩 사건의 역사에 대한 연구자들의 관심이 제고되기를 기대해본다. 이 책에 이어 들꽃재단의 기획에 따라 삼척 간첩단 사건, 울릉도 간첩단 사건을 비롯한 조작간첩 사건의 역사를 정리한 책들이 시리즈로 나올 예정이다.

이 책을 누구보다 반길 조작간첩 사건의 피해자 선생님들에게 바친다. 이 책을 읽으며 '내가 왜 그때 그런 일을 당해야만 했을까'를 짚어보며 '그때 그 장소'에 멈춰 있던 삶을 떠나 2020년 '지금 여기'에서 우리와 함께 숨 쉬고 느끼며 살아가시길 소원해본다.

누구나 간첩 누명을 쓸 수 있었던 시대의 이야기를 마무리하면서 울릉도 간첩단 사건으로 17년 동안 옥고를 치르시고 나와 2012년 암투병 끝에 재심도 못 보고 안타깝게 돌아가신 최규식 선생님의 말씀을 전한다.

이 사건이 일어나기 전에는 나와 상관없는 일에는 신경 쓰지 않았지요. 문제가 있으면 피해가면서 살았지요. 나만 손해 보지 않으면 되니 말이에요.

하지만 이 사건을 겪으면서 생각이 완전히 달라졌어요. 누구나 역사의 피해자가 될 수 있다는 것을 깨달았지요.

필자를 대표하여 김정인 씀

차례

제 1 장

한국에서 간첩이란

김정인

1

간첩'들'이 존재하는 분단 사회

간첩은 그냥 간첩이어야 한다. 하지만 분단이라는 현실, 반공이라는 이념에 의해 우리 사회에서는 간첩에 붙은 수식어가 여럿 존재한다. 우리가 알고 있는 본래 의미의 간첩은 북한에서 남한으로 내려온 남파간첩이다. 간첩은 곧 남파간첩을 의미하는 줄만 알았는데 북파간첩도 있다는 사실이 널리 알려진 것은 1990년대 후반의 일이었다.

남파간첩이든 북파간첩이든 그들은 실제로 간첩이었다. 하지만 간첩이 아닌데 간첩이라는 올가미에 걸려 삶이 무너지고 혹은 죽음에까지 이른 이들이 있으니, 바로 '조작간첩'이다. 군부대에 엄청난 포상금과 함께 내걸려 있던 "한 마리만 잡자"라는 구호처럼 간첩이 사람 취급을 받지 못하던 시대에 간첩으로 조작된다는 것은 개인을 '살아 있으되 죽은' 인간으로 만드는 사형선고나 다름없었다. 법 위에 있는 권력으로서 간첩을 조작해온 독재권력은 간첩의 생각도 개조할 수 있다며 남파간첩에게는 전향을 강요했다.

독재권력이 무너지고 1987년 6월 항쟁으로 민주화 시대가 열린 이후에도 간첩이라는 주홍글씨는 쉽사리 사라지지 않았다. 2003년 재독학자 송두율은 36년 만의 귀향길에 졸지에 간첩으로 몰려 감옥에 가고 말았다. 정보기관이 간첩을 조작하는 악습도 쉽게 사라지지 않았다. 박근혜 정부 시절인 2013년 국가정보원(이하 국정원)은 서울시 공무원으로 재직 중이던 탈북자 유우성 씨를 간첩으로 조작했다. 촛불시민혁명이 한창이던 2017년 초에 국군기무사령부는 함세웅 신부와 조선총련을 연계한 간첩 사건 조작을 기획했다. 그리고 지금 여기, 서울의 광화문 광장에서 극우세력들은 대통령마저 '간첩'이라며 자신들과 생각이 다른 세력을 종북좌파이자 간첩이라고 주장하고 있다. 이처럼 분단국가인 한국에서는 보편 개념으로서의 간첩을 포함해 다양한 형태의 간첩'들'이 존재한다. 나와 다르면 '간첩'이라는 배제 논리가 지금도 극우세력에 의해 작동되고 있다.

남파간첩, 그들에게 강요된 전향

간첩은 근대 들어와 흔히 쓰이는 말이 되었다. 간첩에서 '간(間)'은 상대방의 내부 사정을 살펴 정보를 파악해 전달하는 스파이 일반을 뜻한다. '첩(諜)'은 적의 움직임을 구체적으로 살피는 정찰병에 가까운 뜻이다.¹ 조선시대까지는 간첩을 흔히 세작(細作) 혹은 간자(間者) 등으로 불렀다. 근대에 들어와 간첩은 ① 비밀리에 적대국의 내정·동정 등을 탐지해 자국에 보고하는 자, 또는 ② 자국의 비밀을 수집해 적대국에 제공하는 자를 가리키는 개념이 되었다. 여기서 비밀은 특히 군사기밀을 뜻한다.

1909년에 제정된 대한제국의 〈육군형법〉에서는 '적의 간첩을 유도하거나 은닉하거나 방조하거나 자기가 적에 간첩이 된 자'를 사형에 처하도록 규정했다. 이보다 앞서 1905년에 제정된 대한제국의 〈형법대전〉에서는 '외국에 잠종(潛從)하여 본국을 배반하거나 간첩하여 전단(戰端)을 일으키는 자는 수종(首從)을 불문하고 교(絞)에 처함'이라고 규정했다. 일본은 러일전쟁 중에 대한제국 내에서 잡힌 적국 러시아의 포로와 간첩을 처리하고 자신들의 군사시설을 보호하기 위한 규정을 만들었다. 역시 간첩에 대해서는 사형에 처하도록 했다.

헤이그 밀사 사건으로 잘 알려진 1907년 헤이그 만국평화회의에서는 〈국제 분쟁의 평화적 해결에 대한 협약〉을 비롯해 14개의 협약이 체결되었다. 이 중 하나인 〈육전의 법 및 관습에 관한 협약〉에는 국제적으로 합의한 간첩 개념이 엄격히 제한적으로 규정되어 있다. 이에 따르면 '교전자의 작전 지역에서 상대방 교전자에 통첩할 의사를 가지고 은밀 또는 허위의 구실하에 행동하고 정보를 수집하거나 또는 수집하려는 자가 아니면 간첩으로 인정할 수 없다.' 그러므로 '변장하지 않은 군인으로서 정보를 수집하기 위해 적군의 작전 지역 내에 진입한 자는 간첩이라고 인정하지 않는다'라고 규정했다.[2] 이에 따르면 국제법상 전시의 간첩 활동은 위법이 아니었다. 정찰대원이 자기 나라 군복을 입고 적진에서 정보 수집 활동을 하는 것은 교전 활동으로 보았다. 단 체포되면 포로가 아니라 교전 당사국의 국내법에 의해 처벌을 받도록 했다. 그리고 민간인 복장을 하거나 적군 군복을 입고 정보 수집 활동을 하는 것만을 간첩행위로 보았다.

그런데 1970년대에 간첩 잡는 공안검사 출신으로 국회의원까지 역임했던 한옥신은 해방 이후 한국 사회에서 통용되는 간첩의 개념은 헤이그 만국평화회의에서 정의한 간첩과는 다를 수밖에 없다고 주장했다. 만국평화회의에서는 전시하의 간첩에 대해 규정하고 있을 뿐이어서 "공산주의자들이 비공산국가를 전복하려고 갖은 수단을 사용하고 있는" 오늘날에 준동하고 있는 '간첩' 개념으로는 맞지 않는다는 것이다. 한옥신은 "북괴에 대적하는 준전시체제"에 있는 우리나라에서는 새로운 간첩 정의가 필요하다고 주장했다.[3] 그는 "적국에 알리기 위하여 대한민국의 국가기밀 또는 군사상의 기밀을 탐지, 수집하여 이를 적국에 누설하는 행위"를 하는 자가 간첩이며,

간첩 시대

기밀에는 "정부의 정책, 장기 계획뿐 아니라 국군의 편제 및 편성 인원, 작전 계획, 병기 탄약의 현황, 부대의 소재 등"이 해당한다고 주장했다.[4] 즉 전시가 아닌 평시에 비군사적인 기밀을 적국에 누설하는 행위를 하는 자도 간첩이라는 것이다.

사법부 역시 이러한 공안검사의 간첩 정의와 다를 바 없는 판례를 내놓았다. 오늘날에도 형법 제98조, 국가보안법 제3조, 군형법 제13조에서 간첩죄를 다루고 있지만 모두 간첩에 관해서는 정의하고 있지 않다. 법에 없는 간첩의 정의를 규정한 것은 사법부의 판례였다. 1957년 대법원은 다음과 같이 간첩을 정의했다.

형법 제98조 1항의 간첩은 그 범위가 광범하여 전시상의 군사상 기밀에 국한한 바 없고 특히 근세의 국제 동향이 자유진영 대 공산진영의 전쟁으로 대립되어 비록 무력전은 아니라 할지라도 공산진영은 항시 모략, 허위 선전 등으로 간격 없이 상대국을 사상전으로 공략 제압하여 적화를 기도하고 있어 이 계획을 수행하려면 남한의 복구 상태, 정치·문화·경제 면의 동태, 사찰경찰의 동향, 괴뢰집단의 공작상 효과적인 기업체 운영에 필요한 기업의 종류 등을 탐지, 수집함은 즉 형법 제98조 1항 간첩죄를 구성한다고 해석함이 타당하다. 그렇지 않다 하더라도 현재와 같은 대공 정세하에 있어서는 군사상의 기밀과 국가 일반정책하의 기밀의 한계는 이를 확연히 구별할 수 없다. 즉 양자가 서로 불가분의 관계에 있어 간첩의 의의에 관하여 종래의 관념과는 그 양상에 변천이 있다.[5]

대법원 역시 기밀에 군사상 기밀과 더불어 국가 일반정책하의 기밀을 포함시켰음을 알 수 있다. 그런데 4·19가 일어난 해인 1960년 10월 대법원은 "근대전이 비록 총력전이라도 정치·경제·문화 등 기타 사회 백반(百般)의 부문을 전쟁과 상관성이 있다 하여서 그를 즉시 군사와 동일시할 수 없으며"라고 해 기밀 범위를 확대하는 데 제동을 걸었다. 하지만 박정희 정부에 들어와 대법원은 국가보안법상의 국가기밀의 범주를 크게 확장하는 판례를 내놓았다.

국가보안법 제3조 제1호에서 가리키는 국가기밀이라 함은 북한 괴뢰에 대하여 비밀로 하는 것이 대한민국의 이익을 위하여 필요하다고 생각되는 모든 정보를 말한다고 보는 것이 상당하다 할 것이요, 따라서 그것이 비록 일반 통행인이 쉽게 외부에서 목견할 수 있는 정보에 속한다고 하여 곧 그것이 위에서 말하는 국가기밀 범주에 속하지 않는 것이라고 말할 수 없다 할 것이다.[6]

이에 따르면 국민이 다 알고 있더라도 북한에 비밀로 하는 것이 대한민국의 이익에 필요하다고 판단되는 모든 정보가 국가기밀에 해당한다. 이러한 국기기밀에 대한 판례는 결국 공안당국이 간첩을 잡는 데 그치지 않고 간첩을 조작하는 일이 가능하도록 만들었다.

한옥신의 분석에 따르면, 1951년부터 1967년까지 17년간에 걸쳐 자수, 체포 또는 사살된 간첩은 1429명이었다. 서울(508명), 경기도(209명), 강원도(159명) 순으로 간첩이 검거되었다. 인지수사에 의해 526명이 검거되었고, 신고로 257명이 검거되었으며, 104명이 자수했다. 이 중 조선노동당 소속이 660명이었고, 고정간첩이 456명이었다. 재일본조선인총연합회(이하 조선총련)계로는 55명이 체포되었다. 간첩들이 위장한 직업으로는 상인이 249명, 어민이 124명, 농민이 94명, 군인이 80명이었다. 무엇보다 주목할 것은 1429명 중 남한 출신자가 1230명으로 86퍼센트에 달했다는 사실이다. 이 중 월북한 사람은 385명이었다. 출신 지역은 경기도가 제일 많았고 강원, 경북, 전남, 전북 순이었다. 공작 임무로는 지하당 조직을 맡은 공작원이 460명으로 제일 많았다. 그리고 군사기밀 탐지 임무를 띤 공작원이 192명, 정보 수집 사명을 띤 공작원이 147명이었다. 요인 암살, 중요 시설 파괴 등의 임무를 띠고 온 공작원도 8명이었다. 간첩의 포섭 대상으로는 농민이 163명으로 가장 많았고 다음으로는 현역군인, 노동자, 상인, 어민, 공무원, 회사원 순이었다. 학생, 정치인, 제대군인을 포섭하려고 남파된 공작원도 50명이 있었다. 이들이 간첩 훈련을 받은 지역으로는 평양이 523명으로 가장 많았고, 일본에서도 48명이 교육을 받았다. 연령대는 30대가 485명으로 가장 많았고, 20대가 319명, 40대가 315명이었다.[7]

이러한 통계를 통해 남파간첩 상당수가 30대 전후의 남한 출신이었음을 알 수 있다. 북한은 1950년대와 1960년대 초반까지 대남침투공작에 분단 직후 혹은 한국전쟁 중에 월북한 젊은 세대의 연고선을 활용했다. 남파공작원을 선발할 때 남한의 환경을 잘 알고 있고 공작의 기반이 있는 남한 출신을 선호했던 것이다. 가령, 김정기는 경상북도 봉화 출신으로 중동중학교와 동국대를 졸업하고 한국전쟁 당시 월북했다가 1963년에 남파되었다.[8] 이 같은 연고선에 기반을 둔 공작에 대한 대응책으로 4·19 직후인 1960년 6월에 국가보안법이 개정되면서 '반국가활동을 한 사람을 알고 있으면서도 수사기관이나 정보기관에 신고하지 않는 경우'를 처벌하는 불고지죄가 신설되었다.[9]

남파간첩은 북한의 관련 기관에서 일정한 교육을 받은 뒤 남한에 내려와 친지나 연고자를 포섭하는 연고선 공작을 펼쳤다. 남한에 오자마자 잡히면 간첩이 되었고, 오랜 기간 활동하면 고정간첩이 되었다. 대부분 남파간첩은 제일 먼저 합법 신분을 취득하는 데 주력했다. 하지만 북한은 1975년경부터 연고선 공작을 중단하고 그동안 양성한 남한 출신 공작원들을 모두 사회에 복귀시켰다고 한다. 남한 출신에 의한 연고선 공작이 연고자들의 자수권유, 주민 신고, 공작원의 심경 변화로 인한 자수 등으로 제대로 성과를 거두지 못했기 때문이다.[10] 실제로 남파간첩 중에는 북에서 내려오자마자 곧 검거되는 이들이 많았다. 앞서 제시한 한옥신의 통계 수치와 차이를 보이긴 하지만 국가정보원의 자료에 따르면, 1951년부터 1969년 사이에 검거된 간첩 3360명 가운데 남파 당일부터 4일째 사이에 검거된 숫자가 1068명에 육박했다. 나머지도 활동 기간이 길어야 6개월을 넘기지 못했다.[11]

한국전쟁기까지는 군인간첩이 많았다면 위에서 살펴본 것처럼 한국전쟁 이후에는 남파간첩이 대세를 이뤘다.[12] 특히 1960년대 말에는 남파간첩과 관련한 사건들이 줄줄이 일어났다. 1968년에는 북한 124군부대의 청와대 기습사건이 있었고 울진·삼척 등의 산악지대에서는 농촌혁명 근거지를 건설한다는 목적으로 120명이나 되는 대규모 무장공작원들이 남파되었다가 전멸했다. 1970년 조선노동당 제5차 당대회를 거치면서 북한에서는 "남조선혁명은 남조선 인민의 손으로"라는 구호가 등장했다. 이후 북한은 한국전쟁 이전 남로당 등에서 활약한 좌익 세력과 학생운동 등을 통해 새롭게 형성된 운동 진영을 기반으로 남한 내에 지하당을 구축하는 대남전략을 시도했다.

이 대남전략이 북한의 뜻대로 추진되지는 못했지만, 이때부터 남파간첩

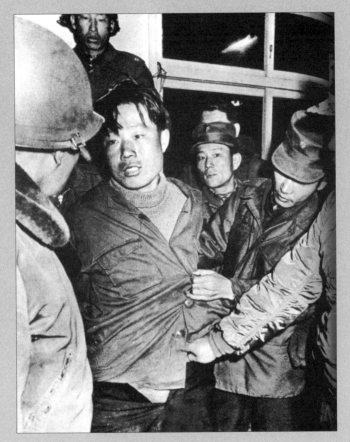

1968년 1월 21일 청와대 기습사건에서 생포된 김신조

사살된 공비들을 김신조가 확인하는 모습

수가 급격히 줄어들기 시작했다. 당시는 남한 출신자라는 남파간첩의 인적 공급원이 고갈되어갈 무렵이기도 했다. 검거된 간첩의 수도 1970년대는 600명대로, 1980년에는 300명대로 줄었다(〈표 1〉). 1989년 당시 복역 중인 비전향 장기수는 모두 216명인데, 그중 남파간첩은 61명이었다. 이들 중 1950년대에 검거된 사람이 21명, 1960년대에 검거된 사람이 30명, 1970년대에 검거된 사람이 6명, 1980년대에 검거된 사람이 2명, 미확인이 2명이었다.[13]

| 표 1 | 간첩 검거자 수[14]

시기	1951~1959	1960~1969	1970~1979	1980~1989	1990~1996	계
검거자 수 (명)	1,674	1,686	681	340	114	4,495

북한이 지하당 구축으로 대남전략을 전환할 무렵 박정희 정부는 남파간첩이 다수를 차지하는 비전향 좌익수에 대한 강제 사상전향 공작에 나섰다. 일찍이 5·16군사쿠데타 이후 군사정부는 전국 각 교도소에 흩어져 있던 비전향 좌익수 800여 명을 대전교소도로 모았다. 하지만 1968년 청와대 기습사건이 일어나자 북한의 특수부대가 대전교도소를 습격해 비전향 좌익수들을 탈출시킬 것을 우려해 다시 그들을 광주, 대구, 대전, 전주 교도소에 특별사를 설립해 분산 수용했다. 특별사는 감옥 중의 감옥이었다. 일반 교도소 안에 또 담을 친 곳이었다.[15]

무장공비 침투를 경계하는 동해안의 한 해안경비초소

간첩 시대

1968년 11월 울진 · 삼척 무장공비 침투 사건 때 생포된 무장공비

사상전향제도는 1936년에 〈조선사상범보호관찰령〉 제정으로 마련되었다. 해방 이후에는 1956년에 만들어진 〈가석방심사규정〉 등을 통해 지속되었다. 이때부터 비전향 좌익수들은 공장에 나가 일하는 출역도 시키지 않고 종일 감방에 수감했다. 이들 비전향 좌익수에 대한 강제 전향공작은 1950년대부터 있어왔지만, 남파간첩이 줄어들고 유신독재가 시작될 무렵에 본격적으로 이루어졌다. 1973년 8월 2일 법무부는 〈좌익 사형수 전향공작 전담반 운영지침〉을 만들었다. 이에 따라 9월부터 중앙정보부 대공심리전국의 직접적인 지휘를 받으며 전향공작이 시작되었다. 사상전향공작반은 광주, 대구, 대전, 전주 교도소에 각각 설치되었다. 전향공작은 체계적이고 조직적으로 전개되었다. 교도소 고위직인 교화관이 책임을 맡은 교화전담 부서에는 여러 명의 교화사와 교화사보를 두었다. 하지만 실제로 강제 전향공작의 최전선에 나선 사람들은 소위 '깡패'였다. 박정희 정부는 깡패 출신 강력범 중에 대상자를 선별해 '떡봉이'라고 쓴 완장을 채운 후 비전향 좌익수들이 수감된 특별사에 청소부로 배치했다. 그리고 그들에게 비전향 좌익수를 많이 전향시키면 석방해줄 것을 약속했다. 이들 떡봉이들은 감옥 안에서 담배 피우고 술을 마시는 특권을 누렸고, 비전향 좌익수들이 수감된 방의 열쇠를 차고 다녔다.

비전향 좌익수, 즉 비전향 장기수들은 이미 감옥에서 수십 년의 형을 살고 있다는 것만으로도 충분한 처벌을 받고 있는 셈인데 정신까지 완전한 항복을 강요당하면서 떡봉이들에게 매일 구타와 폭력에 시달렸다. 떡봉이들은 곤봉, 로프 등을 갖고 이들의 방에 들어와 마구잡이로 때렸다. 홀딱 벗겨놓고 몽둥이로 패거나, 대꼬챙이로 손가락 끝을 쑤시거나 창문을 열어놓고 팬티만 입고 꿇어앉아 있게 하는 동태고문을 비롯해 온갖 고문을 가했

조선노동당 창당 55돌 기념행사장의 비전향 장기수 환영 구호

판문점을 통해 북한으로 송환되는 비전향 장기수들

다.[16] 깡패들에게 맞아서 입이 찢어지고 갈비뼈가 부러지기도 했다. 이 과정에서 물고문으로 죽거나 모멸감에 스스로 목숨을 끊는 비전향 장기수들이 나왔다.

그런데 비전향 장기수는 형이 만기되어 출소했다가 〈사회안전법〉에 의해 다시 20년 이상 감옥에 구금되기도 했다. 1975년에 제정된 〈사회안전법〉은 '반국가사범'의 재범을 방지하기 위해 당국이 위험인물로 간주하는 사람의 인신을 재판도 없이 보안처분에 의해 장기간 구속할 수 있도록 한 법이었다. 가장 강력한 보안처분은 보호감호소에 수용하는 것이었다. 교도소에서 석방되어야 하는 사람을 재범의 위험이 있다는 이유로 장기간 다시 보호감호소에 가둘 수 있었기 때문이다. 세계 최장기로 45년을 감옥에서 보낸 김선명을 비롯해 수십 명이 30년 이상을 감옥에서 보냈다. 〈사회안전법〉으로 다시 갇힌 비전향 장기수들을 대상으로도 전향공작이 이루어졌다. 청주보호감호소의 경우, 〈사회안전법〉에 따라 156명이 들어왔는데 〈사회안전법〉 폐지를 주장하며 단식을 하자 호스를 입에 집어넣고 소금물을 투입해서 두 사람이 죽었다. 전향공작 고문으로 3명이 죽고 병으로 10명이 죽었으며, 90명은 전향해서 51명이 비전향 장기수로 남았다.[17]

강제 전향공작 결과는 '성공'적이었다. 1973년 8월부터 1년 동안 대전교도소에서는 197명이 전향했다. 광주교도소에서는 64명의 비전향수 중 54명이 전향했다. 그러나 전향한 장기수들의 삶도 여전히 고통스러웠다. 더이상 간첩이 아님에도 공안 담당자들의 감시를 받았고 평생 전향간첩이나 자수간첩 등으로 불리며 각종 수기와 강연을 통해 참회를 거듭해야 했다. 전향간첩으로서 대중 앞에서 자신의 인생을 송두리째 고백해야 하는 상황을 강요받았던 것이다.

유신독재와 함께 시작된 강제 전향공작은 비전향 장기수들의 집단 단식을 통한 저항 등이 외부에 알려지면서 거센 비판을 받았다. 하지만 전두환 정부에서도 강제 전향공작은 계속되었다. 그럼에도 1990년까지도 33명의 비전향 장기수들이 갇혀 있었다. 이 무렵 민주화의 시대가 열리면서 사상전향제도의 폐지를 요구하는 목소리가 점차 높아졌다.

종이 한 장이 때로는 인간의 정신을 옭아매는 부적이 된다. 인간이 스스로 만든 정신적 금지구역은 철창보다 단단할 수도 있다. 우리나라는 이제껏 국가보안법과 사상전향제도를 고수하며 33명의 비전향 정치범을 30~40년이나 옥에 가둬두고 있다. 이들의 석방이 한국 사회에 불안을 조성하거나 국가안보를 위협하는 것도 아니다. 다만 국민을 협박하기 위한 본보기로 그들에게 가혹한 형벌을 가하고 있는 것이다. 사상전향제도는 국시인 반공 이데올로기의 마지막 보루이기에 그들은 모든 비합리와 비난을 감수하면서 이 제도를 고수하고 있다.[18]

결국 사상전향제도는 1998년 10월 〈가석방심사 등에 관한 규칙〉의 개정을 통해 폐지되었다.[19]

3

누구든 간첩이 될 수 있다, 조작간첩

박정희 정부에서는 비전향 장기수에 대한 전향공작과 함께 공안기구들에
의한 간첩 조작이 광범위하게 이루어졌다.[20] 중앙정보부, 보안사령부(이하
보안사), 대공경찰 등 공안기구들도 크게 확장되었다. 1970년대에 들어와
남파간첩이 줄자 공안기구들은 아예 간첩을 만들어냈다. 공안기구들은 서
로 경쟁하며 정보망원을 심어 밀고를 받거나 의심되는 사람을 고문하거나
약점이 있는 사람을 잡고 그와 뒷거래를 해서 원하는 그림을 그려냈다. 수
사기관이나 그 수장이 최고 권력자에게 실적과 충성심을 과시하거나 승진
이나 보상을 노려 적극적으로 조작하는 경우도 있었고, 위로부터 성과를 내
라는 압박을 받아 수동적으로 조작하는 경우도 있었다. 또한 국가보안법 사
건을 맡은 수사관은 거액의 포상금을 받을 수 있을 뿐만 아니라 실적이 승
진에 반영되었기 때문에 기를 쓰고 간첩을 찾아내려 했다. 더욱이 힘도 연
고도 없는 사람을 잡아다가 고문을 해서라도 자백만 받아놓으면 법원이 유
죄판결을 내려주었으므로 간첩을 조작하는 일에 거침이 없었다.[21] 애초부
터 존재하지 않는 사건을 완전히 날조해서 만드는 경우는 드물었으나, 약간

이라도 냄새가 나는 사람의 동창, 친구, 친척, 과거 안면 있는 사람 등을 평소 사찰하다가 지푸라기라도 하나 있으면 이들을 연결해 고문해서 간첩단 사건을 만들어냈다.[22]

1970년대에는 사법부가 간첩과 국가기밀의 개념을 확대하는 판례들을 잇달아 내놓음으로써 공안기구들의 간첩 조작을 사실상 방조했다. 남파간첩 중에 지하당 구축을 사명으로 하는 경우에는 군사기밀 또는 국가기밀의 탐지와 수집, 전달이라는 통상적 의미의 간첩과는 다른 임무를 띤 것임에도 여기에 간첩죄를 적용하다 보니 간첩의 개념이 넓어졌다. 특히 국가기밀이 신문에 난 공지사항이라도 적에게 알려지면 적의 이익이 될 수 있다는 내용이 대법원 판례로 확대되고, 피의자가 기밀을 북에 전달한 것이 아니라 탐지만 해도 목적수행으로 최고 사형까지 처해질 수 있게 되면서 공안기구들은 무전기나 난수표도 없는 간첩들을 만들어냈다.[23]

공안기구들이 조작간첩을 양산하는 가운데 일본에 살고 있던 재일동포들이 누구보다 쉽게 간첩으로 몰렸다. 일본에 가서 재일교포를 만나고 왔다가 간첩으로 둔갑되는 경우도 있었다. 북한에 끌려갔다 돌아온 납북어부들도 간첩이라는 누명을 뒤집어써야 했고, 해외 유학생들도 간첩으로 조작되었다.

이 같은 조작된 간첩 사건의 발표는 정치적 판단에 의해 이루어졌다. 대통령 선거를 앞두고는 간첩 사건이 줄줄이 일어났고, 독재정권이 위기에 처하고 민주화운동의 열기가 뜨거울 때면 간첩 사건이 발표되었다. 박정희 정부는 삼선개헌 정국에서 1968년 동백림 사건[24]을 터뜨려 세계적으로 유명한 작곡가인 윤이상, 화가 이응로 등을 간첩으로 만드는 무리수를 두었고, 이듬해인 1969년에는 통일혁명당(이하 통혁당) 사건을, 1971년에는 대통령 선거를 앞둔 4월 20일에 '재일동포 형제 간첩단 사건'을 터뜨렸다. 당시 대학에서는 교련 반대 시위가 한창이었고, 김대중 후보가 예비군 폐지를 주장하며 돌풍을 일으키고 있었다. 보안사는 "북괴가 학생들을 선동하여 학원 데모를 가열화하여 사회 혼란을 획책하기 위해" 재일동포인 서승·서준식 형제를 대학가에 침투시켰다고 발표했다. 당시 보안사는 서승이 북한의 지령을 받아 대학생들에게 교련 반대 투쟁과 반정부 투쟁을 선동했으며, 김대중 후보에게 북한에서 받은 자금을 전달하려 했다는 각본을 짜고 그들 형제를 고문했다. 그렇게 재일교포 형제 간첩단 사건은 증거도 증인도 없이 오직 고문에 의한 자백만으로 만들어졌다.

이 사건처럼 1970년대와 1980년대에 일어난 재일교포 유학생 간첩 사건은 대체로 재일교포 2, 3세로서 모국에 유학을 와서 한국어 연수를 받고 대학에 재학하던 중 중앙정보부 또는 보안사에 연행되면서 일어났다. 한일협정 직후인 1966년부터 재일동포 학생들이 여름방학을 이용해 단기간 한국을 방문하는 모국 수학 프로그램이 시작되었다. 1968년에는 서울대학교에 재외국민교육연구소가 부설되어 9개월 코스로 국어, 국사, 영어 등을 교육받고 희망하는 대학에 응시할 수 있는 대학 입학 예비 교육과정이 마련되었다. 이에 따라 매년 100여 명 이상의 재일동포 유학생들이 국내 대학에 정원 외 입학을 허가받았다.[25] 그들 중 일부가 졸지에 간첩이 된 것이다. 재일동포 유학생들이 일본에서 부모, 형제, 친지들을 만난 일이 회합통신죄가 되었고, 주고받은 여비는 금품수수죄, 대화한 내용이나 일간신문 전달은 간첩 활동으로 둔갑했다. 당시 공안 수사기관들은 재일동포 유학생 중 민족의식이 강하거나 한국어를 잘하는 학생들, 일본에서 반유신운동이나 통일운동을 한 경력이 있는 학생들을 간첩 혐의자로 지목하고 장기간 감시했다.

그래도 간첩행위의 결정적 증거를 찾지 못하면 직접 연행해 고문했다.[26]

국방부 과거사진상규명위원회에서 발표한 통계에 따르면 1970~1979년 전체 간첩 사건 681건 중 일본 관련 사건이 204건으로 30퍼센트에 해당했고, 1980~1989년 전체 간첩 사건 285건 중 일본 관련 사건은 115건으로 40퍼센트를 차지했다.[27] 일본 관련 조작간첩 사건은 한국에서 일본을 방문한 경우와 서승·서준식 형제와 같은 재일동포 2, 3세들이 한국을 방문한 경우로 나눌 수 있다. 일본에 다녀와서 간첩으로 조작된 피해자들은 취업, 연수 기간 중에 재일동포들과 교류했던 일이 조선총련 간부를 만나 한국 정부를 비판하고 북한을 옹호했다는 혐의로 둔갑되면서 고문과 조작을 통해 간첩 누명을 썼다. 이렇게 재일교포 간첩 사건이 많은 이유는 수사관에게 북한 공작원과의 접촉 사실을 입증할 부담이 없었기 때문이다. 재일동포 간첩 사건인 경우, 그가 접촉한 조선총련 사람 또는 소속 불명의 사람을 대남공작원으로 쉽게 규정할 수 있었다. 1965년 한일협정으로 수교가 시작되기 전까지 한국 정부에서는 별다른 재일동포 정책이 없어 재일동포의 98퍼센트가 남쪽 출신임에도 절반 이상이 조선총련 소속이었고 조총련이 재일대한민국민단(이하 민단)을 압도하고 있었다. 그런데 간첩으로 몰린 재일동포나 내국인이 일본에서 만난 신원 미상의 사람이 북한 공작원으로 확실하게 밝혀진 경우는 거의 없었다. 주일대사관에 파견된 중앙정보부나 안기부 직원이 발행하는 영사증명서 혹은 신원확인서는 법정에서 문제의 인물을 북한 공작원으로 단정하는 데 매우 효과적으로 사용되었다. 당시 영사증명서에는 영사 개인의 단정적인 견해를 서술하거나 "일본 공안당국의 통보에 의하면"이라고 매우 애매하게 처리된 경우가 많았다. 일본 공안당국의 통보와 정반대의 내용이 기재되어 사실을 심하게 왜곡하는 경

1973년 10월 19일 새벽 중앙정보부 마당에서 최종길 교수가 주검으로 발견되었다.

간첩 시대

우도 있었다.

　박정희 정부는 의문사로 죽은 사람도 간첩으로 조작했다. 1973년 중앙정보부에 끌려간 서울 법대 최종길 교수가 의문사했다. 그해 10월 3일 서울 법대생들이 유신 반대 시위를 했고, 경찰은 강경 진압했다. 이에 최종길은 교수회의에서 "부당한 공권력의 최고 수장인 박정희 대통령에게 총장을 보내 항의하고 사과를 받아야 한다"라는 발언을 했다. 그리고 얼마 후 중앙정보부에 다니던 동생의 안내를 받아 중앙정보부에 갔다가 의문사했다. 며칠 후인 10월 25일 중앙정보부장 김치열은 '최종길 교수가 일찍이 독일 유학 중에 평양에 가 노동당에 입당한 간첩으로 자신이 간첩임을 자백한 뒤 조직을 보호할 목적으로 중앙정보부 청사 7층 화장실에서 투신자살했다'라며 유럽 거점 간첩단 사건을 발표했다. 그로부터 한 달 반 후 김치열은 검찰총장에 올랐다. 반면 최종길을 조사했던 주무수사관 차철권은 직무 위반 및 직무 태만으로 견책당했다. 하지만 1974년 2월부터 4월까지 '불명예를 회복하기 위해' 불철주야 일하며 울릉도 간첩단 사건을 만들어내 서기관으로 특진했다고 한다.[28] 그런데 54명 규모라는 유럽 거점 간첩단 사건의 주범은 누구도 검거되거나 기소되지 않았다. 종범으로 구속되었던 2명 중 김촌명은 1심에서 무죄로 풀려났다. 김장현만이 4년 실형을 살았으나 재심을 통해 2012년에 대법원으로부터 무죄판결을 받았다.[29] 죽은 사람을 간첩으로 몰았던, 그러나 간첩이 한 명도 없는 간첩단 사건이었던 셈이다.

　납북어부들도 간첩 조작의 피해자가 되었다. 납북어부들은 주로 영세한 어민들로 동해나 서해에서 조업을 하다가 북한 경비정에 납치당하거나 태풍 또는 안개 등으로 방향을 잃고 북방한계선을 넘는 바람에 수일에서 수년 동안 억류되었다가 돌아온 이들이었다. 1953년 정전협정이 체결된 이후

2006년 현재 납북자는 모두 3790명으로 이 중 3305명이 귀환했고 미귀환자는 485명인데, 미귀환자의 85퍼센트가 납북어부였다.[30]

어민들이 고기 떼를 따라 조업하다 보면 북방경계선을 넘을 수 있으므로 1960년대까지는 고의로 월선하지 않은 사실이 밝혀지면 무죄를 선고받았다. 그런데 북한이 체제 우월성을 선전하는 데 남한 어부들을 이용하고자 경비정으로 남한 어선을 나포하는 일이 일어나고, 또한 납북어부를 통해 남쪽의 지형, 관공서나 경비초소 위치 등의 정보를 캐묻는다는 사실을 알게 되자 정부는 이것이 무장공비 침투를 위한 정보가 되었다고 판단하고 1968년 11월 9일 조업 중 어로저지선과 해상경계선을 넘을 경우 수산업법은 물론 반공법을 적용해 전원 구속한다는 방침을 발표했다. 같은 해 12월 25일에는 어로저지선을 넘어 조업하던 중 두 번 이상 납북된 어부에게는 반공법과 국가보안법을 적용해 사형을 구형하라고 지시했다. 그리고 북한 경비정에 나포되면 미필적고의로 반공법을 적용해 처벌했다. 이제 납북어부들의 월선행위는 고의성 여부를 불문하고 반공법의 탈출죄에 해당했다.

북한에 나포되었다가 돌아온 어부들 중 일부는 수사당국의 사찰을 받다가 정치적 필요에 의해 간첩으로 조작되었다. 남한 해상에서 북한 경비정에 피랍되었어도 수십 일 동안 구타·고문 등을 가해 북한 해상에서 월선조업을 했다는 허위자백을 받아내 처벌했다. 납북어부들은 대부분 섬 출신인데 두 번 이상 납북되거나 북한에서 가족이나 가까운 친척을 만난 경우에는 공안기구의 감시 대상이 되었다. 게다가 그들이 북한에서 보고 들은 것을 다른 사람에게 그대로 옮기기만 해도 국가보안법상의 고무찬양죄를 피하기 어려웠다.

전두환 정부에서도 재일동포, 납북어부, 유학생들을 간첩으로 조작하는 악습이 반복되었다. 간첩 조작은 공안기관들의 실적 경쟁의 산물이기도 했다. 1980년대에 보안사의 권세가 안기부를 압도하면서 두 정보기관 간의 간첩 만들기 경쟁이 본격화되었다.[31] 보안사는 법적으로 수사권한이 없었기에 불법수사를 한 다음 안기부 수사관 명의를 빌려 공문서인 수사 기록을 허위로 작성했다. 서울지검 등은 위법 사실을 알고도 방조하거나 묵인했다. 보안사에서 수사를 받을 때는 고문으로 거짓자백을 시키고, 검찰 조사를 받을 때는 보안사 수사관이 입회해 보안사에서 말한 대로 하지 않으면 다시 불러서 조사하겠다고 겁박하는 한편 검사가 공소 사실대로 진술하고 빨리 끝내자고 압박했다.

무엇보다 보안사는 재일동포에 주목해 수많은 재일동포 간첩 사건을 만들어냈다. 1970년대에는 요주의 인물을 시찰하다가 단서를 잡아서 확대 조작했다면, 1980년대에는 노골적인 정치공작을 벌여 없던 일까지도 만들어냈다. 재일동포 간첩 사건과 함께 국내 인사가 일본에 건너가 조선총련이나 한민통[32] 계열 사람을 접촉했다는 이유만으로 간첩으로 조작되는 사건이 늘어났다. 납북어부들도 여전히 간첩이 되었고, 미국 유학생을 중심으로 구미 유학생 간첩 사건도 만들어졌다. 문제는 간첩 조작이 이제는 정치적 사건과 연루되지 않고도 일상적으로 이루어졌다는 것이다. 전두환 정부에서 간첩 조작은 보안사, 안기부, 경찰 등이 승진, 막대한 포상금, 해외 연수의 기회를 얻기 위해 언제든지 꺼낼 수 있는 카드가 되었다.

전두환 정부에서는 특히 월북자 및 행불자 가족을 묶어 간첩단으로 조작하는 일이 빈번히 일어났다. 월북자 및 행불자 가족 간첩 사건에서 가장 놀라운 점은 수많은 무고한 사람들이 고정간첩으로 검거되었지만, 정작 이들에게 접촉해 포섭하고 지령을 내린 월북자는 한 명도 검거되지 않았다는 사실이다. 가령, 1984년에 발표된 '송씨 일가 간첩단 사건'에서는 가장 핵심적인 인물인 간첩 송창섭은 검거되지 않았고, 송창섭의 처, 아들, 처남, 동생 등의 친인척을 포함해 28명이 고정간첩으로 검거되었다. 더욱이 1980년에 발표된 제1차 진도 가족 간첩단 사건에 등장하는 박양민을 제외하고는 월북자가 남파되었다는 확실한 증거가 있는 월북자·행불자 가족 간첩 사건은 없었다. 1981년에 발표된 제2차 진도 가족 간첩단 사건(이하 박동운 사건)의 경우, 안기부가 박영준의 월북에 대한 확실한 혐의를 잡고 수사에 착수한 것이 아니라 '진도 출신 행불자인 박영준은 월북한 것임에 틀림없고 진도 출신 박씨가 남파되었다는 첩보가 있는데 그 박씨가 박영준일 가능성이 있고, 박영준이 남파되었다는 첩보가 있는데 그렇다면 아들 박동운과 부인 이수례 등이 접촉했을 것'이라는 가정에 가정이 꼬리를 문 상태에서 박동운 일가족을 연행했다. 그러다 보니 월북자 및 행불자 가족 간첩 사건들에서는 장기간의 불법구금과 고문으로 받아낸 자백만 있을 뿐 구체적인 물증이 없는 경우가 적지 않았다. 박동운 사건에서는 자백 이외에 무전기를 부수는 데 사용했다는 자귀만이 증거물로 제출되었을 뿐이다.

그럼에도 불구하고 월북자의 가족들은 월북자의 남파 시점이 모두 1950년대 후반에서 1960년대 초반으로 설정되는 바람에 수십 년 동안 암약한 고정간첩으로 조작되었다. 하지만 수십 년 동안 암약해온 고정간첩단이라는 거창한 발표와 긴 활동 기간에 비해 간첩행위는 매우 빈약했다. 수십 년 동안 암약한 고정간첩이 탐지한 군사기밀이 인천 송도에 놀러갔다가 정박한 배를 보았다는 정도였다. 결국 월북자 혹은 행불자의 연고자 중심의 수사로 인해 일가친척을 포함하는 대규모 간첩단 사건이 만들어지면서 일가족이 쑥대밭이 되어버렸다.[33]

조작간첩 사건의 피해자들은 자신이 속한 조직이 있다는 사실을 수사당국에 불려가서 처음 듣는 경우가 대부분이었다. 조작간첩 사건의 피해자들은 불법 연행되어 몇 달씩 모진 고문을 당했다. 고문은 인간이 겪을 수 있는 최대한의 고통을 줘서 폭력에 굴복시킨 다음 권력이 원하는 정보를 얻거나 각본을 만들어내는 반인권적인 신체형(身體刑)이다. 인간이 인간에게 가할 수 있는 잔인한 폭력이 모두 동원되었다. 그렇게 수사기관에서 고문하다 죽으면 의문사가 되고, 살아남으면 간첩이 되었다. 검사는 피해자들에게 자백하고 전향하면 선처해준다고 얼렀고, 혐의를 부인하면 다시 수사기관으로 돌려보냈다. 그렇게 검사 앞에서 자백을 하면 재판에서 증거로 인용되어 결국 자백만으로 간첩이 만들어지는 시스템이 구축되었다. 이러한 간첩 조작의 풍토가 만연하면서 1987년 홍콩에서 부부싸움을 하던 중 살해당한 아내가 간첩으로 조작되는 사건까지 일어났다. 남편 윤태식은 아내 수지 김을 살해한 후 고정간첩으로 몰아 자신이 북한에 납치될 뻔했다고 주장했는데, 이를 안기부가 의도적으로 은폐한 사건이다.

이 같은 조작간첩 사건은 재일교포 형제 간첩단 사건의 서준식이 처음으로 비전향 상태로 출소하고 민주화실천가족운동협의회(이하 민가협)가 조작간첩 사건에 문제를 제기하면서 공론화되었다. 1988년 민가협은 '조작된 간첩 사건 가족 모임'을 만들어 간첩 사건의 진상규명과 석방을 요구하기 시작했다.[34] 이듬해 〈사회안전법〉에서 보안감호와 주거 제한이 사라졌다. 하지만 보안관찰이 강화되었다. 서준식은 〈보안관찰법〉이 〈사회안전법〉과 다를 바 없는 악법이라며 신고의무를 무시하다가 다시 구속되기도 했다.[35] 1990년대 들어와 조작간첩 사건에 대한 진실규명의 목소리가 확산되면서 2000년대에 국가 차원에서 진실규명 작업이 이루어졌다. 2007년 대법원은 1972년부터 1987년까지 불법구금과 고문 의혹 등으로 다시 재판을 해야 하는 사유가 있는 사건 224건을 추출했는데, 이 중 간첩 조작 의혹 사건이 무려 141건으로 63퍼센트에 달했다.[36]

민주화 이후, 나와 다르면 간첩?

민주화 이후 고문과 불법감금이 어려워지면서 재일동포 간첩 사건, 납북어부 간첩 사건 등이 줄어든 대신 지하조직 관련 간첩 사건의 비중이 높아졌다. 이러한 변화에 대해 1992년 당시 안기부 수사국장이던 정형근은 다음과 같이 주장했다.

우리나라 국가보안법이나 형법의 간첩 개념은 지령을 받고 기밀을 탐지, 수집하는 것이라고 돼 있습니다. 과거에는 우리 사회에서 중앙청의 위치나 미8군의 위치, 심지어 물가를 탐지하는 것도 국가기밀 보호에 저촉되는 것이었습니다. 그런 시대에서 북한의 공작은 국가기밀 탐지에 역점을 두고 지하당 건설을 가장 중요시했습니다. 그러나 지금은 우리 사회가 완전히 개방돼 있어서 비밀 탐지라든가 지하당이라는 게 의미가 없어져버렸습니다. 북한은 노동당이 있으니 남한에는 노동당과 바로 연계될 수 있는 진보정당을 만들겠다는 것입니다. 이런 제도권 정당에 동조하는 세력을 늘려서 이것을 바로 연공정부로 연결한다는 것이 북한의 전략이라고

볼 수 있습니다. 북한의 변화된 대남전략을 본다면 이젠 간첩의 개념도 바뀌어야 할 것입니다.[37]

이는 진보정당을 간첩과 엮을 가능성을 보여주는 공안적 발언이라 할 수 있다. 그런데 1990년대 남한에서는 실제로 북한을 남한 혁명의 지도부로 상정하고 지도를 받으려고 하는 집단이 등장했고, 북한 역시 이들을 지도하기 위해 남파간첩을 다시 내려보냈다. 중부지역당 사건 당시의 이선실, 1995년 부여 간첩 사건의 김동식, 1997년 북한 직파 부부 간첩 사건의 최정남·강연정 등이 운동권 인사를 포섭하기 위해 내려온 남파간첩이었다.[38]

정부와 공안당국은 이러한 변화를 활용해 여전히 간첩 사건을 정치적 주요 국면에 활용했다. 1992년 대선 무렵 노태우 정부는 서로 관련이 없는 3개 사건을 결합해 '남한 조선노동당 사건'이라고 발표하고 62명을 구속했는데 북한의 민주당 지지 지령과 민주당 입법보조원의 군사기밀 유출과 같은 내용이 포함되면서 큰 파문을 일으켰다. 하지만 피의자들은 22일 이상 가족이나 변호인조차 만나지 못한 채 고문을 당했다고 주장했다.[39]

21세기에도 간첩은 여전히 강력한 주홍글씨로 작용했고, 간첩 만들기는 계속되었다. 2000년대에 들어오면서 보수우익은 진보좌파에게 친북 프레임을 씌우면서 좌파 안에 자생적 고정간첩들이 암약하고 있다고 주장했다. 서강대 박홍 총장은 그 수가 3만 명에서 5만 명일 거라고 단언했다. 간첩 잡는 귀신이라 불리며 박종철 고문치사 사건에 연루되었던 치안감 출신의 박처원은 "학원이나 노조에 제일 간첩이 많다. 북한으로부터 무전을 받는 간첩이 4만 명 정도 된다"라고 주장했다.[40]

또한 의문사진상규명위원회가 강제 전향공작의 희생자들을 국가 공권력에 의한 의문사로 인정하자, 보수우익은 "남파간첩과 빨치산을 민주투사로 인정한 것"이라며 반발했다. 의문사진상규명위원회 일부 조사관이 남한사회주의노동자동맹 사건(일명 사노맹 사건)이나 간첩 사건에 연루된 경력이 있는 것에 대해 "간첩이 육군대장과 전직 국방장관을 조사하는 나라는 대한민국뿐"이라고 공격했다. 이들은 "남파간첩이나 빨치산 활동을 한 이들에게서 대한민국의 국법을 준수하겠다는 약속을 받아내는 것이 민주화에 걸림돌이라도 되었다는 뜻인지 묻고 싶다"며 전향공작을 옹호하기도 했다.

이러한 분위기 속에 2003년 재독학자 송두율은 36년 만에 귀국하자마자 "해방 이후 최대의 간첩"으로 불리며 공안기구의 희생물이 되고 말았다. 당시 독일 언론이 '한국 신문은 게임의 관찰자가 아니라 게임의 당사자다'[41]라고 비아냥댈 만큼 보수 신문을 중심으로 한 간첩몰이는 광풍 그 자체였다. 송두율은 재판에서 대부분의 혐의에 대해 무죄를 선고받고 석방되었으나 사실상 추방되었다. 2008년 4월 대법원은 송두율이 독일 국적을 취득한 이후 북한을 방문한 사실도 무죄라며 파기환송했고, 고등법원은 2008년 7월 그대로 무죄 부분을 추가하고 일부 북한 방문 등에 대해 징역 2년 6월에 집행유예 5년을 확정지었다. 그럼에도 불구하고 송두율에 대해 간첩몰이에 나섰던 정치인과 언론 그 누구도 사과하지 않았다.

이명박 정부 시절에도 간첩 사건은 주요한 정치적 국면에서 북풍의 일환으로 등장했다. 우선 이명박 정부는 2008년 10월 국정원 안에 중앙합동신문센터를 설치하고 탈북자 중 간첩을 가려내겠다고 나섰다. 2008년 10월부터 2014년 3월 중순까지 중앙합동신문센터를 통해 간첩으로 기소된 사람은 12명이었다.[42] 2010년 6·2 지방선거 때에는 '황장엽 암살조 남파공작원 사건', '탈북자 사냥꾼 마약상 사건', '인터넷 채팅으로 정보 수집한 여

간첩 사건', '북한에 군사기밀을 빼내준 전직 안기부 요원 흑금성 사건' 등이 잇달아 터졌다. '간첩 사건이 터지지 않으면 선거도 아니다'라는 말은 여전히 유효했다.

한편 2000년대에 들어와 공안당국은 남한 내에 북한과의 연계를 시도하는 세력이 등장하고 북한이 그들과 함께 지하당을 구축하려 한다는 사실을 활용해 여러 간첩 조작 사건을 터뜨렸다. 하지만 사법부의 국가보안법 적용 잣대가 엄격해지면서 무리한 수사로 밝혀지는 경우가 많아졌다. 공안당국이 6·15공동선언 이후 최대의 간첩 사건이라고 2006년에 발표한 일심회 사건의 경우, 2007년 12월 13일 대법원은 "국가보안법상 이적단체에 해당되"지 않는다고 판결했다. 공안당국이 2011년 20여 년간 장기 암약한 지하당 간첩 사건이라며 발표한 '왕재산 사건'의 경우에도 2013년 7월 26일 대법원에서 국가보안법상 반국가단체 결성 혐의에 대해 무죄판결을 내렸다. 반국가단체로서의 조직의 실체가 불분명하고 북에 넘겼다는 정보들이 신문·인터넷 등에 공개된 자료로 국가기밀이 아니라는 이유였다.

2013년에 일어난 서울시 공무원 유우성 간첩 조작 사건은 아직도 공안기구가 간첩을 조작한다는 사실과 함께 이제는 탈북자가 조작의 대상이 되었다는 점에 주목하는 계기가 되었다. 국정원은 유우성이 북에서 찍었다는 사진, 북에 넘겼다는 정보를 담은 USB, 동생에게 정보를 넘길 때 사용했다는 SNS 계정 등은 물론 출입경 기록 및 그 기록이 진본임을 증명한 확인서 등의 중국 문서들까지 조작했다. 그러자 중국 정부는 문서들이 가짜임을 밝혔다. 해외 대사관과 영사관에 파견된 국정원 직원들이 기존의 간첩 조작 사건에서 썼던 수법이 통하지 않았던 것이다.[43]

이러한 간첩 조작이 가능했던 이유는 박근혜 정부가 처음부터 종북 프레임을 국정 운영의 강력한 드라이브로 활용했기 때문이다. 집권 1년차인 2013년을 종북 프레임의 극성기로 만드는 데 견인차 역할을 한 것은 '국정원 대선 개입 의혹 사건'이었다. 이 사건이 불거지고 쟁점화될수록 보수진영은 '이석기 의원 내란 음모 사건', '노무현 대통령 NLL 포기 발언 사건' 등 종북 프레임을 활용한 종북몰이로 맞대응했다. '종북세력의 수뇌부' 이석기 의원에 대한 체포동의안 처리, '종북의원' 이석기와 김재연 의원에 대한 제명 공세, '종북당'인 통합진보당 해산 시도, 이석기 의원 체포 동의안에 찬성표를 던지지 않은 31명의 '종북의원' 색출 작업에 '종북대통령' 노무현론까지 보수진영의 종북몰이는 매서웠다. 여기에 전공노 조합원을 종북공무원, 전교조 조합원을 종북교사, 민주노총을 종북노총으로 부르고, 밀양 송전탑 건설에 항의하는 노인들에게도 종북 딱지를 붙였다. 국정원이 환경운동연합이라는 중견 시민단체를 4대강 사업을 비판했다는 이유로 종북세력으로 몰아세우다가 사과하는 해프닝도 있었다. 뿐만 아니었다. 당시 야당이던 민주당을 공격하는 데도 종북 프레임을 구사한 것은 물론 국정원의 정치 개입을 비판한 이재오 의원 등 새누리당 의원, 국정원 대선 개입 의혹 사건의 수사 외압을 폭로한 윤석열 특별수사팀장과 채동욱 검찰총장에게도 "종북 아니냐?"라며 종북 프레임을 끌어들였다. 결국 박근혜 정부는 통합진보당 국회의원 이석기를 내란음모와 내란선동 등의 혐의로 체포했다. 그렇게 2013년은 '종북 광란극'[44]이 펼쳐진 광기의 시대였다고 해도 지나치지 않을 것이다. 이 현실이 바꾼 일상을 박권일은 다음과 같이 말한다.

박근혜 정권이 출범하자마자 매카시즘 광풍이 휘몰아쳤다. 이른바 '이석기 의원 내란음모 사건'이 대표적이다. 국정원 대선 개입 의혹을 증명하는 증거들이 속속 드러날수록 정권의 '종북사냥'도 기승을 부렸다. TV를 켜면, 특히 종편방송일 경우 거의 24시간 내내 들리는 말이 '종북'이다. 그야말로 종북의 홍수다. 조금만 정권 비판적 발언을 해도 곧장 "너, 종북이야?"라는 말이 돌아온다. 얼마 전만 해도 대부분이 무슨 뜻인지도 몰랐던 생경한 단어가 지금은 이 말 안 쓰고 그동안 어떻게 살았나 싶을 정도로 시대의 표제어가 됐다.[45]

이듬해인 2014년에도 대법원이 이석기 의원에 대해 내란음모는 무죄로 판결했으나 내란선동 등에 유죄를 선고했으며, 헌법재판소가 통합진보당 해산을 결정하는 등 종북몰이가 이어졌다. 이처럼 종북 프레임은 북한을 적대시하는 증오보다는 주로 남한 내에 '적'을 이롭게 하는 세력을 비판하는 데 활용되었다. 보수진영이 볼 때, 종북세력은 반대세, 즉 반대한민국 세력으로 척결의 대상이었다.[46]

그리고 지금 여기 광화문 광장에서 '박근혜 대통령 탄핵 무효화'를 외치는 태극기 부대는 문재인 대통령까지 '간첩'으로 몰아붙이고 있다. 나와 다르면 모두 종북좌파이고 간첩이라고 주장하고 있다. 박근혜 정부에 들어 확산된 종북 프레임이 '나와 다르면 모두 간첩'이라는 극우논리로 귀결된 것이다. 반공방첩을 앞세우며 이웃도 간첩인가 살피라던 박정희 정부에서 본격적인 간첩 조작이 이루어진 이래 종북 프레임을 앞세우며 나와 다르면 모두 반대한민국 세력이라고 몰아붙이던 박근혜 정부에서도 여전히 간첩 조작이 일어났다. 그리고 지금 나와 다르면 모두 간첩이라는 극우논리가 작동되고 있다.

제 2 장

공안통치와 간첩 담론

황병주

1

권력의 언어와 간첩을 만드는 문법

국어사전에서 간첩은 "단체나 국가의 비밀을 몰래 탐지, 수집하여 대립 관계에 놓여 있는 단체나 국가에 제공하는 사람"을 뜻한다. 이러한 사전적 규정에 따르자면 북한에서 남한으로 파견된, 또는 그 반대의 경우를 포함해서 간첩의 존재는 분명한 사실에 속한다. 그런데 문제는 분명한 듯한 간첩의 존재가 실제로는 상당히 모호하다는 것이다. 남북한은 간첩의 파견을 공식적으로는 부정한다. 그것은 정전협정 위반이자 국가의 공식적 위상에 어긋나는 행위이기 때문이다.

또한 남과 북은 국가 간 관계로 보기 힘들다는 데서 더 복잡한 문제가 생긴다. 한국의 헌법과 국가보안법상 북한은 국가가 아니라 정부를 참칭하는 반국가단체 또는 괴뢰에 불과하며 그 역의 관계도 마찬가지다. 남북한이 유엔에 동시 가입한 이후에도 법적 규정은 요지부동이다. 즉 남북한 사이의 간첩은 국가와 국가 사이에 존재하는 정보원이 아니라 국가와 반국가단체 사이의 모호한 이적행위자가 된다. 주권국가 사이의 간첩이라면 간단하게 처리될 문제가 남북한 사이에서는 복잡하고 경쟁적인 담론을 필요로 하게

2 | 공안통치와 간첩 담론

된다. 서로 국가적 정통성과 정당성을 주장하는 두 개의 경합하는 권력 사이에서 간첩은 어느 일방의 정당성과 부당성을 온몸으로 감당해야 하는 존재가 된다.

게다가 남북한은 통일을 지향하는 민족주의적 정통성을 강조한다. 즉 두 개의 대립적 권력은 동질적 민족에 기반을 둔다는 점에서 사태가 더욱 복잡해진다. 간첩은 외국인도 아니고 이민족도 아니지만 국민도 아닌 존재이기에 그것을 설명하기 위한 말이 많아질 수밖에 없다. 동질적인 내부자로 취급되어야 하지만 이질적인 외부 침입자로 규정해야만 하는 데에서 간첩을 둘러싼 말들이 복잡해지는 것이다. 그래서 간첩은 단순하게 외부 침입자로 규정되기 힘들고 일종의 '내부의 외부'처럼 이해된다.

이것이 반공주의가 위력을 떨치게 된 이유이기도 하다. 동질성에 기초한 민족적 기반 위에서 적대적 타방을 악마화하는 수단으로 반공주의 이데올로기가 중핵적 위치를 차지했다. 세계적 수준에서의 냉전과 한국전쟁이라는 역사적 조건이 곧 이러한 이데올로기적 대립구도를 절대화했다. 요컨대 한반도가 이데올로기의 전쟁터가 되었다는 말은 이러한 사태를 가리킨다.

따라서 간첩은 이데올로기적 대립을 기본 축으로 삼아 어느 한쪽의 일방적 선언으로 규정된다는 딜레마가 생겨난다. 즉 한쪽에서는 다양한 증거와 수사 기록을 동원해 간첩으로 규정하지만, 다른 한쪽은 모략과 날조라고 부인하게 된다. 또는 한쪽에서는 간첩이라 부르고, 다른 쪽에서는 혁명전사 또는 반공투사라 부른다. 이렇게 서로 대립하고 배치되는 말들 사이에서 간첩과 간첩 아닌 것 사이에 모호하기 그지없는 틈이 발생한다. 권력의 입장에서 이 모호함을 지우고 틈을 메우는 것이 자신이 지배하고 있는 영역에 대한 통치성을 확대하는 관건이 된다.

통치성의 확대와 강화를 위해 국가-권력의 폭력성은 필요조건이기는 하지만 충분조건은 아니다. 주민집단의 동의와 자발적 충성을 이끌어낼 수 없다면 적대적 타방과의 경쟁에서 매우 불리할 수밖에 없다. 게다가 간첩은 외부 침입자이자 내부에서 자라날 수 있는 존재이기에 내치를 위한 설득 언어의 개발과 확대가 필수적이다. 이를 위해 자신의 말들이 진리 효과를 낼 수 있는 담론의 질서를 구축하는 것이 중요해진다. 사실 역사는 진리보다 진리 효과가 더 중요하게 기능해왔음을 보여준다. 설령 그것이 거짓말이라 해도 거대한 효과를 발휘해 역사적 현실을 구성해버린 일들이 한둘이 아니다. 허위를 진실로 믿게 만들어 어떤 진리 효과를 산출하는 것, 이것이 간첩과 관련해 더욱 중요한 문제였다.

일반적으로 정치는 특수이익의 보편이익화를 기본 문법으로 삼는다. 특정 세력이나 당파의 특수한 이해관계가 국가 또는 민족의 일반적 이익이라고 설득할 수 있는 능력이 곧 정치력이다. 이는 간첩 담론에서도 동일하다. 적대적 타방의 말을 거짓으로 낙인찍고 자신의 언어를 진리로 관철시킬 수 있는 담론적 능력이 부실하다면 체제 경쟁에서 우위를 차지하기란 요원하다.

그런데 외부의 적이 꼭 불리한 것은 아니다. 외부의 적을 이용해 내부의 적을 제거할 수 있다면 이것만큼 유리한 정세도 없다. 분단이 그렇게 이용되었음은 이미 많은 사람들이 지적한 바다. 이러한 지배전략을 관철하는 데 간첩이 매우 유효적절한 소재였음은 굳이 부연설명이 필요 없을 정도다. 이는 곧 간첩이 매우 역설적인 존재일 수 있음을 의미한다. 한편으로는 체제를 위협하는 요소이지만, 다른 한편으로는 체제를 통합하는 계기가 되기도 한다.

즉 권력의 입장에서 간첩은 위기이자 기회다. 양자 사이의 거리를 좁혀

위기를 기회로 치환할 수 있는 능력치에 따라 권력의 통치성도 강화된다. 여기서 중요한 것은 국가의 일방적인 간첩 발표와 선언을 그대로 믿게 할 수 있는 사회심리적 조건과 분위기를 만들고 유지하는 것이다. 그것은 한편으로 폭력적 국가권력을 동원해 반대나 이의제기를 원천봉쇄하면서 다른 한편으로는 국가의 발표만으로 그대로 간첩이 인정될 수 있는 언어와 담론, 문법을 구성하는 문제가 된다. 일종의 '간첩 담론'이라고 부를 수 있는 언어생활의 특수한 조건을 만드는 것이다.

빨갱이와 간첩

예컨대 이를 '빨갱이' 담론을 통해 설명할 수도 있다. 빨갱이라는 용어는 한국 사회에서 천형과도 같은 낙인효과를 낸다. 사실 빨갱이라는 규정 역시 매우 자의적이고 일방적이다. 빨갱이는 어떤 대상의 속성이라기보다 일방적 호명에 가깝다. 한국전쟁 당시의 경험을 보더라도 단지 '저 사람은 빨갱이다'라는 지목만으로 즉결처형되는 경우가 적지 않았다. 이른바 '손가락총'으로 불리기도 한 이러한 호명은 대상의 속성과 본질에 근거한 것이라기보다 호명하는 자의 주관적 판단 또는 이해관계에 따른 경우가 많았다.

한 번 빨갱이로 호명되어 지목되고 나면 그것을 벗어나는 것은 대단히 곤란해진다. 빨갱이로 호명하는 것은 지극히 쉬운 반면, 그것을 부정하는 것은 매우 어려운 상황이 만들어지게 된다. 빨갱이는 갖가지 이유로 호명될 수 있고 일단 그렇게 불리고 나면 거의 무제한의 비난과 공격이 가능해진다. 즉 빨갱이라는 말 한 마디에 무시무시한 위협과 거대한 사회적 압력, 거부하기 힘든 낙인이 찍히게 된다.

한국에서는 이 빨갱이 담론을 빼놓고 간첩 담론을 운위하기 힘들다. 이것이 한국의 간첩이 007류의 스파이와 결을 달리하는 핵심이다. 한국의 간첩은 스릴과 긴장을 동반하는 첩보전의 액션이 아니라 파멸과 죽음이라는 비극적 재현의 대상이다. '빨갱이는 씨를 말려야 된다'라는 말이 떠도는 곳에서 그 파생으로서의 간첩은 절멸과 파괴의 대상이다. 빨갱이라는 이데올로기적 재현 대상이 씨를 말려도 되는 인종주의적 절멸 대상으로 치환되는 조건에서 간첩이 만들어진다.

아이러니하게도 이러한 비극이 희극적으로 연출된다는 점에서 한국의 간첩 담론의 특이성이 있다. 불과 얼마 전까지도 간첩으로 오인되는 해프닝이 심심치 않게 회자되었다. 시골을 여행하다 간첩으로 신고되어 곤욕을 치른 경우가 적지 않았다. 심지어 소주 값을 몰라 간첩으로 신고된 경우도 있었다. 1966년 11월 대한뉴스 〈이것이 간첩이다〉에 나온 간첩 식별 요령은 다음과 같다.

건전지를 다량으로 사는 사람, 구두창이 물에 젖는 것을 피하는 사람, 동네 사람에게 이유 없이 친절하게 행동하는 사람, 달러를 소지하고 일정한 직업 없이 돈을 많이 쓰는 사람, 굴뚝이나 빨랫줄에 철삿줄을 매어 안테나로 이용 평양방송을 듣는 사람, 일정한 주소가 없거나 수시로 여행과 이사를 하는 사람, 공동변소나 한강 인도교에 낙서하는 사람(사실은 접선 신호), 시골에 나타난 세 사람, 남한의 풍습을 잘 알기 위해 신문이나 광고를 한 자도 빼놓지 않고 읽는다. 간첩은 시간과 장소에 따라 맞지 않는 행동을 하는 수상한 사람. 뭔가를 모르는 이웃.[1]

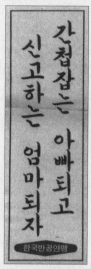

간첩잡는 아빠되고
신고하는 엄마되자
한국반공연맹

간첩 신고하면 상금타고 안하면 벌받는다 충청남도

1970년대 반공 표어

간첩 식별법

1970년대 '간첩 식별법' 학교 교육 자료

지금 같으면 웃지 않을 수 없는 이러한 간첩의 기준이 당시에는 진지하게 여겨졌다. 낙서를 하고 신문을 꼼꼼하게 읽는 행동조차 간첩으로 의심을 사기에 충분한 시대를 과연 어떻게 이해해야 할까. 이렇게 말도 안 되는 규정에 대해서는 당연히 말이 많아질 수밖에 없다. 현실의 부조리는 필연적으로 이런저런 말을 만들게 되기 때문이다. 말이 많아진다는 것은 그만큼 현실에 문제가 많고 불만이 팽배해 있다는 뜻이다. 따라서 말이 안 나오게 하는 것이 통치와 지배의 기본이다.

'말 많으면 빨갱이'라는 말이 있다. 사람 말을 막는 데 이처럼 효과적인 말도 드물었다. 웃으면서 끝내거나 화를 내면서 끝내건 어쨌건 입을 막는 데는 효과만점이다. 이 말은 반공 이데올로기와 함께 생겨난 신조어다. 해방과 전쟁을 겪던 어느 시점에선가 반공주의의 재기 넘친 언변이자 잔인하기 그지없는 폭력으로 나타났다. 이 말은 세상에 대해 할 말이 많았던 좌파의 정치적 실천에 위기의식을 느낀 우파의 대응이다. 지배권을 장악한 우파에게 말이 많은 상황은 현실의 부조리와 모순이 폭로되는 것에 다름 아니었기 때문이다.

그런데 '말이 씨가 된다'는 말도 있다. 요새는 말에도 영혼이 있다는 의미로 언령(言靈)이란 말도 쓰인다고 하는데, 결국 말한 대로 이루어지는 어떤 불가사의한 과정을 의미할 것이다. 사실 세상의 경험이란 대부분 언어를 통해 이루어진다. 간첩을 직접 보고 겪은 사람이 얼마나 되겠는가. 달리 말하자면 우리는 보통 간첩을 보고 겪은 다음 간첩이란 말을 배우는 것이 아니라 간첩이란 말을 배움으로써 비로소 간첩에 대해 알게 된다. 성경은 '태초에 말씀이 있었다'로 시작한다. 하느님의 천지창조는 땅이 있으라 하니 땅이 생겼다는 식이다. 언어가 세상을 만든다는 점을 아주 간단하게 설명해준 셈이다.

이러한 맥락에서 지배집단이 자신들이 원하는 내용과 모양으로 간첩을 만들기 위해 첫 번째로 할 일은 말을 만들어내는 것, 요컨대 간첩 담론을 구성하는 것이다. 말도 안 되는 것을 말이 되게 하는 게 곧 담론의 위력이다. 이는 곧 말이 많은 반공주의자가 나타남을 의미한다. 다른 사람의 말은 '말 많으면 빨갱이'로 싹을 잘라버리고 자신의 말만 씨앗이 되어 번성할 수 있게 하는 것, 이 담론 권력을 구성하고 유지하는 것이 지배의 첫걸음이다.

2

공안통치와 간첩의 정치학

거리의 깡패와 밀실의 간첩

박정희 체제는 이승만 정권과 여러 면에서 비교되지만 통치전략에서 가장
두드러진 차이를 보여주었다. 이승만 정권이 한국전쟁의 여진으로 지탱되
었다면, 박정희 체제는 그것을 내부화하고 구조화하여 재생산될 수 있는 메
커니즘을 창출하고자 했다. 즉 이승만 정권은 외부 침략을 직접적 계기로
이용해 체제 유지를 도모했다면, 박정희 체제는 외부 침략의 내부화를 통해
항상적 내적 위기 상태, 이른바 예외상태의 항구화를 추구했다. 이것이 '발
전국가'와 군사독재의 결합으로서 '개발독재'라는 명명이 나타나는 배경이
된다.

여기서 외부 침략의 내부화 계기로 주어진 것이 간첩이다. 잠재적 외부
침략을 현재적 내부 위기로 전환하는 데 간첩만큼 적합한 소재도 드물었다.
즉 항상적 위기 상태를 조장해 국가의 일방적 통치를 사회적으로 관철시키
는 공안통치를 하는 데 간첩은 최적의 소재이자 매개였다. 한국전쟁이라는

열전에 뒤이은 남북의 총체적 대결이라는 냉전구도에서 간첩의 번식력은 대단했다.

특히나 박정희 체제는 대중정치 문법을 현실정치에 도입한다. 이승만은 왕족의식이 대단했고 윤보선은 귀족의 대명사였던 반면, 박정희는 빈농의 아들임을 강조했다. 개인의 특이성의 문제가 아니라 체제 자체가 근대적 대중정치에 민감하게 반응했다. 이승만이 1952년 부산정치파동 당시 땃벌떼, 민중자결단 등으로 거리의 대중정치를 잠깐 시도한 이후로 이러한 식의 정치적 시도는 찾아보기 힘들었다. 거리의 대중이 다시 출현한 것은 4·19였다. '혁명 정세'의 강력한 영향을 받고 있던 조건에서 5·16이 발생했고 집권 군부세력은 대중정치에 많은 관심을 기울였다.

5월 18일 육군사관학교 생도들의 쿠데타 지지 시위가 진행되었고, 곧이어 21일에는 유명한 정치깡패들의 거리행진이 뒤를 이었다. 육사 생도들의 거리행진도 사상 최초의 사건으로 주목을 끌었지만 단연 화제가 된 것은 깡패들이었다. 쿠데타 5일 만에 세칭 동대문 사단의 이정재를 선두로 200여명의 깡패들이 공수부대의 감시 속에 덕수궁을 출발해 서울 거리를 행진했다. "나는 깡패입니다. 국민의 심판을 받겠습니다"와 같은 플래카드를 들고 목에는 이름과 별명을 적은 팻말을 건 채 행진하는 깡패들의 모습은 상당히 충격적인 스펙터클이었다. 이 예상치 못한 돌연한 장면에 시민들은 박수를 치며 "과연 시원시원하다"라는 말로 호응했다고 한다.[2] 이후 쿠데타 세력은 전국적으로 1만 명가량의 깡패를 검거했다.

그런데 쿠데타 세력은 깡패만 소탕한 게 아니라 '용공분자' 체포에도 나섰다. 박정희의 명령으로 5월 22일까지 2천여 명이 용공분자 혐의로 체포되었다.[3] 깡패 소탕과 달리 좌익 혐의자들이 거리를 행진하는 일은 일어나

육군사관학교 생도들의 5·16군사쿠데타 지지 행진

5·16군사쿠데타 세력이 기획한 깡패들의 거리행진

지 않았다. 무엇보다 공안사범 또는 용공분자가 정치적 존재라는 점이 부담이었을 것이다. 그들의 거리행진은 곧 정치적인 것을 소환하는 문제였다. 쿠데타 권력의 입장에서 정치적인 것이 거리를 행진하는 것은 결코 바람직한 상황이 아니었다. 거리는 본원적으로 불안한 곳이다.

박정희 또한 거리와 군중에 대한 공포를 경험한 바 있었는데 4·19가 그것이다. 부산계엄사무소장이었던 박정희는 당시를 다음과 같이 회고했다. "그런데 그 군중이 나는 참 무서웠어. 군중이 혼란을 일으키면 결국 무력을 동원해야 진정이 되어요. 내가 4·19 때 부산계엄사무소장이었는데 그런 꼴을 보았어요. 내가 정복을 입고 군중 앞으로 나아가서 '같이 만세를 부르자'고 하여 진정을 시켰어요."[4]

박정희에게 공포의 원인은 거리와 군중으로 압축된다. 거리 군중의 무질서가 그의 공포의 핵심인데, 최종적 해결책은 무력밖에 없다는 인식이 주목된다. 정치적 존재가 거리에 출몰하는 것은 권력을 항상적인 불안으로 몰아넣는 원인이기에 '용공분자'들은 조용한 밀실로 유폐되어야 했다. 그러나 또한 밀실의 공포가 필요했다. 용공분자들은 밀실로 유폐되지만 그 존재가 완전히 가려지는 것은 아니었다. 그들의 존재는 대중에게 충분히 각인되어 있으며, 또 그들이 어떠한 처우를 받는지도 알려질 필요가 있었다. 그들은 보이지 않되 알려진 존재들인 것이다. 즉 공안통치는 대중의 공포를 최대한 증폭시켜 그 활동적 가능성을 최소화하고 수동적인 객체로 유지하고자 한다.

이 목적을 달성하기 위해서 무엇보다 중요한 것은 대중의 공포를 최대한의 강도로 유지할 수 있도록 지속적인 공포의 계기들을 구성해내는 것이다. 우리는 그 사례를 무수히 많았던 공안사건들을 통해 확인할 수 있다. 쿠데타 직후《민족일보》사장 조용수의 사형은 그 신호탄이었다. 쿠데타 주역들은 "국가의 모든 정책은 국방적 견지"에서 이루어져야 하며 "방첩이란 국가 안전 보장의 한 가지"임을 분명히 했다.[5]

후일 중앙정보부장으로 악명을 날렸던 김형욱은 간첩의 위협을 극도로 강조했다. 그는 간첩이 "국가 기능의 약체화를 흉책하여 노조 등 용공단체의 합법화 도모, 막대한 공작금을 투입하여 권력층과 집권당 상층부 매수, 온갖 부정과 정실, 무원칙 및 행정 규율의 해이 및 문란 조성, 물가 교란으로 경제 혼란 초래, 학원 및 문화계 침투로 용공주의 부식, 불순 목적의 시위 조직, 군관민 이간, 국가기밀과 군사기밀 정탐" 등 그 역할이 전방위적임을 강조했다.[6]

1960년대 내내 제1차 인혁당, 동백림, 통혁당 등등 굵직굵직한 사건들이 연속적으로 터져 나왔다. 게다가 1·21사건, 푸에블로호 피랍, 울진·삼척 무장 게릴라 침투 등과 결합되어 공안통치의 더할 나위 없이 좋은 조건이 만들어졌다. 특히 1960년대 후반은 공안통치의 얼개가 만들어진 결정적 국면이었다.

1967년 총선과 대선이 치러지는 정치일정을 중심으로 1967년 이수근 귀순과 동백림 사건, 1968년 1·21사건과 통혁당 사건, 1969년 이수근 탈출 사건이 연이어 터져 나왔다. 이 시기 언론지면은 온통 공안사건과 안보 위기 관련 기사로 도배될 정도였다. 1968년의 언론지면은 울진·삼척의 무장공비를 실황중계하면서 동백림과 통혁당의 수사와 재판 소식을 실시간으로 전달하고 있었다. 심지어 베트남 전쟁, 울진·삼척 무장공비, 동백림과 통혁당 소식이 같은 지면에 게재되는 날도 있었다. 그 여진 속에서 1969년 삼선개헌을 강행하고 유신체제로 가는 길을 만들었다.

북한 무장 게릴라와의 전투 실적이 공비 사살 숫자를 통해 매일 집계되는 '전쟁' 와중에 외국 유학 중이던 당대 한국 최고의 엘리트 지식인들이 줄줄이 간첩 혐의로 검거되었다는 기사가 중첩되었다. 북한의 도발은 한국전쟁을 연상시키는 군사적 차원부터 최고위 엘리트를 포섭하는 정치공작에 이르기까지 전방위적으로 박정희 체제를 위협하는 것으로 재현된다. 나아가 이러한 대공투쟁은 베트남 전쟁을 통해 세계적 차원의 냉전과 결합되었다.

열전과 냉전이 복합된 안보위기가 내부 공안통치로 연결되는 것은 어쩌면 당연한 일처럼 보였다. 주민등록제를 시행하고 향토예비군을 창설하면서 삼선개헌으로 치닫는 권력의 거침없는 행보는 이러한 안보위기를 등에 업었기에 가능했을 것이다. 이렇게 만들어진 공안통치 구조가 1970년대를 거쳐 1980년대로 이어졌다고 하겠다.

간첩 사건의 내부 통치화에 있어 '용공분자(容共分子)'라는 말의 의미를 살펴볼 필요가 있다. 좌익 정치세력은 사실 매우 다양했다. 공산주의, 사회주의, 사회민주주의, 급진민족주의 등등 좌익으로 지칭될 수 있는 세력은 매우 다양하지만 반공 이데올로기는 이들을 모두 공산주의로 환원시킨다. 이때 용공이라는 표현이 환원의 중요한 계기가 된다. 즉 반공 이데올로기는 공산주의자를 공산주의자로 지목하는 것이 핵심이 아니라 비공산주의적 요소들까지 공산주의로 환원하는 것이 핵심이다.

용공분자는 중의적 표현이다. 공산주의자는 아니지만 말 그대로 그것을 허용하거나 동조하는 존재라는 의미가 일차적 해석이라면, 또 하나는 공산주의에 이용당할 수 있는 존재[用共]라는 의미가 숨어 있다. 여기서 중요한 것은 후자의 효과였다. 박정희는 "특히 혁신을 가장한 용공사상, 민족애로 분장한 회색통일론, 또는 분별없는 남북교류론 등은 국민을 현혹"하는 위험한

1968년 향토예비군 창설식. "내 마을 내가 지키자 싸우면서 건설하자"

1971년 연두 기자회견에서 향토예비군 폐지를 주장하는 김대중
《경향신문》, 1971년 1월 23일)

주장이라고 경고했다.[7] 현혹은 부지불식간에 이루어지는 것이기에 자각할 수도 없고 오직 사후적으로만 파악 가능하다. 다시 말해 현혹된 상태를 벗어난 다음에야 지각 가능한 것이기에 언제나 이미 때늦은 것으로 드러난다.

요컨대 이러한 어법하에서 대중은 자신의 의지와 무관하게 공산주의에 이용당하거나 그 숙주 역할을 할 수 있는 존재가 된다. 박정희는 쿠데타 직후부터 '간접침략'을 매우 강조했는데, 용공분자는 이 간접침략과 어울리는 개념이었다. 1961년 7월 박정희는 "국가와 국민의 마음을 좀먹는 공산분자에 의한 간접침략"을 경고했는데, '국민의 마음을 좀먹는'이라는 표현이 의미심장하다.[8] 간접침략은 국가와 국민을 직접적으로 공격하는 것이 아니라 눈에 보이지 않게 좀먹는 것이기에 예측 곤란하고 더욱더 위험한 것으로 표현되었다.

이 비가시적이며 모호한 영역의 존재야말로 권력의 자의적 역할이 확대될 수 있는 중요한 근거였다. 사태가 누구의 눈에도 분명하게 파악될 수 있는 것이라면 권력의 역할은 대단히 제한적이고 기계적 기능에 불과할 수 있다. 그러나 모든 것이 애매해서 침략과 침략 아닌 것이 불분명한 상황이라면 이 무질서에 질서를 심을 수 있는 권력의 역할이 중요해진다. 모호한 간접침략을 분명하게 보여주는 것이 곧 간첩이다.

이것을 사법 차원에서 제도적으로 뒷받침해준 것이 국가보안법과 반공법이었고, 공안 업무만을 다루는 특수한 기구인 중앙정보부가 만들어졌다. 중앙정보부는 박정희 체제 전 기간을 통틀어 체제 유지의 최대 공신이었다. 중앙정보부는 김종필의 주도로 만들어졌으며, 1950년대 특무대 조직 출신들을 대거 포함해 조직의 중추를 이루었다. 그러나 특무대가 주로 군 관련 업무에 치중한 반면, 중앙정보부는 사회 전체를 대상으로 한 정보 공작 업

간첩 시대

무를 담당한다는 점에서 차원이 달랐다. 중앙정보부는 거의 무소불위의 권력기구였고 최고 권력자의 의지 여하에 따라 권력 내부 인사들조차 무자비하게 고문할 정도였다. 주요 공안 사건과 간첩 사건은 사실상 중앙정보부의 작품이었고, 국내 정치에 막대한 영향력을 행사했다.

발전의 위기, 유신체제와 공안통치

1960년대의 공안통치는 유신체제에 비하면 정도가 약했다. 유신체제는 박정희 체제의 정수라 해도 과언이 아니다. 그것은 박정희의 오랜 꿈이었다. 청소년기를 식민지 교육과 군사 교육, 그리고 군생활로 일관한 박정희는 일본 군국주의 또는 천황제 국가가 보여준 힘과 위력에 압도당했다. 그가 5·16쿠데타를 메이지 유신의 지사들의 심정으로 일으켰다거나 5·15사건과 2·26사건을 일으켰던 극우 황도파 장교들의 사고방식에 깊이 공감했다는 것은 잘 알려진 사실이다.[9]

유신체제 성립은 박정희의 오랜 꿈이 실현된 것으로 보이지만, 그 지속성은 크게 의심스러웠다. 1960년대가 대중정치와 공안통치가 결합된 양상이었다고 한다면, 1970년대는 공안통치가 결정적인 요소로 강화된다. 1960년대의 공안통치가 간헐적이었다면, 유신체제는 항상적 공안통치였다고 할 수 있다.

사실 박정희는 권력 재생산에 상당한 불안을 안고 있었다. 경제개발 효과에도 불구하고 도시 지역은 박정희 체제에 우호적이지 않았다. 1967년 대통령 선거에서 박정희는 윤보선을 100만 표 가까이 따돌리며 승리했지만

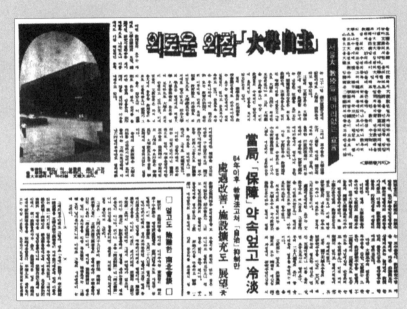

서울대 교수들의 자주화 선언(《동아일보》, 1971년 8월 23일)

간첩 시대

도시 지역에서는 윤보선에게 밀리는 형국이었다. 이러한 경향은 1971년 대통령 선거에서 다시 한 번 확인되었는데, 박정희는 관권과 금권 등 보유한 자원을 모두 투입했음에도 김대중에게 신승을 거두었다.

경제발전은 박정희 체제에 대한 지지층을 결집시킨 반면, 다른 한편으로는 비판-비협조세력의 새로운 형성을 의미하는 것이기도 했다. 발전의 결과가 불균등하면 할수록 지지층과 비판-비협조세력 간의 불균등 또한 심화되었다. 1970년 전태일의 분신은 상징적 사건이었고, 그 여파로 1970년 165건이던 노사분규 발생 건수가 1971년에는 무려 1656건으로 10배 이상 증가했다. 또한 7월의 광주 대단지 사건, 9월의 한진상사 파월 노동자들의 KAL 빌딩 방화 사건이 일어났다. 7월에는 서울지법의 사법파동이 있었고, 8월에는 대학교수들의 자주화 선언이 터져 나왔다. 체제 내부에서도 공화당 4인체제의 항명파동이 일어났다.[10]

자본-임노동 관계의 전면화와 그에 따른 새로운 사회적 적대의 문제 설정은 계층·계급의 문제이자 도시-농촌의 문제였다. 발전의 효과가 도시로 집중되었음에도 도시 대중은 박정희 정권에 그리 우호적이지 않았다. 도시는 새로운 기회의 공간이었지만 그만큼 치열한 경쟁과 가혹한 삶의 조건을 강요하는 곳이기도 했다. 도시 주민의 대다수를 이루는 하층민에게 발전의 효과는 쉽게 느껴지지 않았고, 불평등한 재분배 메커니즘 속에 상대적 박탈감은 더욱 크게 느껴졌다. '여촌야도'의 투표 양상은 도시 대중의 불만을 상징한다.

이렇듯 대중에 대한 공포의 주요한 공간무대는 도시였다. 한국전쟁과 농지개혁을 통해 농촌지역의 불안 요소는 크게 완화된 상태였고, 여촌야도는 이미 1950년대부터 정착된 투표 패턴이었다. 다시 말해 농촌의 사회경제적 모순과 갈등의 핵심인 토지 문제가 어느 정도 해소되었고 정치적 불안 요소들은 한국전쟁을 통해 폭력적으로 제거되었다. 나머지 불안 요소들은 도시로의 배출로 해소되는 경향이 강했다. 즉 이미 1950년대부터 농촌의 잠재적 불안 요소들은 '이촌향도'를 통해 도시로 배출되는 경향이 나타나면서 도시는 농촌의 모순까지 포함한 핵심적 갈등 공간이 되기 시작했다. 4·19가 도시 중심의 대중봉기였다는 점이 이러한 사실을 대변한다.

게다가 도시는 익명의 대중사회를 의미한다. 한적한 시골에서 낯선 사람의 존재는 금방 눈에 띄지만 수백만의 거대한 군중이 밀집한 도시는 무수히 많은 이질적 요소들이 뒤엉켜 있기에 간첩 역시 비가시적 존재가 된다. 시골 마을은 주민들의 동질성이 대단히 높고 대면사회의 특징을 가지고 있는데 비해, 도시는 이질적인 군중의 집합공간이다. 간첩이 외부의 이질적 요소의 침략으로 규정된 상황에서 도시는 간첩의 이상적인 서식 공간이 된다. 이렇게 위험한 도시에 대한 박정희의 불안감은 다음과 같이 표현되었다.

늘어나는 것은 소년범죄와 젊은 세대의 반항이며, 강력범과 무질서이며, 정신의 불안과 사회의 긴장이라는 것이다. 히피나 장발족 또는 다른 퇴폐적인 풍조가 퍼지는 것도 결국 정신적인 공허를 메꾸어보려는 몸부림이라고 해도 지나친 말은 아닐 것이다.[11]

위 진술은 1970년대 후반에 나온 것이지만, 위기의 조짐은 1970년대 초반부터 감지되었다. 한 지식인은 "과밀도시화와 계급분화 현상은 가장 위험한 대상"임을 강조했고 "높아진 기대 수준을 차후의 공업화가 충족시켜줄 수 없음이 폭로되었을 때, 정치 불안은 보편화"될 것임을 예언했다.[12] 박정희 본인도 1971년을 돌아보면서 선거, 과격한 노동쟁의, 불순학생들의 데모, 집단 난동(광주 대단지 사건) 등 여러 가지 '사회 혼란'을 특별히 강조했다.[13]

박정희가 유신체제 수립을 결심한 데는 바로 이 불안감이 크게 작용했다. 경제개발만 잘되면 별문제가 없을 것이라고 믿었는데 오히려 그 개발의 집중적 수혜 대상인 도시가 자신을 배반하는 것을 목도하면서 박정희는 대중정치에 깊은 좌절감을 느꼈던 듯하다.[14] 물론 유신체제 수립은 좌절감에 따른 수세적 조치가 아니었다. 오히려 자신의 오랜 꿈을 실현할 수 있을 정도로 권력 기반을 튼튼하게 다져놨기에 가능한 공세적 조치였다고 보아야 할 것이다.

유신체제 수립 이후 공안통치는 거의 확실하게 정치를 대체했다. 그것을 상징하는 것이 긴급조치였다. 주지하듯이 긴급조치는 유신체제에서 전가의 보도처럼 활용되었다. 총 9호까지 선포된 긴급조치는 대통령의 말 한 마디로 거의 무소불위의 권력 행사를 가능케 했다. 특히 1975년에 발표된 긴급조치 제9호는 이전의 긴급조치를 집대성한 결정판이었다. 긴급조치 제9호가 선포되면서 공안통치는 정점을 찍었는데, 1975년 4월에 인혁당 관련자 8명의 사형이 집행된 것은 공안통치가 얼마나 잔인해질 수 있는가를 웅변했다.

요즈음 한국에 상당한 지식수준에 있는 사람들 중에도 우리나라 법에 대해서 하나의 착각을 하고 있는 것 같습니다. 정부를 뒤집어엎는데, 공산당이 뒤집어엎고 공산정부를 만들 때에는 굉장히 엄한 벌이 가지마는 그렇지 않고 공산주의자가 아닌 사람들이 정부를 뒤집어엎는 것은 크게 잘못

이 아닌 것처럼 이런 착각을 가지고 있습니다. 이것은 아마 4·19 이후에 그런 그릇된 생각이 들어오지 않았는가 짐작되는데, 천만의 얘기입니다. 우리나라의 국가보안법에도 폭력으로써 정부를 전복하겠다 하는 데에 대해서는 극형에까지 처할 수 있는 법이 있는 것입니다. 반드시 그 사람이 공산주의자가 아니더라도….[15]

박정희는 공산주의자가 아니라도 극형에 처할 수 있다는 노골적 협박을 서슴지 않았다. 여기서 흥미로운 대목은 '공산주의자가 아니더라도'라는 문구다. 그렇다면 공산주의자는 어떻게 한단 말인가? 즉 이 말은 극형의 기준이 공산주의에 있음을 분명히 보여준다. 공산주의가 아니어도 극형이 가능하다는 양보절을 이용해 공산주의자에 대한 권력의 처벌이 얼마나 잔인할 수 있는가를 추정케 한다. 요컨대 공산주의자에 대한 처벌을 명시하지 않으면서 듣는 사람으로 하여금 무한대의 처벌이 가해질 것임을 상상하게 함으로써 공포심을 극대화하고 있다.

이러한 분위기가 개인에게 미친 영향과 심리적 압박은 문학평론가 임헌영의 사례에서 분명하게 나타난다. 10월 유신 선포 소식을 들은 임헌영은 그 길로 해인사로 피신했으며, 귀경 후에도 한동안 집에 들어가지 못했다. 뿐만 아니라 수십 년 동안 써온 일기를 땅에 파묻고 그것도 부족해 결국 다시 파내어 불태워버린다.[16] 이러한 신경증과 강박은 공안과 간첩이란 언어가 만들어낸 증상이 아닐 수 없다. 그것은 형체는 없지만 인간에게 분명한 영향을 미친다.

더욱이 임헌영은 5·16쿠데타 이후 박정희 정권을 적극 지지하고, 심지어 1963년 대통령 선거 때에는 열정적으로 선거운동을 전개하기도 했다.

임헌영은 "휘황찬란한 단언 '민족적 민주주의' 때문에 아주 황홀해서" 박정희에게 투표하고 심지어 다른 사람들에게 운동까지 했다고 회고했다.[17] 그의 불길한 예감처럼 결국 임헌영은 1974년 문인 간첩단 사건의 피해자가 된다.

통치성의 증대와 공안통치의 대중화

1950년대 간첩은 주로 정치적 반대파를 탄압하기 위한 이승만 정권의 정치공작의 산물인 경우가 많았다. 1949년 국회 프락치 사건을 비롯해 1952년 부산정치파동 와중에 국제공산당 사건을 일으켜 반공검사로 유명한 선우종원이 체포되기도 했다. 1953년에는 서북청년회 부회장으로 극우 반공운동의 선봉격이었던 김성주가 체포되어 이듬해 고문사를 당하는 믿기 힘든 사건이 일어났다. 김성주는 2대 대선에서 조봉암의 경호 역할을 전담했고, 이 때문에 이승만 정권의 눈 밖에 나게 되었다.

이러한 사건의 결산격이 진보당 사건이었다. 측근이던 이영근 등이 이미 대남 간첩단 사건으로 사형을 구형받았으며, 조봉암도 간첩 혐의로 형장의 이슬로 사라졌다. 이렇듯 1950년대 간첩 사건은 주로 거물급 정치인들이나 이승만 정권을 위협하는 인사들에게 집중적으로 일어났다. 한국전쟁이 발발했고 전후에도 그 직접적 영향을 받고 있던 상황에서 간첩은 매우 효과적인 정치공작 소재였다.

1950년대 간첩 사건이 직접적인 정치적 위협이 되는 정치인에 집중되었다면, 1960~1970년대 간첩 사건은 그 범위가 상당히 넓어진다. 박정희 정권은 개별 정치인도 정치인이지만 사회 전체를 대상으로 한 공안통치를 대폭 강화한다. 3천만 주민 집단 모두가 간첩에 현혹될 수 있는 잠재적 간첩으로 취급되었고 또한 3천만 모두가 방첩전선에 나서야 함이 강조되었다. 간첩을 매개로 일종의 총력전을 수행한 셈이었다. 주민 집단 모두가 스스로 간첩이 아니라는 것을 증명해야 했으며, 대표적인 상징적 행위가 신고다.

이러한 공안통치는 정치와 밀접히 관련되지만 또한 대립되는 것이기도 하다. 공안통치가 강화될수록 정치는 실종되기 마련이며, 정치적 과정은 일련의 사법 치안 과정으로 대체된다. 일일이 매거하기도 힘들 정도로 한국 현대사에서는 국가보안법, 반공법과 관련한 정치적 사건이 즐비했다. 당시에는 곧 나라가 뒤집힐 것같이 요란하게 발표되었지만 수십 년이 지난 다음 재심을 통해 무죄로 판결난 사건이 한둘이 아니다.

결국 공안통치는 정치의 사법화나 다름없었고, 정치의 고유한 역할로부터 이탈한 반정치의 정치가 되었다. 정치의 본래 의미는 사회적 갈등과 대립, 모순을 조절하고 처리하는 고도의 행위이지만 이 과정이 사법으로 대체된다면 그것은 문제의 해결이 아니라 또 다른 적대와 모순을 야기할 뿐이다. 프랑스 철학자 자크 랑시에르의 말을 빌리자면 공안통치는 정치를 대신하는 치안과 같은 것으로 대중의 정치적 행위를 봉쇄해 결국 사회적 적대의 응축과 폭발로 이어질 수 있다.

간첩을 매개로 한 공안통치가 노리는 것은 분명했다. 1971년 유력 일간지 사설은 포항에서 무장간첩 2명과 이들에게 포섭된 귀환 어부 3명을 체포했다는 소식을 전하며 다음과 같이 강조했다.

4월과 5월에 있을 두 번에 걸친 국가적 대행사를 조용하고 질서 있게 치러

야겠다. 선거란 권력을 사이에 둔 싸움이기 때문에 흔히 흥분하기 쉽고 과열의 나머지 민심에 불안 동요를 일으키기 쉽다. 간첩이 노리는 것도 바로 이러한 허점이라고 보아야 한다.[18]

여기서 간첩은 곧 남한 사회의 통상적 제도이자 민주주의의 근간인 선거를 심각하게 위협하는 요소처럼 등장한다. 공안통치가 노리는 것이 바로 이것이다. 간첩 사건의 빈발과 간첩 담론의 유포는 핵심적 정치 일정을 길들이는 효과를 내고 있다. 선거라는 대중정치의 열정이 간첩이 노리는 허점으로 치환되면서 정치가 치안으로 대체되고 있음이 드러난다.

한편 공안통치의 전면화는 통치성의 급속한 증대와 밀접히 관련된다. 산업화 효과로 국가권력의 물적 토대는 상당히 강화되었다. 통치성의 확대는 여러 측면에서 검토할 수 있겠지만 병역 기피율의 기록적인 저하를 통해서도 확인된다. 1960년대 초반 30퍼센트를 넘던 징병 기피율은 지속적으로 하락해 1972년에는 4.4퍼센트로 떨어졌고, 1974년 이후에는 0.1퍼센트 이하에서 고정되었다.[19] 0.1퍼센트의 기피율은 사실상 제로에 가까운 것으로 국가 통치성의 극적인 증대를 보여준다.

통치성의 증대는 곧 대중의 체제내화, 다른 말로 실질적 포섭이 강화된다는 것을 의미하며, 권력의 설득 언어에 그만큼 쉽게 반응하고 공감하는 주체가 구성되고 있음을 말해준다. 요컨대 권력이 말하는 간첩 담론의 사회적 위력이 배가될 수 있는 조건이 강화되었음을 의미한다.

공교롭게도 간첩은 시대에 따라 지속적으로 감소하는 추세였다. 생포와 사살, 자수 등을 합친 간첩의 수는 1950년대 1674명, 1960년대 1686명, 1970년대 681명, 1980년대 340명 등 지속적으로 감소했다.[20] 1969년 이후 간첩 남파가 줄어들면서 정권이 원하는 만큼 검거되지 않자 '정책적으로' 간첩을 양산하기 시작했다고 한다.[21] 병역 기피율의 극적인 감소와 간첩의 감소 사이의 어떤 필연적 연관관계를 찾기는 힘들다. 그러나 남한 사회의 내적 통합과 통치성의 증대가 간첩 사건의 경향적 저하와 일정한 관련성이 있을 가능성을 완전히 배제하기 힘들다. 이러한 상황 변화와 공안통치가 맞물리면서 간첩을 재현하는 시대의 문법도 변화해갔다.

간첩 담론의 특징과 변화

간첩, 남북의 미아

남과 북의 체제 대결을 기반으로 외부의 주적 북한이 내부 위기로 전화되는 핵심 매개로서의 간첩은 다양한 상징과 의미로 재현되었으며 또한 시대적 변화와 함께 변모하게 된다. 남한에서 간첩은 '북괴' 전체를 대리하는 존재이자 북한의 최악의 심급을 상징한다. 분단과 전쟁으로 남한이라는 법역에서 공산당은 존재 불가능하게 되었지만, 정치적 필요에 의해 반공주의의 가시적 대상이 요구되었다. 간첩은 이 기능적 필요에 부응하는 최적의 대상이다. 요컨대 간첩의 1차적 표상은 남한 체제의 위기를 조장하는 북한의 재현체다.

중앙정보부는 9일 상오 북괴의 대남공작 전략전술 전모를 발표. 북괴는 이번 선거기를 편승, 사회 혼란을 조성하고 사태를 극악화시켜 정부 전복을 기도하는 소위 3단계 폭력전술을 획책하고 있다고 폭로했다. (…) 1단계로 선거기에 파괴, 테러활동과 유언비어의 유포로 선거 분위기를 과열시키고 학생과 민중을 선동, 대대적인 데모를 유발케 하고 제2단계로 게릴라로 하여금 정복 경관으로 위장시켜 데모대에 발포케 하여 군중심리를 극도로 자극, 사태를 확대 악화시키며 제3단계는 다시 국군복으로 옷을 바꿔 입어 군중과 합세, 방송국을 점령하고 방송을 통해 군중을 선동하는 한편 북괴에 지원을 요청하면 북괴는 이를 구실 삼아 지원세력을 대거 남파, 정부 전복을 기도한다는 것이다.[22]

인용문은 중앙정보부로 대표되는 공안기구의 전형적인 인식을 보여준다. 특히 북한 게릴라 또는 간첩이 어떻게 남한의 반정부 세력과 연결되는지를 강조하는 점이 주목된다. 학생과 민중의 데모가 곧 간첩의 음모와 직결된다는 논리가 성립하고 있다. 간첩으로 인해 남한의 기본 제도인 선거조차 위험한 것이 되고 주민 집단 역시 불온한 군중으로 재현된다. 여기서 간첩은 그 자체로 위험한 것이 아니라 남한 내부의 어떤 요소들과 접합되면서 문제로 부각된다.

이러한 주장의 대전제가 되는 것은 남한 체제의 우월성이다. 남한은 "인권을 존중하고 자유를 보장하는 자유민주주의 헌법 질서를 유지"하고 있는 것으로 설명된다.[23] 반대로 북한 체제는 한 마디로 지옥에 가까운 것으로 그려진다. 열등한 북한 체제를 대표하는 간첩이 우월한 남한 체제를 위협한다는 데 근본 문제가 있는 것이다. 그런데 문제는 이 우월한 남한의 체제가 간첩 활동을 하는 데 유리한 조건이 된다는 점이다. 북한은 "우리의 언론 자유를 최대한도로 자기네 선전사업에 이용"하고 있다는 것이다.[24] 그에 따라 선거-정치는 일종의 통제 대상이 된다.

4월과 5월에 있을 두 번에 걸친 국가적 대행사를 조용하고 질서 있게 치러야겠다. 선거란 권력을 사이에 둔 싸움이기 때문에 흔히 흥분하기 쉽고 과열의 나머지 민심에 불안 동요를 일으키기 쉽다. 간첩이 노리는 것도 바로 이러한 허점이라고 보아야 한다.[25]

공안기구의 주장을 이어받은 언론은 간첩이 남한 사회의 통상적 제도이자 민주주의의 근간인 선거를 심각하게 위협하는 요소임을 주장한다. 공산당이 완전 제거된 남한 법역의 신성성을 오염시키는 오점으로 간첩이 배치된다. 이 오점의 존재는 역으로 남한 법역의 신성한 정화를 위한 매개이자 계기이기도 하다.

두말할 것도 없이 간첩과 그 동류들은 적색 제국주의의 괴뢰 김일성 도당의 대남촉수로서 (…) 우리가 지금 향유하고 있는 자유를 지키고 이 자유를 확대하여 북한 지역에서 노예의 강제노동에 신음하는 동포들을 구출하여 자유천지의 조국통일을 완수하려면 이들 외적의 주구, 자유와 조국의 적들을 모조리 없애버리고 하늘 아래 발붙일 곳이 없도록 만들어야 한다.[26]

야당지로 평가받는 유력 일간신문의 사설은 노골적으로 간첩 색출의 의무를 강조한다. 남한과 북한은 자유와 민족 두 개의 가치로 비교되며, 특히 자유의 가치가 북한으로까지 확대되어야 함을 강조한다. 자유가 있기에 북한보다 우월한 것이고 궁극적으로 북한을 구원해야 할 대상으로 만들게 된다. 이를 위해서 무엇보다 중요한 것이 간첩을 색출하는 것이다. "당국의 수사 능력에만 의존할 것이 아니라" 스스로 "자기 주위의 청소에 철저"해야 한다.[27] 또한 "간첩 소탕을 군경에게만 의존하던 과거의 관념을 버리고 모든 국민이 공비 소탕에 앞장서야" 함을 강조한다. 이른바 공비 소탕은 "범국민적 과제"라는 것이다.[28]

간첩 담론으로 설득하고자 하는 대상은 남한 주민이다. 자유를 매개로 체제 우월성을 강조하고 열등한 북한–간첩을 청소하고 소탕해야 함을 설득하고자 한다. 간첩은 위협적이지만 더럽고 열등한 존재에 불과하기도 하다. 여기서 남한 주민은 우월한 체제의 구성원으로 열등한 간첩을 청소해야 할 주체로 설정되는데, 이를 보다 설득력 있게 만들려면 간첩을 타자화할 필요가 있다.

간첩은 이중의 배제와 타자화를 통해 남한 주민들에게 제시된다. 먼저 간첩은 빨갱이의 연장이자 변주다. 이론적으로 빨갱이는 분단과 무관하게 존재 가능하지만, 간첩은 남북이라는 국가 간 대립구도를 전제조건으로 한다. 따라서 간첩은 남북 구도에 종속된 빨갱이다. 빨갱이 담론을 통한 이데올로기적 배제와 함께 간첩은 사회적으로도 배제된 존재로 재현된다.

사실 간첩, 특히 무장간첩은 놀라운 능력의 소유자로 등장한다. 김신조가 속했던 124군부대의 경우 30킬로그램의 배낭을 메고 시속 12킬로미터로 산악행군을 했다고 한다. 공동묘지에서 시체를 파내고 은거지를 만드는 훈련도 진행받았다고 한다.[29] 보통 사람으로서는 상상하기 힘든 훈련을 거쳐 고도의 신체적·군사적 능력을 갖춘 존재였다. 여기에 인간으로 볼 수 없을 정도로 잔인무도하고 피도 눈물도 없는 존재라는 이미지가 덧붙여진다. 이승복 사건은 대표적인 사례다.[30]

간첩을 놀라운 능력과 잔인한 심성으로 재현하는 것은 엉뚱한 결과를 낳기도 했다. 1960년대 초반 흥미로운 사건 중의 하나는 간첩을 사칭한 범죄

행각이다. 1963년 부산에서는 북한에서 남파된 공작단임을 사칭하고 금품을 요구한 사건이 벌어졌다.[31] 요구에 응하면 대통령 선거 때 다시 내려와 보상할 것이며 불응하면 살해하고 가족을 납북하겠다는 것이 협박의 요지였다. 3월 18일에는 전남 함평에서 복면강도가 간첩임을 주장하면서 강도 행각을 벌인 사건이 보도되었다.[32] 3월 24일에는 서울에서 택시 강도가 남파간첩이라고 주장하면서 권총을 이용해 강도짓을 하다 검거되었다.[33]

간첩을 괴력을 가진 공포의 대상으로 재현하는 것은 반대로 남한의 국가 물리력에 대한 의존을 강화하는 효과를 수반한다. 개인적으로 대적할 수 없는 상황에서 간첩에 대한 공포는 군과 경찰 등 동등한 물리력을 갖춘 존재를 절대화한다. 다시 말해 북의 간첩과 남의 군경은 일반인을 압도하는 물리력을 바탕으로 적대적 대쌍관계를 이루며 남한 주민들을 지배한다. 요컨대 간첩의 위력과 남한 국가권력의 통치성은 정비례 관계다.

그러나 또한 간첩의 위력은 제한되어야 한다. 간첩의 개체적 능력에도 불구하고 그들은 기본적으로 사회에서 배제된 존재로 등장한다. 그들을 배제하는 것은 남한뿐만이 아니라 북한 역시 마찬가지다.

자기들에게 무용지물이라 점을 찍은 자들, 숙청의 대상으로 지목한 자들을 긁어모아다가 세칭 밀봉교육을 세뇌하여 사지에 몰아넣은 것이 그들의 내막이다. (⋯) 당국에서는 자수하는 간첩에게는 최대한의 관용으로 임하여 이들을 따뜻이 맞이하고 과거를 묻지 않을뿐더러 직장까지 마련하여 생활보장도 하고 있다.[34]

북한으로부터 배제된 존재라는 설명은 일종의 심리전이지만 어쨌든 간첩은 이미 북한의 사회적 타자처럼 설명된다. 간첩을 선발할 때 "북한에서 불우한 처지에 있는 자를 선정하는 경우가 많"다는 주장은 이미 1950년 대부터 나타난다. 즉 처치 곤란한 자를 택해 실패해도 그만 성공하면 의외의 소득이 된다는 논리다. 이는 주로 남한 출신을 지칭하는 것으로 보인다. 1958년 당시까지 공안당국은 간첩의 80퍼센트가 남한 출신이라고 주장했다. 납북자와 월북자는 "아주 천대를 받고 있는" 존재로 설명한다.[35] 비단 남한 출신뿐만 아니라 "순진한 청소년"과 "전쟁고아"를 간첩으로 훈련시켜 남파한다는 재현 전략이 등장한다.[36]

이데올로기적·사회적 배제를 통해 간첩은 정치적으로나 사회적으로 온전한 구성원으로 인정받을 수 없게 된다. 즉 간첩은 이데올로기적으로 위험한 존재이자 사회적으로 무능한 존재로 규정된다. 다시 말해 간첩은 북한 사회에서도 경쟁에 탈락해 별 볼일 없는 존재라는 식으로 설명함으로써 그 존재 의미를 최소화하고자 한다. 간첩의 타자화는 그들을 남한 내 짝패와 연루시킴으로써 완성된다. 북한은 "불량배 출신 간첩을 남한 지역 주요 도시에 침투시켜 폭력배 등 반사회적 계층 내부에 조직망을 만들"고자 하는 것으로 설명된다.[37]

북의 불량배와 남의 폭력배는 이데올로기적 적대를 넘어 사회적으로 동질적인 주체로 호명되어 함께 타자화된다. 이는 1차적으로 간첩의 무능력화를 기도하면서 무엇보다 남한의 '반사회적 계층'과의 결합을 차단하는 효과를 기대한 것이다. 나아가 남의 잠재적 저항세력을 폭력배와 반사회적 계층과 연루시켜 그들의 사회적·정치적 권능화를 방지하고자 한 전략으로 읽힌다. 이 전략이 관철된다면 반사회적 계층의 저항은 늘 북한-간첩의 사주와 선동 효과일 뿐이라는 지배담론이 가능해질 것이다.

이러한 전략은 남한의 사회적 배제논리가 북으로 확장되는 방식을 취하고 있지만 역으로 남한의 배제를 더욱 강화하는 효과를 산출한다. 남과 북 모두 사회적으로 배제된 자들을 산출해내고 무능하고 무용한 존재로 낙인찍음으로써 지배블록의 권위를 재확인하고자 한다. 당연한 일이겠지만 남한의 지배층은 자신들의 지배논리에 입각해 간첩을 재현하고 간첩을 통해 기존 지배질서의 공고화를 추구한다.

간첩에게 남북 모두에 관통되는 사회적 배제의 낙인을 찍는 것은 남한의 서발턴-민중과 간첩을 연루시키는 교묘한 표상을 통해 작동한다. 1970년 간첩을 식별하는 요령으로 제시된 것은 "물건 값이나 버스 요금을 잘 모르는 사람, 얼굴색이 누렇고 핏기가 없는 사람, 쫓기는 것과 같은 인상을 주는 사람, 부부 간의 행동이 항상 일정치 않고 부부 간에 비밀이 있어 자주 언쟁이 있는 자, 장소·시기·기간 등에 조화가 되지 않는 비정상적인 행동을 하고 있는 자, 초조한 태도로 거동하는 자, 무장을 하고 굴이나 바위틈에 숨어 있는 사람, 주위 사람의 눈을 고의적으로 피하는 태도를 취하고 있는 자, 북괴를 찬양하거나 동조하는 자, 신기한 듯 주위를 살피며 수시로 당황하는 빛을 보이는 자, 착용한 신발의 모양이 이상한 자, 세수나 이발을 하지 못한 자, 아무런 직업 없이 불규칙한 외출을 자주 하고 있는 자" 등이었다.[38]

얼굴에 핏기가 없고 세수나 이발을 하지 못한 사람, 타인과 시선을 마주치지 못하고 주눅이 든 사람을 무장을 하고 숨어 있는 사람, 북괴를 찬양하는 자와 뒤섞어놓음으로써 간첩과 서발턴-민중은 일종의 혼종적 주체처럼 나타난다. 지배권력의 시선으로 볼 때 양자는 사실상 구분 불가능할 정도로 동질적인 존재인 셈이다. 1971년 7월에는 실제 간첩이 살인강도를 저질렀다는 공안당국의 발표가 나오기도 했다.[39]

간첩은 분단의 부스러기처럼 보인다. 극도로 경직된 두 체제가 항시적으로 마찰을 일으키고 그 마찰열로 인해 희생되는 조건이 만들어진 셈이다. 중요한 것은 마찰이 일어나는 곳은 중심부가 아니라 맨 가장자리라는 점이다. 부스러기들이 떨어져 나오는 곳도 이곳이다. 북에서 배제된 간첩이 남한으로 보내졌다면, 남에서 배제된 자들은 북에 편향된 존재들로 여겨졌다. "민청학련 사건은 그것이 북괴의 직접적 조종을 받았건 안 받았건 간접침략 방식을 그대로 반영한 것"이라는 서술은 이를 잘 보여준다.[40]

간첩, 어리석은 악마

간첩의 또 다른 이미지는 교활하지만 어리석은 존재라는 것이다. 간첩은 정체를 숨기고 교활하게 움직이기에 그 실체를 파악하기 힘든 존재로 재현된다. 따라서 기만과 사기, 배신을 아무런 양심의 가책 없이 밥 먹듯이 저지른다는 이미지를 구성해냈다. 대표적인 사례가 이수근 사건이다. 위장자수한 이중간첩이라는 이미지는 기만과 사기의 상징처럼 여겨진다.

1967년 3월 이수근의 북한 탈출 이후 대대적인 환영 행사가 벌어진 것은 물론 각종 성금이 답지했는가 하면 가족 구출 서명운동이 전개되는 등 그야말로 거국적인 환영 분위기가 연출되었다. 유력 일간지《동아일보》는 사설로 이수근의 "자유에의 의지와 용기"를 높이 평가했다. 더 나아가 그의 "용기 있는 자유에의 탈출"이 북한 동포 모두에게 확대되어야 함을 강조했다.[41] 9월에는 이수근의 탈출을 소재로 한 영화〈고발〉이 개봉되었고, 주연을 맡은 박노식은 그해 연말 대종상 남우주연상을 받았다.

3월 22일에 탈출한 이수근은 바로 다음 날인 23일부터《경향신문》에 수기를 연재한다. 그런데 두 번째 수기인 3월 27일자 기사를 보면 북한의 대남침투 전략에 대한 자세한 분석이 주된 내용이다. 언론사 간부가 알기 힘든 내용이 대부분인 것으로 보아 중앙정보부가 대필했을 가능성이 농후했다. 이러한 의심을 불식하기 위해서인지 기사 하단에는 이수근의 자필 수기와 사인까지 들어간 사진이 첨부되었다.[42] 이처럼 이수근의 탈출은 중앙정보부로서는 호재가 아닐 수 없었다.

　그러나 이수근에 대한 관심은 해를 넘기면서 급속도로 식어갔다. 신문에도 거의 기사가 나지 않았으며, 결혼 소식이 보도되는 정도였다. 가수 권혜경과 결혼할 것이라는 기사가 실렸으며, 두 사람이 광릉에서 데이트하는 사진이 신문에 게재되었다.[43] 그러다 8월에는 갑자기 이강월이라는 우석대 강사와 약혼한다는 발표가 났다. 서울 중구의 '왜식집 새마을'에서 진행된 약혼식 기사는 사회면 맨 하단에 1단 단신으로 처리된다.[44] 9월의 결혼식 소식도 단신으로 실리는 등 점차 이수근은 사회적 관심에서 멀어져 갔다. 그러다 1968년 연말에 뜬금없이 이수근의 자살설이 언론지면을 장식했다.[45]

　1969년 2월에는 이수근이 체포되었다는 기사가 등장했다. 이때부터 언론은 논조를 180도 바꿔 이수근에 대한 살벌하기 그지없는 기사로 지면을 도배했다. 물론 점잖게 이수근 사건을 계기로 방첩이 "국민 전체의 사활에 관한 문제이요, 시민 개개인의 생사에 관한 문제"라고 환기하는 사설도 있었지만 대부분은 극한 언사를 동원해 이수근을 악마화했다.[46] 시민들의 반응이라며 언론에 보도된 내용을 보자.

치가 떨린다. 그런 악랄한 간첩에게 온 국민이 따뜻한 마음으로 환대한 생각을 하면 분통이 터질 지경이다. (…) 극형에 처해주기 바란다. (…) 무력남침을 노리는 김일성 도당의 위장술책이 그렇게까지 지능적일 줄은 미처 상상도 못했다. 생각만 해도 치가 떨리는 일이다.[47]

그래도 일반 시민들의 반응은 양호한 편이었다. 이수근 체포를 계기로 마련된 언론의 대담에서 나온 언사들은 이들이 당대의 엘리트라는 점을 의심케 할 정도였다.

차지철 : 공산당 하면 우리가 죽느냐 죽이느냐 하는 관계에 있는데 한 방울의 온정도 베풀 수 없다. 이수근은 대검으로 열두 조각을 내서 죽여도 시원치 않겠다고 생각한다. (…) (울진·삼척 사건 예를 들며) 이놈들이 사상무장이 얼마나 잘돼 있는지 궁지에 몰리면 자폭하고 만다. 온 국민이 감시에 나서 공산당을 때려죽여야 한다. (…) 보호보다 감시해야 한다. (…) 공산주의자에게는 인도주의나 인정론은 필요없다. 죽이지 않으면 내가 죽는 거니까.
강병규 아시아태평양이사회(ASPAC) 사무총장 : 앞으로 공비가 나오면 생포할 생각 말고 모두 죽여야 한다. 그들에게는 극형만으로도 부족하다.
이철범 경향신문 논설위원 : 이는 법으로 처단할 수 없다. 그들이 우리의 국법 밖에 있는 이상 법으로 처단할 수 없는 것 아닌가. 서울운동장 같은 데 갖다놓고 3천만 국민들이 한 사람씩 돌을 던져 찍어 죽여야 한다.[48]

훗날 부마항쟁에 나선 시민들 수백만 명을 탱크로 깔아뭉개버릴 수도 있다고 한 차지철은 이때도 살벌한 언사를 남발했다. 신문 논설위원은 한 술

간첩 시대

더 떠 돌로 찍어 죽여야 한다는 극언을 서슴지 않았다. 다른 사건에 비해 유독 이수근에 대한 언설에는 극도의 분노가 묻어난다. 심지어 이수근과 결혼설이 오간 가수와 실제 결혼한 여성까지 등장해 그를 졸렬하고 이상한 인간으로 낙인찍는 기사도 나온다. 특히 36년 동안 고이 간직해온 "노처녀의 순정을 짓밟은 인간"으로 묘사하기도 했다.[49]

사실 이수근의 간첩 혐의는 별것 없었다. 2018년 재심을 통해 그의 간첩 혐의는 근거 없는 것으로 밝혀져 무죄가 확정된다. 살인이나 파괴 등의 행위도 전혀 없었고 중대한 국가기밀이 유출된 것도 아니었다. 그럼에도 이처럼 노골적인 증오가 폭발한 이유는 무엇일까. 당대의 대표적 엘리트 지식인이던 신상초 역시 매우 직설적인 어법으로 이수근을 질타했다. "시정에서의 서민의 소리를 들어보면 이(이수근: 인용자)를 단순히 처형만 해서는 안 된다. 3천만 국민 전체를 우롱했으니 종로 네거리에 끌어내다가 박살을 해야만 속이 풀리겠다는 말이 나돌고 있다. 이만큼 귀순 사기극을 연출한 이에 대한 원한이 사무쳐 있는 것이다." 이러한 살벌한 언사에 뒤이어 신상초는 이수근을 어리석은 자로 규정한다.[50]

자수하지 않은 이유를 (…) 나는 그 주인이 바로 이가 무식한 놈이었기 때문이라고 생각한다. 심히 무식한 주제에 대한민국에서 우쭐대며 살게 되었으니 자유사회를 얕보고 오만하게 까불었을 것이요, 대한민국을 어수룩한 사회로 알고 탈출을 하려다가 마침내 철추를 맞게 된 것이다. 만약에 이가 중학 정도의 교육이나마 받고 소위 각성 때문에 인간성을 전적으로 상실한 인간이 아니었다고 하면 그는 대한민국이 주는 분에 넘친 후대에 감격해서라도 떳떳이 자수하여 갱생의 길을 찾게 되었을 것이다. 이런 의미에서 공산주의는 무식한 놈만이 광신하는 종교라 하는 견해는 탁월한 진리인 것이다.

간첩이 기만적 술책에 능한 자이지만 결국은 '무식한 놈'이라는 규정은 이성적이고 합리적인 사유가 불가능한 존재라는 표상을 만들어낸다. 이미 한국전쟁 때부터 공산주의를 근대적 이성과 과학적 합리성이 결여된 존재로 재현하는 전략이 나타나기도 했지만, 근대화 담론이 위력을 떨치던 1960년대에 그 이미지가 더욱 강화된다.

간첩을 어리석은 바보로 만드는 전략은 일종의 콤플렉스의 발현처럼 보인다. 일제 시기 이래 당대 최고의 엘리트치고 마르크스주의에 관심을 갖지 않은 사람이 드물었다. 숱하게 많은 유력 지식인들이 좌파 쪽으로 경도되었고 분단과 전쟁을 거치면서 북을 선택한 경우가 많았다. 사실 반공주의는 마르크스주의에 대한 논리적 공박보다 감성적 접근을 선호한다. 좌파적 이념을 논리적으로 비판하는 것은 만만치 않은 일이었고, 그 효과도 의심스럽다. 공산주의를 극도로 단순화해 그 단순한 교리에 빠진 존재를 저열하고 어리석은 자로 재현하는 것이다.

귀순과 배신, 이중간첩의 자유를 향한 절규

'자수하여 광명 찾자'라는 슬로건은 간첩을 어둠 속에 갇혀 있는 존재로 표상하는 가장 대표적인 선동이다. 어둠은 비합법 영역을 은유하면서 동시에 무지와 맹목에 빠져 있음을 의미한다. 이성적 사유를 본질로 한다는 근대적

인간 개념에서 무지한 자는 인간 취급을 받기 곤란하다. 이수근은 남한 사회의 합리성을 거부한 자가 됨으로써 그 합리성의 주체들을 모욕한 셈이다. 남한 지식인의 존재 증명은 남한이 북한보다 우월한 체제라는 자기확신으로부터 가능하다. 분단과 전쟁을 거치면서 남한을 서식처로 삼은 지식인들에게 이러한 자기확신이 흔들린다는 것은 존재의 위기로 이어질 수도 있다.

그런데 이수근은 이러한 존재 증명의 반증처럼 나타난 셈이다. 따라서 남북한 중 남한을 선택하는 것은 중학생 정도의 교육만으로도 충분할 만큼 자명한 진실이어야 하는데, 이수근은 이러한 단순한 판단조차 헷갈릴 정도로 저열한 인간으로 규정되어야 했다. 그를 향한 극언들이 난무한 것은 무장간첩에 대한 공포와는 다른 차원의 공포를 수반했던 것으로 보인다.

이러한 논리는 배신감과 결합된다. 이수근은 귀순과 배신의 아이콘이었다. 이수근은 이중간첩이라고 명명되었지만 사실 이중은커녕 간첩 자체가 아니었다. 그는 밀명을 띠고 남파된 사람이 아니라 단순 귀순자였으며, 중앙정보부의 관리 방식에 불만을 느끼고 남한 지역을 이탈한 것에 불과했다. 중앙정보부 감찰실의 관리는 혹독하기 그지없었다고 한다. 구타가 일상이었고 늘 따라붙는 감시에 이수근은 그만 질려버린다. 중립국에 가서 남북한을 비교하는 책을 내고 싶다는 희망을 피력한 그는 김형욱에게 미안하다는 편지를 남긴다.

남한과 북한의 차이는 곧잘 '자유'로 환원된다. 이수근의 귀순 제일성도 자유였고, 이른바 '자유대한'은 부자유한 북한에 대당하는 핵심 가치를 상징했다. 이수근은 남한의 상징과도 같은 자유의 가치를 극적으로 요동치게 만들었다. 귀순을 통해 자유의 가치를 한껏 드높이다가 탈출로 그 모든 것을 뒤엎어버렸다. 애초 없었던 것보다 못한 게 되면서 지식인들의 히스테리가 극에 달했다.

앞서 보았듯이 1960년대 후반은 남북 간의 체제 대결이 극한으로 치닫는 국면이었다. 게릴라전부터 지하당까지 남한에 대한 북한의 공세도 공세였지만, 경제개발 역시 아직 확실하게 우위를 점했다고 보기 힘든 국면이었다. 그렇기에 엘리트들도 역시 북한에 대해 유연하기 힘든 상황에서 이수근의 귀순은 극적 승부수처럼 보였다. 그전까지 사례가 없었던 북한 고위층 엘리트의 귀순은 남한의 자유와 체제 우월성을 증명할 명백한 선언이어야만 했다. 이수근의 탈출은 이 모든 기대를 산산조각 낸 셈이었고 엘리트들의 히스테리와 저주도 어느 정도 이해될 만했다.

중앙정보부는 이수근을 이중간첩으로 만들어 자신들의 관리 실패를 극적으로 역전시켰다. 신의 한 수와 같은 이 계략은 남한 사회 전체를 멋들어지게 속여 넘겼다. 이 국면에서 이중간첩은 이수근보다 중앙정보부에 더 잘 어울린다. 중앙정보부의 이중 플레이는 단지 기교에 그칠 문제가 아니다. 그것은 단순히 중앙정보부 감찰실의 자기 구명 행위가 아니라 남한 사회 전체를 구원하기 위한 집단 무의식의 발로처럼 보인다. 이수근을 악마적 이중간첩으로 만들지 않고서는 그 누구도 안전할 수 없다는 이 집단 무의식이야말로 간첩 담론의 핵심 지반이 아닐 수 없다. 당시 그 누구도 중앙정보부의 어설픈 시나리오에 대해 의문을 제기하지 않았다. 아시아 반공전선 전체가 신문지 한 장에 응축된 것처럼 재현되는 국면 속에서 이수근은 세계 반공전선의 승리를 위해 이중간첩으로 재탄생되어야 했다.

이러한 상황을 연출하고 재현해 남한의 시대적 분위기를 주조하고 시대정신을 규율하고자 한 핵심 기구는 중앙정보부였는데, 이수근 이전에 이미 동백림과 통혁당을 통해 그 밑그림이 그려졌음을 기억할 필요가 있다. 이 과정에서 귀순과 전향 그리고 밀고와 자수가 간첩 담론의 핵심 개념으로 등장한다. 동백림 사건은 주지하듯이 독일 유학생 출신 임석진의 박정희 독대와 밀고로 시작되었고, 통혁당 역시 구성원 내부의 자수와 밀고를 통해 사건화된다. 이수근의 귀순과 동백림·통혁당 사건은 직접적인 관련이 없는 것처럼 보이지만 귀순과 밀고, 전향과 자수의 사회심리적 조건이 연속적임도 기억할 필요가 있다.

간첩의 세계화

간첩은 단지 남한 내부의 문제이거나 남북관계의 부산물로만 취급되지 않았다. 이미 1950년대부터 국제 간첩 이야기가 심심치 않게 나타나고 있었지만 1960년대 들어서는 동백림 사건을 통해 서구 국가로 간첩 이야기가 확대된다. 1970년대에는 일본 재일교포나 유학생 간첩단 사건이 빈발했다. 요컨대 일본과 서구를 포함해 한국과 관계가 있는 세계 전체가 간첩 담론의 무대가 된다.

이는 한국의 국제관계가 확대되는 맥락과 연관된다. 경제개발을 통해 다양한 국가들과 교류를 넓혀가고 유학생이나 상사 주재원 등 해외로 나가는 사람들이 증가하면서 재외 국민에 대해서도 규율과 통제를 할 필요성이 생겼다. 세계 자본주의 시장과의 접촉면을 늘려갈 수밖에 없는 경제개발 전략에 따라 간첩 담론의 세계화도 불가피해진 셈이다.

간첩의 외부성과 관련해 일본이 주목된다. 1970년에는 일본 기업이 북한에 대공산권 수출금지 품목을 수출해 체포된 사건이 보도되었다. 물품 중에는 간첩 연락용 무선전신 기재, 간첩의 위장을 위한 한국산 내의를 비롯한 의류, 일용품, 잡지, 한국군의 군사훈련 및 군사시설을 엿볼 수 있는 영화 〈빨간 마후라〉, 〈삶과 죽음의 계곡〉 등 10여 편, 서울을 비롯한 주요 도시들의 사진, 주요 기관의 내외부 사진, 전화번호부, 한화(韓貨) 등이 들어 있었다.[51] 이에 국내 언론은 일본 기업들이 불법 또는 합법을 가장해 전략물자를 북한에 팔고 있다고 강력하게 비판했다.[52]

개봉 영화와 일용품과 잡지, 심지어 속옷까지 전략물자로 취급되고 있음이 주목된다. 즉 남한 내부에서는 전혀 문제가 안 될 품목들이 해외에서는 문제가 될 수 있는 것이다. 남한 외부에서 문제가 된다는 것은 간첩을 매개로 해서만 가능하다. 아무리 평범한 물건이라도 간첩이 소유하면 전략물자가 되는 것이다. 이는 곧 외부의 이질적 존재인 간첩을 남한 내부의 동질적 존재로 만들어주는 물건이라는 점에서 전략물자가 된다는 의미일 것이다. 사법부 역시 "국내적으로 공지된 사실이라 하더라도 적국에 알려지면 적국에 유리하게 되는 사항은 기밀에 속한다"라고 규정했다.[53]

그런데 이 사건을 수사 중이던 일본 관계 당국은 북한이 전염병 균주를 발주했다는 사실을 공개했다. 더 나아가 이 사실이 한국 서해안을 휩쓴 콜레라 만연 사태와 연관성이 있는지도 조사하고 있다고 했다.[54]

콜레라는 원래 무더운 남방의 전염병이요 우리 한국과는 무관한 병이다. 그런데 작년에는 여름도 아닌 가을철에 북괴 간첩들이 출몰하는 군산 근방 해안을 휩쓸어 고통을 겪었다. 국제보건기구의 조사에서도 당시 한국의 군산 지방 외에는 세계 어느 고장에도 콜레라는 없었다는 발표가 있었다.[55]

이미 조선시대부터 유행하던 콜레라를 한국과 무관한 병이라 단정하고, 원래 가을철에 빈발하는 콜레라임에도 계절을 탓하며 간첩의 소행으로 몰아가는 언론의 행태는 간첩을 만악의 근원으로 만들고자 하는 전략으로 보인다. 국제기구의 권위를 빌려 콜레라가 세계 그 어느 곳에서도 없었다고 주장하는 것은 사실 여부를 떠나 대중에게 거부하기 힘든 압박이 된다. 해방 공간의 이승만이 공산주의를 '호열자(콜레라)'에 빗대어 비난했던 사정을 아는 이들이라면 기시감을 느꼈을지도 모르겠다. 이쯤 되면 국내 언론의 간첩 담론은 임계점을 넘어서고 있다고 봐야 할 것이다.

간첩 신경증은 국내 문제에만 국한되지 않았다. 1979년에는 북한 간첩이 불법 비자를 이용해 대거 미국에 침투했을지도 모른다는 기사가 《워싱턴 포스트》에 실리기도 했다.[56] 국내 언론은 멕시코에 무장 게릴라를 수출하고 쿠바와 동맹을 맺고 있는 북한이 미국에 간첩을 직접 침투시켰을 가능성을 미국 관리가 시인한 사실을 크게 부각했다. 간첩 신경증의 세계화라고 볼 만한 상황이었다.

간첩의 정치경제학 또는 돈과 이데올로기

남북 체제 대결의 최종 심급은 사실상 경제다. 북의 사회주의 조국 건설을 위한 천리마 운동이나 남의 조국 근대화를 위한 새마을운동이나 모두 물질적 번영을 위한 동원 프로젝트라는 점에서 동일하다. 일종의 데칼코마니처럼 남북은 서로를 참조하면서 더 높은 생산력과 생산성을 위해 치열한 경쟁을 되풀이했다. 이 체제 경쟁의 중요한 변곡점이 1960~1970년대였다. 남북의 생산력 확충 경쟁이 결정적으로 남으로 기운 것은 1970년대다.

간첩의 가장 중요한 특징 또는 증거로 간주되는 것이 이른바 공작금, 즉 돈이다. 남파간첩의 존재 조건상 돈이 없으면 단 하루도 버틸 수 없다. 그것은 간첩의 문제가 아니라 한국의 문제다. 정치적 부자유 대신 시장의 자유가 보장된 조건에서 이 자유의 크기는 돈의 크기와 정비례한다. 간첩 역시 이 시장의 자유를 조건으로 생존하고 활동하고 '혁명사업'을 해야 했다.

남파가 아니라 자생적 지하조직이라 해도 북과의 연계에서 매우 중요한 것이 돈이었다. 통혁당의 김종태와 김질락은 북의 돈에 의존해 혁명사업을 할 수밖에 없었다. 김종태의 사업은 매번 실패했고, 그때마다 북의 돈은 더욱 절실했다. 김질락의 수기에 따르면 《청맥》역시 북의 자금줄에 목을 매고 있는 판이었고 김종태와의 갈등이나 월북을 결심하게 된 동기 중의 하나도 돈 문제였다.[57]

간첩 담론의 확장성과 1970년대의 변화 양상을 잘 보여주는 사례가 이른바 경제간첩의 등장이다. 1973년 6월 5일 보안사는 기간산업 분야와 학원에 침투한 간첩단의 검거를 발표했다. 검거된 사람들은 포항종합제철 기술 담당 이사 김철우, 한국화약 상무이사 강태중, 서울대 교수 박선정 등이었다. 보안사는 이들이 제철과 화약 등 국가 기간산업 분야에 침투해 방위산업과 과학기술 등의 중요한 정보를 수집해 북한에 보고해온 최초의 산업 관계 특수간첩이라고 규정했다.[58] 보안사는 이들이 남북 대화는 무력적화 통일의 준비 단계라는 북의 지시를 받았다고도 밝혔다.

보안사는 특히 김철우에 주목했다. 보안사의 발표에 따르면 김철우는 도쿄대 교수라는 직위를 이용해 북한에 들어가 간첩교육을 받은 거물간첩이었다. 김철우는 조선총련의 장학금으로 학업을 마치고 금속공학의 권위자

가 되어 포항제철 설립 자문위원으로 1968년에 한국에 입국했다. 1970년
에 한국과학기술연구회 중공업실장으로 재직했으며, 1971년에 포항제철
의 기술 담당 이사가 되었다. 김철우는 북한을 방문해 김중린으로부터 적화
통일 후 남한의 기간산업은 우리 것이 되니 유사시 파괴로부터 보호할 대책
을 세우라는 등의 지시를 받았다고 했다.

이 사건의 특징은 관련자 모두가 재일교포 출신이라는 점과 함께 산업과
기업 분야의 간첩 사건이었다는 점이다. 보안사 스스로 경제 분야로는 최초
의 간첩 사건이라고 밝혔다. 이는 사회적 변화를 반영한 현상일 것이다. 경
제가 점차 핵심적 사회문제로 부각되는 시대상황과 맞물리면서 '산업관계
특수간첩'이란 신조어가 탄생한 것이다. 이는 곧 간첩이 대외적 요소이자
대내적 산물임을 잘 보여준다.

> 전투에서 한 사람의 유능한 간첩이 1개 사단의 병력과 필적되는 경우가
> 있듯이 고도로 발달된 산업사회의 산업 스파이는 때에 따라서는 기업의
> 운명을 좌우할 수 있는 극히 중대하면서도 위험한 역할을 담당하고 있다.
> 외교관들은 공인된 간첩이란 말도 있듯이 주재사원, 세일즈맨 등도 어느
> 정도 산업 스파이 (…) 공장이나 시설을 견학하는 방문객이나 상담객도 어
> 느 정도 산업 스파이 역할 수행 (…) 산업 스파이에 대한 대책은 대간첩 작
> 전이 온 국민의 참여 속에서 진행되듯이 대산업 스파이전도 기업이 전사
> 적으로 대처해야 (…)[59]

경제가 바야흐로 시대의 화두가 되면서 간첩은 정치군사적 또는 사회적
차원을 넘어 경제 영역으로 확장되었고, 이에 따라 산업 스파이가 주목받게

되었다. 북한의 간첩을 막는 것과 기업의 비밀을 빼내는 산업 스파이를 막는 것이 연결되고 비교되면서 간첩 담론은 사회 전체를 휘감게 된다.

그럼에도 경제 문제가 부각되면서 간첩 담론은 약간의 변형이 불가피했다. 예컨대 경제적 이해관계를 고려하면 간첩 담론의 과잉은 경계해야 할 문제였다. 1970년 일본 오사카 박람회 100만 인파 중 5만 명 정도를 한국 관광으로 유도하고자 하는 계획이 발표되자 한 언론은 1·21사건, 푸에블로호 사건, KAL기 사건, 빈번한 간첩 사건 등이 외국인에게 엉뚱한 공포감을 줄 수 있음을 우려했다.[60]

간첩을 통한 공안통치는 기본적으로 내치를 위한 것이었지만, 한국 경제가 세계 자본주의 시장과 긴밀하게 연동되면서 외치로 확장됨을 볼 수 있다. 다시 말해 간첩 담론을 통한 위기의 강조가 오히려 자본 유치를 비롯한 대외경제에 악영향을 미칠 수 있는 상황으로 변화했음이 감지된다. 위기의 정치 담론이 안정의 경제 담론과 길항하게 되면서 간첩 담론의 역할과 기능을 재조정할 필요성이 제기된 셈이었다. 이는 곧 분단과 냉전이 경제개발 전략과 어떠한 함수관계를 갖는가에 대한 질문과도 연결된다. 이제 간첩은 정치와 안보의 문제에서 정치경제학의 문제로 확장된 셈이다.

간첩이라는 공안의 문제가 어떻게 돈 문제가 되는지는 이수근 사건에서도 확인된다. 이수근은 이중간첩으로 구속 기소된 후 전 재산을 압수당했다. 천만 원이 넘는 거액이었는데, 당시에도 피의자 재산 압수는 예외적이며 드문 일로 평가되었다. 사적 소유권은 자본주의 사회의 기본 원리라는 점에서 사유재산의 압수는 그리 쉬운 일이 아니다. 그러나 간첩은 금치산자를 넘어 재산의 소유권조차 인정받을 수 없는 존재가 된다. 소유권을 부정당한 존재는 원칙적으로 자본주의 사회로부터 추방된 자다.

납북되었다가 65일 만에 돌아온 KAL기 승객들(1969)

관련된 에피소드는 이수근의 부인 이강월이 700만 원의 위자료 소송을 낸 일이다. 이수근의 재산은 전부 몰수되었기에 이강월의 위자료 소송은 아무런 의미가 없는 것이었으나 어쨌든 이혼의 출발은 간첩이었으나 그 마지막은 돈으로 귀결되었다는 점이 인상적이다.

간첩과 돈의 관계를 생각할 때 포상금과 보로금을 빼놓을 수 없다. 포상금은 간첩 신고에 따른 상금이며, 보로금은 간첩으로부터 압수된 물품에 따라 지급되는 돈이다. 간첩 신고에 따른 포상금 지급이 처음 시행된 것은 1958년 8월이었다. 즉 1958년 8월 1일 내무부 치안국은 간첩 검거에 필요한 정보를 제공한 사람에게는 10만 환의 상금을 지급한다고 발표했다.[61] 같은 해 11월에는 상금이 30만 환으로 인상되었고, 1960년에는 관련 규정을 만들고 금액도 50만 환에서 100만 환으로 올렸다.

화폐개혁 이후인 1962년에는 20만 원이 책정되었고, 1970년에는 50만 원으로 인상되었다. 특히 1970년부터는 특정 달을 지정해 방첩 및 승공 사상 앙양 기간으로 설정하고 특별 상금으로 100만 원을 지급한다고 발표했다. 인플레이션 시대답게 1977년에는 간첩 신고 500만 원, 간첩선 신고 1천만 원으로 대폭 인상되었다. 1980년에는 각각 3천만 원과 5천만 원으로 인상되었는데, 당시 서울에서 아파트 서너 채를 살 수 있는 거액이었다.

포상금 제도는 이데올로기로 시작된 간첩이 경제적 문제와 접합되는 양상을 잘 보여준다. 이는 간첩 담론에도 영향을 미칠 수밖에 없다. 이제 간첩은 공포의 대상에서 인생역전의 계기가 될 수도 있었다. 자본주의 사회의 일상은 자본-임노동 관계를 통한 화폐의 순환을 기본으로 한다. 원론적 수준에서 노동이 없으면 돈도 없다. 투기와 부정부패, 상속 등을 통한 불로소득을 제외한다면 자본주의 일상은 노동과 화폐 사이의 교환관계가 기본이다. 간첩은 이런 일상의 문법을 무너뜨리며 대량의 화폐 취득이 가능한 로또가 된다.

간첩을 통한 이데올로기적 통치전략은 주민들의 일상을 파고드는 데 한계가 있다. 애국심이 밥 먹여주는 것도 아니고, 공포가 능동적 반간첩 행위를 유도하는 데도 한계가 있다. 결국 간첩 담론이 주민들의 일상과 무의식으로 확장되기 위해서는 그 일상의 문법을 따를 수밖에 없다. 경제개발이 본격화되는 1960년대 직전에 포상금 제도가 자리 잡은 것은 결코 우연이 아닐 것이다. 돈이 사람들의 일상을 지배하면서 간첩 역시 그 자장으로부터 자유로울 수 없게 된다. 바야흐로 간첩이 돈이 되는 시대가 된 것이다.

간첩의 문화적 재현

간첩 담론이 위력을 발휘하게 된 배경을 이해하는 데 있어 문화적 재현을 빼놓을 수 없다. 간첩은 실체보다 오히려 문화적 재현이 더 중요하고 결정적 역할을 했다고 할 것이다. 실제 간첩을 본 사람은 극소수일 것이며, 대부분 영화와 드라마, 문학작품을 통해 간첩과 대면했다. 결국 대부분의 사람들은 간첩을 직접 대면한 것이 아니라 간첩 담론으로 만들어진 문화상품을 소비한 것이다.

한국전쟁 이후 남한 지역에서 공산주의는 존재할 수 없다. 즉 남북이 완전히 단절된 상황에서 공산주의자는 원칙적으로 존재할 수 없다. 그렇기에 공산주의자는 보이지 않는 존재가 되었으며, 대신 그 재현이 중요한 문제가 되었다. 반공 이데올로기에 근거한 통치전략상 보이지 않는 공산주의자의 가시화가 필요해진다. 공산주의자의 문화적 재현에서 중심적 소재가 된 것은 간첩이다.

영화로 재현된 간첩이란?

이러한 전환을 잘 보여주는 것이 한형모 감독의 〈운명의 손〉(1954)이다. 영화는 공산주의자의 손만 보여주는 장면으로 시작한다. 담배 파이프를 움켜쥔 중년 남성의 손으로 재현된 공산주의자는 결코 얼굴을 보여주지 않는다. 대신 그 손은 카페 웨이트리스이자 북한 여간첩인 주인공 마가렛을 조종한다.[62] 공산주의자는 몸에서 분리된 유령처럼 재현되어 남한 사회를 위협하고 있다.

　사실 공산주의자 또는 간첩을 재현하는 것은 상당히 까다로운 일이다. 1950년대 〈피아골〉과 1960년대 〈7인의 여포로〉는 이러한 난점을 잘 보여준다. 둘 다 공산주의자의 인간적인 면모를 드러냈다고 해서 호된 비난에 시달려야 했다. 특히 〈피아골〉은 육군본부와 국방부의 입장이 정면 배치되어 큰 논란이 일었다. 육군본부는 훌륭한 반공영화라고 규정한 반면, 국방부를 위시해 내무부와 문교부는 용공혐의가 짙다고 판단했다. 결국 감독이 여주인공이 하산하는 마지막 장면에 태극기를 삽입하는 등의 수정을 거쳐 개봉되기는 했다. 이렇듯 〈피아골〉 논란은 1950년대 반공주의의 함의가 매우 모호한 상태였음을 그대로 보여준다.

　〈7인의 여포로〉 역시 공산주의자를 인간적으로 묘사하고 민족적 입장을 견지하고 있는 것처럼 재현했다는 이유로 용공 시비에 휘말렸다. 남북한의 군인들이 힘을 합쳐 중국군에 맞선다는 내용 자체가 반공주의와 민족주의가 기묘하게 뒤엉킨 형국이어서 다양한 해석이 가능했다. 이 영화 역시 제목부터 수많은 수정을 거쳐 개봉될 수밖에 없었다.

　두 사례에서 보듯이 공산주의자 또는 간첩을 문화적으로 재현하는 것은 그리 간단한 문제가 아니었다. 그럼에도 보이지 않는 공산주의자를 보이게 만드는 것은 문화적 방법 외에는 별다른 수단이 없었다. 간첩 역시 현실보다는 문화적 재현이 점점 더 중요해진다. 특히 1960년대 들어 간첩 영화가 붐을 이루게 된다. 1965년 007 영화의 수입과 흥행, 1966년 반공영화상 제정 등으로 간첩 영화가 유행할 조건이 만들어진다.

1965년부터 1969년까지 만들어진 영화는 대략 다음과 같다. 〈여간첩 에리샤〉(1965, 최경옥), 〈상해55번지〉(1965, 고영남), 〈국제간첩〉(1965, 장일호), 〈간첩작전〉(1966, 문여송), 〈스타베리 김〉(1966, 고영남), 〈누명 쓴 사나이〉(1966, 김봉환), 〈비밀정보 88번지〉(1966, 전홍직), 〈최후전선 180리〉(1966, 임원직), 〈동경특파원〉(1968, 김수용), 〈8240 K.L.O〉(1966, 정진우), 〈무정가 1번지〉(1966, 이봉래), 〈위기 113〉(1966, 편거영), 〈죽은 자와 산 자〉(1966, 이강천), 〈SOS 홍콩〉(1966, 최경옥), 〈적선지대〉(1966, 이한욱), 〈비밀첩보대〉(1966, 권혁진), 〈스파이 제5전선〉(1966, 김시현), 〈순간은 영원히〉(1966, 정창화), 〈고발〉(1967, 유현목), 〈남남서로 직행하라〉(1967, 장일호), 〈내가 반역자냐?〉(1968, 강범구), 〈250조〉(1969, 장일호) 등등. 가히 간첩 영화의 붐이라 할 만했다.

특히 1966년도에는 무려 15편의 간첩 영화가 만들어졌음을 알 수 있다. 이러한 간첩 영화의 상당수는 '국제간첩'을 다룬 것이었다. 홍콩과 일본을 매개로 한 것이 대부분이었는데, 007 영화의 영향이 물씬 풍기는 경우라고 보인다. 냉전이 절정으로 치달으면서 한국 사회는 국제 냉전의 첨단에 위치하게 되었고 열전 대신 간첩이라는 냉전의 전사들을 소비하기 시작한 셈이었다. 김수용 감독의 영화 〈고발〉은 이수근 사건을 다루었는데 '위장자수'건이 불거지면서 상영 금지되었다.

영화 〈7인의 여포로〉. 여성 포로를 중공군이 겁탈하려 할 때 인민군이 말리는 장면이 문제가 되어 감독이 반공법 위반으로 입건되었다.

이렇게 간첩 영화가 봇물 터지듯이 나오면서 1천 명의 아동에게 물었더니 간첩을 직접 본 경우는 전혀 없었고 영화나 TV로 본 것이 39퍼센트, 반공 포스터가 20퍼센트, 만화가 16퍼센트였다.[63] 본격적으로 재현된 간첩이 사람들의 의식과 무의식 속에 깊이 각인되기 시작한 셈이다.

1970년대 유신체제 성립과 함께 반공영화의 한 축으로 간첩 소재 영화가 더욱 왕성하게 제작되었다. 대표적인 사례가 특별수사본부 시리즈다. 1973년 〈여간첩 김소산〉을 시작으로 1976년까지 〈여대생 이난희 사건〉, 〈배태옥 사건〉, 〈김수임의 일생〉, 〈국회프락치〉, 〈외팔이 김종원〉, 〈구삼육 사건〉 등 총 7편이 제작되었다.

이 특별수사본부 시리즈에는 반공 검사로 유명한 오제도가 주인공으로 등장한다. 극 중 오제도는 사형을 구형받은 김소산에게 마지막 식사로 자장면을 시켜준 후 담배에 불을 붙여주고, 화장할 시간을 달라는 김수임의 요구를 들어주며, 잘못된 선택을 한 오랜 친구를 보며 괴로워한다. 또한 수사 과정에서 벌어진 동료의 숭고한 희생에 오열한다. 영화는 선고가 이루어지고, 처형당하거나 끌려가는 간첩들과 함께 쓸쓸하게 걸어가는 코트 차림의 오제도의 모습을 비춘다. 자신의 손으로 간첩을 잡고도 고뇌하는 오제도의 얼굴은 시리즈의 반복되는 클리셰였다.[64]

이 시리즈의 특징은 간첩의 성애화를 추구했다는 점이다. 7편의 에피소드 중 5편이 여간첩을 다루고 있다. 여주인공은 당대의 육체파 배우들이었는데, 안인숙(〈여대생 이난희 사건〉), 윤소라(〈배태옥 사건〉, 〈김수임의 일생〉), 우연정(〈외팔이 김종원〉), 최민희(〈구삼육 사건〉) 등이었다. 이들은 하나같이 성을 매개로 간첩 활동을 전개하며 노골적으로 남성을 유혹한다. 오제도는 이들의 유혹을 일관되게 거부하고 강직한 반공 검사로 재현되는데 일종의 탈성

화된 존재로 등장한다.[65]

공산주의를 수단방법을 가리지 않는 냉혈한으로 묘사하는 문법은 이미 오래되긴 했다. 여순 사건을 진압했던 당시 권력자들이나 언론에서는 여학생들이 성을 매개로 활동하는 양상을 그리는가 하면 국회 프락치 사건이나 통혁당 사건에서는 여성의 은밀한 신체부위가 비밀 문건의 운반 수단으로 부각된다. 특히 〈피아골〉에서는 시간(屍姦, necrophilia)이 주요한 모티프로 등장한다. 이강천 감독은 주인공 철수와 애란의 시간을 또 다른 엔딩으로 생각했다고 한다. 이는 양가적 효과를 낸다고 보이는데, 빨치산의 도착성과 광기를 드러내면서 다른 한편으로 빨치산의 죽음(실패)을 부정하는 징후적 행위가 될 수도 있다.[66]

간첩의 성애화는 1970년대 호스티스 영화의 범람과 맥락을 같이하면서 1960년대 국제 첩보물을 대체했다고도 볼 수 있다. 이는 간첩의 비윤리적 재현의 핵심 장치로 보이지만 다른 한편으로 관객의 성애화와 겹쳐진다. 간첩을 관능화함으로써 정치적 지향의 직접적 노출을 은폐하고 관객의 섹슈얼리티와 접합하고자 한 것으로 읽힌다. 요컨대 간첩의 육체를 드러내 반공주의 정치를 가리고자 한다. 이는 변화하는 시대에 걸맞게 간첩의 재현 전략도 달라졌음을 보여준다. 다시 말해 간첩은 외부 침입자로 규정되지만 무엇보다 내부적 코드화를 통해 소비되어야 함을 말한다.

〈동경특파원〉 같은 예외도 있지만 대부분의 간첩 영화는 남한의 남성과 북한의 여간첩이라는 구도를 보여준다. 즉 특별수사본부 시리즈에서처럼 섹슈얼리티를 무기로 삼는 여간첩을 팜므파탈로 재현하고 이에 대당하는 남한의 남성성을 집중 조명한다. 이러한 서사는 남한 남성의 성적 판타지를 자극하면서 금기의 문제를 부각시킨다. 여간첩은 이데올로기적 금기와 성적 금기가 중첩된, 매혹적이지만 위험한 이념-신체다.

이데올로기적 금기가 투명한 이성의 대상이라면 성적 금기는 내밀한 욕망의 금기다. 전자가 정치와 사법의 차원에서 관리된다면, 후자는 그것을 넘어 도덕과 윤리까지 포함된 무의식적 욕망으로 확장된다. 반공주의가 이성의 영역에 머문다면 그 힘과 위력의 지속성이 의문시될 수밖에 없다. 무의식과 습속, 도덕과 윤리 차원에서도 반공주의가 작동될 수 있다면 국가권력의 작위적 실천은 더 이상 필요하지 않다. 성적 금기를 통해 작동하는 윤리가 더 넓고 깊게 규율화 효과를 낸다면 반공주의가 그것을 넘보는 것 역시 자명하다.

여간첩은 여성의 신체와 간첩의 이데올로기가 중첩된 '붉은 몸'으로 재현되며, 그 치명적인 마성의 유혹은 욕망 관리의 임계치를 지시한다. 이는 더욱 강화된 반공주의 시험이다. 신체가 소거된 이데올로기로서의 공산주의를 거부하는 것은 비교적 손쉬울 수 있지만 육화된 이데올로기의 매혹은 더 치열한 자기관리와 노력을 필요로 한다. 간첩 영화는 일관되게 그 유혹에 넘어간 자들의 파멸과 자기관리에 성공한 자들의 승리를 대조적으로 보여준다.

간첩은 공산주의를 드러내놓고 떠드는 존재가 아니라 일상의 삶을 관리하는 돈과 연결되고 내밀한 욕망에 편승해 거부하기 힘든 매력으로 다가오는 것이기에 더욱 위험하다. 권력이 강조해 마지않는 '부지불식간에, 자기도 모르게' 간첩에 포섭될 수 있다는 위협의 언설은 곧 이러한 사태를 가리킬 것이다. 간첩 영화의 해피엔딩은 이데올로기가 소거된 신체의 전유다. 즉 전향, 귀순, 자수라는 형태로 이데올로기를 탈피해 자유로운 신체가 된 여성의 몸을 소유하게 된 남성 판타지를 부추긴다.

결국 반공의 주체는 가부장적 남성이 된다. 공산주의는 젠더화된 여간첩으로 표상되어 은밀한 유혹의 형태로 남성 가부장에게 들러붙고자 한다. 이에 맞선 남성은 유혹의 탈이데올로기화를 통해 구원의 반공 주체가 되는 동시에 사랑의 실현이라는 방식으로 가부장의 권력과 욕망을 충족시킨다. 여성+간첩은 이데올로기와 가부장제로 젠더화되어 남성을 주체로 만들어주는 욕망의 대상이다. 이것은 가부장제가 반공주의와 접합되어 갱신되는 과정에 다름 아니다. 가부장제로 이미 타자화된 여성은 간첩 이데올로기를 통해 다시 한 번 배제됨으로써 반공주의적 남성 연대의 최대 피해자가 된다.

한편 1970년대는 TV의 시대이기도 하다. 〈113 수사본부〉를 위시해 〈추적〉, 〈수사반장〉 등이 높은 시청률을 기록하면서 간첩을 안방으로 실어 날랐다. 〈113 수사본부〉가 간첩을 전면적으로 다루었다면, 〈수사반장〉은 간헐적으로 남한 내부의 범죄와 연루시키는 방법을 취한다. 이들 드라마의 문법 중 흥미로운 점은 범죄자와 간첩을 연루시키는 것이다. 영화에서 많이 다루었던 여성이나 드라마 속 범죄자는 모두 사회적 약자라는 공통점이 있다. 이는 간첩이 더 이상 외부의 바이러스로만 표상되지 않고 남한 사회 내부 질서에 착근해 작동하고 있다는 점을 드러낸다. 즉 간첩은 단순한 외부 침략자가 아니라 사회 내부의 지배질서를 교란시키는 요소로 간주된다.

이는 특히 동백림 사건이나 통혁당 사건에서 보이듯이 남한 사회 내부로부터 구성되는 간첩이라는 딜레마와 관련된다. 지배권력의 입장에서 간첩의 내부화야말로 가장 위험천만한 사태다. 따라서 반공의 서사 역시 사회 내부의 갈등과 적대의 문제를 외부 침략과 연동시킬 필요성이 증대된다. 이는 곧 사회적 약자이자 배제된 자들의 반공주의적 갱신을 통해 효과적으로 관철될 수 있다고 본 듯하다. 최악의 인간마저 반공투사로 만들 수 있다면 나머지 사회 구성원들은 문제될 게 없지 않겠는가. 기존 사회의 습속과 윤리는 물론이고 사법체계조차 거부하는 범죄자를 반공투사로 만들기 위한 서사가 필요한 것은 이러한 사정 때문일 것이다.

역으로 가장 위험한 외부 침략 요소인 간첩이 가장 위험한 내부 요소와 결합한다는 것은 지배질서의 악몽이다. 이를 차단하기 위한 전략이 곧 외부 침략에 맞선 내적 통합의 환기다. 범죄자는 지배질서로부터 배제되어야 할 자들이자 사회로부터 격리되어야 할 존재다. 즉 통합보다는 배제가 우선인 자들이다. 이들은 사회의 외부 또는 변경에 걸쳐 있는 자들이자 외부 침략과 가장 가까이 있는 존재들이다. 요컨대 침략과 방어의 최전선에 배치된 자들인 것이다.

북한 간첩의 입장에서 남한의 사회적 모순과 적대는 최고의 공작 대상이다. 역으로 남한의 입장에서 공산주의라는 이데올로기와 피지배층의 결합은 최악의 상황이기에 양자의 차단과 분리는 사활적 문제다. 비유하자면 간첩이 외부의 바이러스라면 범죄자는 내부의 암세포다. 만약 바이러스가 암세포를 숙주로 삼는다면 어찌될 것인가. 불가능한 기획에 가깝기는 하지만 간첩 드라마의 문법은 암세포조차 바이러스 퇴치에 나선다는 서사를 만들어낸 셈이다.

이러한 맥락에서 반공전선의 투사들로 갱신된 범죄자들의 사후처리는 상당히 의미심장하다. 간첩 체포에 협조한 대가로 사면되거나 정상참작이 되는 경우도 있지만 상당수는 사법처리를 면치 못한다. 간첩단을 일망타진하고 범죄자 역시 수갑을 찬 채 교도소로 향하는 엔딩은 자못 상징적이다. 결국 남한 체제의 안전과 법역의 정화는 간첩과 범죄자 모두를 소거할 수밖에 없는 것임이 드러난다.

간첩 시대

나는 간첩이로소이다

간첩의 문학적 재현의 또 다른 장르는 수기류다. 남파되었다 자수하거나 체포된 간첩들의 전향을 고백하는 수기가 성행했다.《세대》같은 월간지에 시리즈로 실리거나 신문 연재 또는 단행본 출간 등의 다양한 형태가 있다. 몇 가지를 살펴보자.

먼저 부하의 월북 사건으로 인한 불이익 때문에 일본으로 망명한 항공대 장교 고영호의 수기가 있다.[67] 일본에서 사업으로 성공한 그는 조선총련계 인물에 포섭되어 북한으로 가게 된다. 일본에서 결혼한 아내와 5명의 자녀도 함께였다. 그는 북송되자마자 3년 동안 밀봉교육을 받고서는 일본으로 밀파되었다. 그의 임무는 군인 포섭, 예비군 내 지하조직 구축, 일본 연락거점 구축 그리고 3단계 파동 폭력전술 획책 등이었다.

한국전쟁 때 월북해 철도 기사로 근무하던 중 남파 명령을 받고 내려온 사례도 있다.[68] 수기의 주인공은 북의 선전과 달리 의식주 등 모든 것이 풍족한 남한을 보고 신념이 흔들리게 되었다고 말한다. 그는 투숙한 여관 주인의 친절함에 감동했으며, 무엇보다도 월북자 가족이라고 처형당했다는 선전과 달리 가족이 잘살고 있는 것을 알고서는 자수하게 되었다고 고백한다.

이일의 수기는 단행본으로 출간될 만큼 방대한 분량이다. 북한에서의 생활과 초대소에서 받은 밀봉교육 과정을 자세하게 기술하고 있다. 또한 가족과 친구를 매개로 공작활동에 나선 모습도 자세하다. 특히 대학생인 동생을 통해 학생들을 포섭하기 위한 전략을 자세하게 묘사했다. 그는 동생에게 돈은 얼마든지 줄 테니 수단방법을 가리지 말고 학생회를 장악해 대학 간 연계를 도모하라고 지시한다. 다음으로는 현 정권에 대한 학생들의 불만을 조장해 학생 데모를 확산시킬 것, 일정한 시기가 되면 무장투쟁으로 발전시킬 수 있는 조직적 기반을 강화할 것, 공산주의 이론 학습과 반미사상 고취, 민족주의 이념 제고, 평화통일안의 정당성을 연구 선전토록 할 것 등이었다.[69]

이상의 내용들은 사실 중앙정보부나 정권 차원에서 수시로 강조하던 간첩들의 행태와 거의 동일하다. 간첩의 직설어법으로 학생운동에 대한 정권의 비판과 비난이 그대로 반복되는 것이다. 사실 귀순이건 전향이건 간첩의 육성이 사회에 그대로 전달된다는 것은 상상하기 힘들다. 체포된 후 전향한 간첩은 이미 북이 아니라 중앙정보부의 지시를 따를 수밖에 없다. 이는 남한 주민들에 대한 경고의 메시지로 나타나기도 했다.

이일은 이발소, 식당, 목욕탕의 주인들이 너무 경각심이 없어 자신이 간첩임을 알아보지 못했다고 지적한다. 성낙오의 수기에 나오는 여관 주인 역시 그에게 친절을 베풀었지만 간첩임을 알아보지 못하고 신고하지 못한 사례가 된다. 이러한 수기는 이질적 존재인 간첩에 대한 경각심을 강조함으로써 결국 남한 주민 내부의 불신과 감시를 촉진하는 효과가 있다. 전향–간첩은 남과 북 모두의 꼭두각시 역할을 감당해야만 했다.

간첩 수기의 최고봉은 김질락이다. 400쪽이 넘는 방대한 그의 수기는 단순한 수기가 아니라 장문의 전향서이기도 하다. "나의 시작은 나의 끝이었다"라는 의미심장한 머리말로 시작하는 이 수기의 본격적인 분석은 많은 지면을 요하기에 생략한다.[70] 다만 수기 내용은 공안당국의 요구를 전적으로 수용한 것처럼 보인다는 점만 지적해둔다. 스스로를 '인간대열의 낙오병'으로 규정하고 '국가이성'에 눈뜰 것을 강조하면서 김질락은 자신의 삶과 통혁당 전체를 완벽하게 부정한다.

그럼에도 김질락은 끝내 사형을 당하는 비극을 피하지 못했다. 그가 '혁명동지'이자 삼촌인 김종태를 비롯해 조직과 동지를 철저하게 외면하면서 갈구했던 것은 무엇이었을까. 아내와 자식들을 위해서라도 살고자 했던 게 아니었을까. 그의 사형은 상당히 기이하기조차 하다. 전대미문의 장편 전향서를 통해 체제가 요구했던 모든 것을 거의 완벽하게 수용했던 그를 굳이 사형에 처해야만 했던 이유는 무엇일까.

오히려 살려둔 채 다양한 방법으로 이용하는 것이 공안당국에 훨씬 더 이익이지 않았을까. 이미 김신조를 비롯해 전향한 후 생명을 보장받은 간첩이 한둘이 아니었다. 김종태와 이문규의 사형 집행 이후에도 무려 3년간 유지되었던 그의 삶은 1972년 7월 15일로 끝난다. 7·4남북공동성명이 발표된 지 꼭 열하루 만이다. 전쟁 이후 최초의 남북 합의가 이루어지고 화해 무드가 조성되던 시점에 느닷없이 김질락의 사형이 집행되었다. 남북의 화해를 위해 남과 북 어디에도 속할 수 없는 간첩은 분단의 부스러기로 사라져야만 했던 것일까.

간첩 공화국의 시민들

1960~1970년대 한국은 간첩 공화국을 방불케 했다. 쿠데타 직후부터 간첩 사건이 빈발했고, 체제의 마지막을 장식한 것도 남민전 사건이었다. 그 사이에 숱한 사건들이 반복되었고 무수히 많은 사람들이 고초를 겪거나 형장의 이슬로 사라졌다. 쿠데타 직후인 1961년 11월 당시 법무부 검찰국장이던 위청룡이 간첩 혐의로 중앙정보부에 연행되었다. 그에게 씌워진 혐의는 평양에 두고 온 부친으로부터 전달된 서한이었다. 서한을 전달한 자가 중앙정보부에 체포되어 위청룡이 공작 대상이었음을 진술했다고 한다.

위청룡은 새로 설립된 중앙정보부와 수사권 관할을 놓고 치열한 신경전을 벌이던 인물로 연행된 지 20일 만에 주검으로 발견되었다. 당시 국가재건최고회의 공보실장 이후락은 위청룡이 조선노동당에 가입한 간첩으로 조사 도중 자살했다고 발표했다. 검찰의 핵심 보직을 맡고 있던 그도 간첩 혐의로부터 자유로울 수 없었고 결국 비극적 최후를 맞이했다. 위청룡 사건은 진실화해위원회 조사를 거쳐 2013년 간첩 근거가 없기에 국가가 배상해야 한다는 법원 판결을 받았다.

그러나 당시 언론은 당국의 발표를 그대로 믿는 분위기였고, 이러한 상황에서 다음과 같은 칼럼이 나타난다.

과연 못 믿을 세상이라는 것을 일깨워주는 좋은 교훈이다. (…) 좀 심한 말 같지만 우리는 사위에 간첩들의 포위를 당하고서 살아가지 않나 하는 위구심까지도 생긴다. 한 가족끼리나 직장 동료 사이에도 너나없이 속을 줄 수가 없게끔 됐다. 사람이 사람을 못 믿게 된 것이 안타깝지만 애국적 견지에선 할 수 없는 노릇이다. (…) 간첩은 다른 데 있지 않고 바로 우리의 혀끝에 언제나 붙어 다닌다는 것을 알 수 있다.[71]

이 칼럼은 가족끼리도 속을 보여줄 수 없을 정도로 간첩의 확장성과 위험성이 상상 이상으로 심각하다고 강조한다. 특히 간첩이 언제나 '혀끝에 붙어 다닌다'는 서술이 눈에 띈다. 간첩이 들을 수도 있으니 말을 조심해야 한다는 뜻이지만 더 나아가 간첩에게 도움이 되는 말은 곧 간첩 같은 말이 될 수 있음을 암시한다. 이는 가족이나 동료, 심지어 자기 자신조차 간첩과 얽혀 있을 수 있다는 경고처럼 들린다.

사법기구의 핵심 지위에 있던 사람도 간첩으로 몰릴 수 있는 상황이란 곧 거의 모든 행위와 언어가 간첩과 연루될 수 있음을 말해준다. 일체의 일상적 언어생활과 행위가 간첩 같은 것으로 이해 또는 오인될 수 있는 사회에서는 최대한의 불신이 최선의 안전을 보장하는 일이 될 수 있다.

신상초는 이수근 사건이 "우리 사회에 또 하나의 중대한 불신의 씨를 뿌려놓게 된 것"을 우려했다. "가뜩이나 불신 풍조가 만연되어 있는 사회에 서로를 의심만 하게 된다면 우리 사회는 걷잡을 수 없이 혼란스러운 정신 상태에 빠지고 말 것"이라는 경고도 이어졌다.[72] 이는 검찰국장이 간첩이 되고 귀순자가 이중간첩이 되는 세계에서 구성원 사이의 신뢰가 제대로 확립되기는 곤란할 것임을 말해준다.

그렇기에 한 국민학교 교사는 아동들에게 간첩에 대한 고정관념을 파괴시켜줘야 한다고 결론짓는다. 그는 "간첩은 표시가 없다"라고 단언하면서 "옆자리 친구도, 선생님도, 뒷집 아저씨도, 아주머니도 간첩이 될 수 있다는 가능성과 간첩에 대한 경계심을 길러주어야 할 것"이라고 강조했다.[73] 간첩은 모든 곳에 있고 모든 말을 엿들으며 모든 행위를 지켜보고 있다는 섬뜩한 경고가 나이 어린 학생들에게까지 주입되어야 한다. 간첩의 편재성(遍在性)은 곧 모든 주민이 간첩일 수 있으며 모든 사람이 간첩을 피해갈 수 없다는, 막막한 상황을 만들어낸다.

1969년 12월 11일에 발생한 조창희에 의한 KAL기 납북 사건을 다루는 시선도 이러한 점을 잘 보여준다. 조창희의 아내 이보배는 KAL기가 납북된 뒤로 극약을 항상 몸에 지니고 다니면서 남편의 범행이 확실해지면 죽겠다고 입버릇처럼 말해왔다고 한다. 그는 음독 후 살아나서 믿었던 남편이 끔찍한 범행을 저지른 무서운 간첩이라는 데 대해 분노를 느낀다면서 남편에게 배신당했다고 눈물을 흘렸다.[74]

가족도 믿을 수 없게 된 상황에서 가족이라 해도 간첩이면 신고해야 하는 상황이 강조된다. 1970년 3월에는 삼선개헌 반대와 통혁당 재건 목적을 띠고 남파된 간첩 혐의로 한영식, 한춘식에게 사형이 구형되었다는 보도가 나왔으며, 신고하지 않은 가족에게도 징역 2~7년을 구형했다.[75] 간첩이 인간의 가장 친밀하고 내밀한 영역인 가족 사이를 가로질러 기존의 관습적 윤리를 뒤집어놓는다.

물론 간첩은 외부에서 침투한 이질적인 바이러스처럼 여겨진다. 군 정보장교 출신 김점곤은 북한이 "월남에서처럼 남한 내부에서 음모의 지원세력을 얻을 수 없으니까 훈련된 기성품인 간첩 공작대를 투입하고 문제를 일으"키고 있다고 주장했다. 간첩은 암세포가 아니라 바이러스에 불과하다는 주장이다. 그러나 "북괴의 30대 이하는 공산주의에 이상적인 세대로 성장"한 반면 "우리의 30대 이하는 반공의 취약 세대"라는 우려를 버릴 수 없었다.[76] 바이러스(간첩)에 감염된 숙주가 될 위험성을 경고한 셈이다.

간첩을 철저하게 막고 있다는 자부심과 그럼에도 간첩의 위험이 상존한다는 모순어법은 여러 차원에서 반복되었다. 1970년 유근창 대간첩본부장은 언론에 나와 예비군의 완전조직 및 무장화와 "전 국민의 완전 무장된 반공정신"으로 "간첩 및 공비 90퍼센트"가 검거됐음을 강조하면서도 "간첩 훈련을 끝낸 납북 잔여 어부, 남한 출신자 등 간첩이 항시 노리고 있다"는 사실을 잊어서는 안 된다고 강조했다.[77]

이제 간첩은 바이러스처럼 침투해 어느새 암세포가 된 것으로 보인다. 외부 침투 세력인 바이러스는 방어와 방지가 가능하지만 암세포는 내부의 정상세포가 어느 날 갑자기 비정상세포로 둔갑하는 것이기에 방어가 곤란하다. 내부의 변이가 곧 간첩이 되는, 보안과 안보가 불가능한 이 은밀한 내부의 적들로부터 안전할 수 있는 주체는 따로 존재할 수 없다. 암세포의 위협은 내재적이며 식별 불가능하고 방어 불가능하며, 마침내 영구적인 공포가 된다.

이러한 맥락에서 간첩에 대한 신경증적 대응이 나타나 끔찍한 결과를 빚기도 했다. 1970년 내무부 치안국은 해빙기를 맞아 북한 간첩 침투에 대비해 경찰의 야간 검문을 강화하기로 하고 도주 시에는 발포를 허용하기로 했다고 발표했다.[78] 그런데 간첩을 향한 총구는 종종 내부를 향하기도 했다. 1971년 1월 9일 삼척 근해의 어로 금지 해역에서 고기를 잡던 어부가 간첩선으로 오인되어 사살된 사건이 발생했는가 하면,[79] 동네 변소에서 간첩으로 오인되어 향토예비군의 총에 맞아 죽은 사건도 있었다.[80]

권력의 오인이 불러온 끔찍한 사건들은 모두 간첩이라는 말 한 마디로 정당화되었다. 이 같은 실수는 간첩을 막기 위한 노력의 부산물로 취급될 뿐이다. 책임자를 추궁했다는 보도는 거의 없다. 다시 말해 간첩이 아니라 단지 간첩으로 오인되기만 해도 생명이 위태로울 수 있는 상황이 만들어진 셈이다. 특히 이러한 오인은 피해자의 언행과 무관하게 권력의 자의적 판단에 따라 이루어질 수 있다는 점에서 위험천만하다. 아무리 조심해도 타자의 일방적 판단에 의해 생명이 위험해질 수 있다는 사실은 간첩에 대한 공포를 극대화했다.

이제 남한 사회 내부는 어느 누구도 간첩의 위험으로부터 벗어나기 어려운 시공간으로 여겨지게 된다. 간첩은 단지 이념적·정치적 문제가 아니라 개체의 생명과 직결된 일종의 '생명관리정치'의 대상처럼 여겨진다. 간첩과 우발적으로라도 연루되는 순간 개체의 사회적 삶은 물론 생물학적 생명조차 보장받지 못하는 극한 상황으로 내몰릴 가능성이 제고된다. 이것이 곧 국민이라는 주권자를 벌거벗은 생명으로 만들어 생사여탈권을 장악한 권력에 복종시키는 기술일 것이다.

토양을 연구하는 농업진흥청의 한 연구자는 시료를 채취하기 위해 전국을 돌아다니다 간첩으로 오인받았다. 사진사는 사진을 찍기 위해 돌아다니다 간첩으로 신고되었다. 낚시꾼은 한적한 곳에서 낚시하다 간첩으로 낙인찍혔다. 일상생활 전체가 간첩과 연루될 수 있기에 항상적 불안과 긴장의

끈을 놓을 수 없는 신경과민 상태가 된다. 신경과민은 일상의 모든 것을 간첩과 연루시키는 어법을 만들어낸다.

정치와 무관한 사회적 문제를 언급할 때조차 간첩에 비유되는 사태가 나타난다. 불량식품을 근절하자는 주부들의 말조차 "붉은 간첩이나 무장공비가 이 땅에 발붙일 수 없듯이 불량상품, 부정식품이 결코 올해는 그 뿌리가 모조리 잘려"야 한다는 식이다.[81] 심지어 농약의 위험성을 강조할 때도 간첩이 등장한다. 한 언론은 농약은 관리 여하에 따라 번영의 수단도 되지만 죽음의 도구도 된다고 하면서 "상상하기조차 끔찍한 노릇이지만 처음부터 흉기로서 이용하려는 간첩, 정신병자, 타학증 환자의 손이 미치지 못하게 하"여야 한다고 강조했다.[82] 한 마디로 한국은 '간첩 공화국'인 셈이었다.

간첩은 그야말로 도처에 있는 것처럼 생각하며 살아야 한다. 사회가 미분화 상태면 그에 걸맞게, 고도로 복잡해지면 또 그에 걸맞게 간첩이 출몰했다. 거의 모든 분야가 간첩의 잠재적 침투 대상이 되었고, 모든 주민들은 간첩과 조우할 가능성을 필연적으로 확인해야만 했다. 따라서 모든 사회생활은 간첩이 바로 옆에 있을지도 모른다는 조바심과 두려움, 늘 칼같이 곤두선 신경증을 유지해야 한다. 개체 스스로 감시의 주체이자 대상이 되는 것이다.

신문만 대충 훑어보아도 간첩의 종류는 가히 놀라울 정도다. 남파간첩, 학생 간첩, 어부 간첩, 부부 간첩, 교수 간첩, 유학생 간첩, 재일교포 간첩, 여간첩, 무장간첩, 고정간첩, 이중간첩, 문인 간첩, 국제 간첩, 고용 간첩, 우회 간첩 등등. 남한 사회의 성층화에 맞물려 간첩의 종류도 가지각색으로 증가한다. 간첩의 확산이 사법적 차원에서 법률적으로 확정된 것은 이미 1950년대 말부터다.

진보당 사건 재판을 거치면서 1958년 대법원은 "간첩의 개념에 관하여 현정세하에 있어서는 군사상 기밀은 물론 그 외의 정치, 경제, 문화, 사회적 각 방면에 긍하여 적국에 알려서는 아국에 불이익을 초래할 국가 중요 기밀의 채집도 포함한다"라고 명시했다.[83] 이것이 1958년 국가보안법 개정의 핵심이기도 하다. 즉 종래 군사 정보에 국한되던 간첩행위를 '이적행위'로 확대함으로써 거의 모든 행위와 정보가 간첩행위와 연루될 수 있게 되었다. 이 판례가 소극적으로 해석되기도 했지만, 1969년 동백림 사건 재판을 통해 다시 한 번 1958년 판례가 복원된다.

더 중요한 것은 간첩이 아니라 '간첩 같은' 일체의 행위와 언설이다. 간첩과 달리 '간첩 같은'은 아무런 명문 규정도 없고 분명한 기준도 있을 수 없다. 비슷하지만 동일한 것은 아니라는 사이비진(似而非眞)을 뒤집어 똑같은 것은 아니지만 비슷하다[非眞而似]는 이유만으로도 한 개인의 삶이 송두리째 말살될 수 있었다. '간첩 같은'은 거의 무한이다. 간첩이 아니기에 그 경계선이 모호하기 그지없다. 권력의 입장에 어긋나는 일체의 말과 행동은 모두 간첩 같은 것으로 간주될 수 있다. 이러한 간첩의 확장성이 간첩 담론의 핵심 효과다.

논리적 수준에서 애초 간첩은 국민 사이의 이질적 요소처럼 배치된다. 즉 사이비 국민인 셈이다. 그러나 어느 순간 간첩 담론이 팽배하게 되고 일체의 말과 행위가 '간첩 같은'에 의해 규율되면서 국민 전체가 잠재적 간첩으로 표상된다. 권력의 역할은 국민 사이의 간첩을 솎아내는 것에서 국민 전체를 규율하는 것으로 확장된다. 다시 말해 간첩 같은 말과 행위 사이에서 국민을 솎아내는 확장된 권력이 구성된다.

서울대 교수임에도 서울 거리에서 간첩 용의자로 불심검문을 당한 사례는 간첩의 모호함과 주관적 판단의 위험성을 잘 보여준다. 손질하지 않은 머리와 수염, 노타이에 허술한 옷차림으로 불심검문을 당하지만 가방 속의 도시락을 본 형사들은 신분증 검사를 생략한다. 이에 교수는 아무리 도시락이 나왔다 해도 신분증 검사를 생략한 것은 문제라고 평가한다.[84] 교수 스스로 자신의 허술한 옷차림이 검문의 대상이 됨직하다는 자조는 간첩 담론이 주로 사회의 하층을 겨냥하고 있음을 명료하게 드러낸다. 아울러 검문의 불철저성을 힐난하는 교수의 사유는 이미 간첩 담론의 재생산이 아닐 수 없다.

간첩이 보통 사람의 모습으로 암약한다는 권력의 언어는 사실이기도 하지만, 간첩과 시민의 구별이 매우 모호하다는 담론을 일반화하게 된다. 의식적으로 시민처럼 행동하는 간첩보다 그럴 필요가 없는 시민이 오히려 더 위험해질 수 있다. 간첩을 잡는 것보다 간첩 같은 시민을 잡는 것이 훨씬 더 용이하다. 사회를 규율하고 권력의 통치성을 강화하는 데는 어느 쪽이든 상관이 없다. 어찌 보면 실제 간첩보다 평범한 시민이 간첩으로 몰려 갖은 고충을 겪을 때 대중적 효과는 더 클 수 있다.

따라서 시민의 덕성은 반간첩행위와 언어로 보충되어야 한다. 스스로 간첩이 아님을 증명해야 하는 역설이 나타나고, 그 대표 형태로 제시된 것이 신고라는 적극적인 반간첩행위다. 한국전쟁 당시 빨갱이 혐의를 벗기 위해 억지 춘향으로 교회에 나갔듯이 시민들은 자신이 간첩이 아니며 간첩 같은 일체의 언동도 하지 않았음을 보여주어야 한다. 초등학생 때부터 글과 그림, 웅변으로 반간첩행위를 갈고닦은 다음에야 시민으로 인정받게 된다. 그것이 내키지 않는 일이었다 해도, 일종의 연극이었다 해도 그 흔적은 우리의 몸과 무의식에 깊이 새겨져 있을지도 모른다. 때때로 그 흔적이 간첩을 넘어 우리 사회의 이질적인 모든 존재들에 대한 맹목적인 분노로 표출될지도 모른다.

간첩 담론의 위험성은 그것이 간첩이 아닌 존재들로 확장될 수 있다는 것이다. 이주 노동자, 성소수자, 장애인, 가난한 사람, 사투리를 쓰는 사람 등 표준화된 국민과 조금이라도 다른 존재들에 대해 집단적 히스테리가 나타나곤 하는 게 오늘의 한국이다. 간첩 담론으로 규율된 주체를 대량으로 생산해냈다는 자신감 속에 권력은 자신들의 잔인하기 그지없는 폭력의 지배 전략을 강변한다. 이렇게 구축된 간첩 담론이 1980년대로 이어지는 것은 당연했다.

> 지난 18일 수백 명의 대학생들에 의해 재개된 평화적 시위가 오늘의 엄청난 사태로 발전된 것은 상당수의 타 지역 불순인물 및 고정간첩들이 사태를 극한적인 상태로 유도하기 위하여 여러분의 고장에 잠입, 터무니없는 악성 유언비어의 유포와 공공시설 파괴, 방화, 장비 및 재산 약탈 행위 등을 통하여 계획적으로 지역감정을 자극 선동하고 난동행위를 선도한 데 기인된 것입니다.[85]

국가권력의 폭력성과 정치화된 군부 파시스트들의 문제가 고스란히 '고정간첩'의 문제로 치환되고 있다. 난동을 저지른 것은 공수부대였다. 그 난동이 고정간첩의 행위라면 공수부대가 간첩인 셈이다. 공수부대를 '남파'한 신군부야말로 '북괴'가 될 것이다. 간첩의 행위라고 저주했던 행위들을 저지르는 국가권력은 도대체 무엇인가?

제 3 장

북한의 대남전략과 남파공작원

조수룡

1960~1970년대 북한 대남정책의 추이

평화통일론과 연방제 제안

무력에 의한 통일 시도가 좌절된 한국전쟁 이후 북한은 제네바회담(1954), 아시아국제회의(1955) 등에서 '조선 문제의 평화적 해결', '협상에 의한 통일'을 공식 입장으로 내세웠다.[1] 이 같은 평화통일론은 전쟁을 거치며 변화한 민주기지론에 따른 것이었다. 이승만 정부 시기 주한미군이 주둔한 남한과의 통일은 단기적으로 어렵다는 판단 아래, 북한 사회주의 체제의 강화를 우선적으로 추진하며 장기적 과제로 통일을 전망한 것이었다. 조선노동당 지도부의 이 같은 인식은 1955년 이른바 '4월 테제'에서 밝힌 조선혁명론과 혁명 단계 규정을 통해 드러났다. 4월 테제는 조선이 분단되어 있고, 남한 지역에서는 미 제국주의가 축출되지 않고 이승만 정부도 청산되지 않았으며 반동적 지주와 매판자본가들이 그대로 남아 있다고 지적했다. 즉 남한 지역에서는 여전히 반제·반봉건 민주주의 혁명이 과제로 남아 있으며, 따

《천리마》1970년 10월호에 실린 김일성의 사진

간첩 시대

라서 전체 조선혁명 또한 반제·반봉건 민주주의 혁명, 즉 인민민주주의 혁명의 첫 단계에 있다고 파악했다. 이 인민민주주의 혁명을 전국적으로 완성하기 위한 방안으로 제시된 것이 북한에서의 신속한 사회주의 개조였다. 이를 통해 북반부에서 '민주기지'를 완성해 장기적 과제가 된 남한 혁명에 대비하겠다는 전략이었다. 1950년대 북한의 급진적 사회주의 이행에는 통일정책의 차원에서 이러한 고려가 작용했다.[2]

그와 같은 이유로 1950년대 북한이 제시한 여러 가지 대남 제안은 '평화공세'의 성격이 강했다. 북한 최고인민회의와 남한 국회합동회의 개최 제안(1954. 10. 31), 비무장지대 자유 왕래 제안(1954. 11. 22), 우편 연락 재개에 관한 제안(1954. 12. 1), 남북 어장 공동 이용을 위한 예비회담 제안(1955. 5. 26) 등이 이어졌다.[3] 이는 당시 흐루쇼프의 '평화공존론'에 보조를 맞추는 것이면서, 한편으로는 전후 복구 사업의 성과를 바탕으로 한 자신감에서 비롯된 것이었다. 방법론의 측면에서 1950년대 제네바회담 등을 통해 북한이 제시한 통일 방안과 절차는 외국군의 철수, 한반도 문제를 다룰 국제회의, 남북의 자유로운 왕래와 중립국 위원단 감시하의 전조선 총선거 등으로 요약되었다.[4]

1960년 4·19혁명과 이승만 정권의 몰락은 북한 대남정책의 여러 전제를 변화시켰다. 조선노동당은 4·19혁명이 당장 통일의 실현으로 직결되지는 않겠지만, 통일전선에 입각한 북한 주도 통일의 가능성을 한층 높일 것으로 기대했다. 김일성은 이에 대한 보고를 매일 받으며 그때그때 필요한 지시를 내렸다. 특히 시위가 절정으로 치달은 4월 16일에서 18일 사이에는 대남연락부를 비롯한 대남사업 간부 전원이 참여한 3일간의 토론회를 직접 주재할 정도로 깊은 주의를 기울였다.[5]

4·19혁명으로 통일 가능성이 높아졌다는 전망에 따라 조선노동당은 대남정책 라인을 대폭 강화했다. 4월 20일 당 정치위원회는 대남공작 기구를 개편하는 데 대한 결정을 채택했다. 이에 따라 기존 대남사업을 담당하던 당 중앙위원회 대남연락부와 문화부의 상위 기구인 '남조선국'(국장 이효순)이 신설되었다.[6]

남북연방제 통일 방안에 관한 최초의 구상이 나온 것도 이때였다. 1960년 6월 김일성은 소련 공산당 서기장 흐루쇼프와 남북연방 창설 문제에 대해 논의했고, 8·15해방 15주년 기념 연설에서 처음으로 이를 공식 제안했다.[7] 그가 말한 연방제 제안의 배경과 내용은 다음과 같다.

어떠한 외국의 간섭도 없이 민주주의적 기초 우에서 자유로운 남북 총선거를 실시하는 것이 평화적 조국통일의 가장 합리적이고 현실적인 길이라는 것은 론박할 여지가 없습니다. (…) 만일 그래도 남조선 당국이 남조선이 다 공산주의화될가 두려워서 아직은 자유로운 남북 총선거를 받아들일 수 없다고 하면 먼저 민족적으로 긴급하게 나서는 문제부터 해결하기 위하여 과도적인 대책이라도 세워야 할 것입니다. 우리는 이러한 대책으로서 남북조선의 련방제를 실시할 것을 제의합니다. 우리가 말하는 련방제는 당분간 남북조선의 현재 정치제도를 그대로 두고 조선민주주의인민공화국 정부와《대한민국》정부의 독자적인 활동을 그대로 보존하면서 동시에 두 정부의 대표들로 구성되는 최고민족위원회를 조직하여 주로 남북조선의 경제문화 발전을 통일적으로 조절하는 방법으로 실시하자는 것입니다. 이러한 련방제의 실시는 남북의 접촉과 협상을 보장함으로써 호상 리해와 협조를 가능하게 할 것이며 호상 간의 불신임도 없애게 될 것

간첩 시대

입니다. 그렇게 되었을 때에 자유로운 남북 총선거를 실시한다면 조국의 완전한 평화적 통일을 실현할 수 있으리라고 우리는 인정합니다.[8]

그전까지 북한은 통일 방안으로 일관되게 외국 간섭을 배제한 남북 총선거 실시를 주장했다. 그런데 이처럼 북한 측이 연방제를 제안한 것은 당시 경제적 우위를 자신한 데다가, 4·19혁명 이후 남한에서 평화통일론을 앞세운 혁신계가 지지를 얻고 있다고 판단했기 때문이다. 당시 장면 정부는 북한 지역만의 총선거에서 유엔 감시하의 남북 총선거로 입장을 바꾸면서 전향적인 태도를 보였지만, 반공통일 방침은 변함이 없었다. 따라서 연방제는 물론 경제위원회 구성을 위한 협상에도 응하지 않았다. 그럼에도 대학생과 혁신계 정치인들은 북한과의 정치협상과 중립화 통일론 등을 제기하고 있었다. 이에 고무된 북한은 1961년 5월 조국평화통일위원회를 구성하고, 이를 통해 연방제를 다시 제의했다.[9]

남조선혁명론과 통일혁명당

1961년 5월 16일 군사쿠데타가 발발하자 북한은 대남정책을 원점에서 재검토하지 않을 수 없었다. 예기치 못한 남한의 쿠데타 소식은 조선노동당 지도부를 혼란에 빠뜨렸다. 쿠데타 직후 조선노동당은 미국이 그들의 '파시스트 지배'를 강화하기 위해 쿠데타를 사주한 것으로 추측했다. 그러나 유엔군 사령관 매그루더(Carter B. Magruder)와 주한 미국 대리대사 그린(Marshall Green)이 장면 정권에 대한 지지를 표명하는 것을 보고, 미국의

1928년 치안유지법으로 체포되었을 때 찍힌 황태성의 사진

간첩 황태성의 총살형이 집행됐다는 기사(《경향신문》, 1963년 12월 14일)

사주가 아닌 독자적 쿠데타일 가능성이 높은 것으로 판단했다. 이 시점에서 조선노동당은 쿠데타가 군 내 진보세력에 의한 조직적 행동일 가능성이 높다고 파악하고, 지지 성명까지 준비하고 있었다.[10]

그러나 쿠데타 이틀 뒤인 18일 조선노동당 중앙상무위원회에서는 쿠데타 주도 세력에 대한 평가가 '진보세력'에서 극렬한 '반동세력'으로 180도 바뀌었다. 이후 조선노동당 기관지 《로동신문》은 쿠데타 주도 세력을 "장도영을 두목으로 하는 군사 파쇼 악당"으로 칭하면서 연일 군사정권을 비난했다.[11] 이렇듯 조선노동당은 공식적으로 쿠데타 세력을 비난했지만 내부적으로는 의견이 엇갈리고 있었다. 북한 대남연락부는 1961년 7월 중순 정치위원회를 개최하고 그동안 수집한 자료들을 바탕으로 새로운 대남정책의 수립에 착수했다. 당시 김일성의 지시로 박정희를 포함한 주요 간부들에 관한 신상 자료가 회의에 제출되었는데, 그중 70퍼센트가 박정희를 긍정적으로 평가했다고 한다. 이 신상보고서는 박정희의 어린 시절 친구인 황태성과 육사 2기 동기인 강태무 등을 소환·조사해 작성된 것이었다. 이 보고서를 읽고 당 지도부는 박정희와 대화가 될지도 모른다는 희망적 판단을 하게 되었다. 황태성 남파는 바로 이 같은 조선노동당 지도부의 판단에 따른 것이었다. 그러나 같은 해 10월 황태성이 체포되자 북한 측은 쿠데타 세력에 대한 기대를 접을 수밖에 없었다.[12]

4·19에서 5·16에 이르는 남한의 급격한 변화는 1961년 9월에 개최된 조선노동당 제4차 대회에서 대남혁명노선의 중대한 변화를 초래했다. 대회에서는 '남조선혁명'의 성격을 '민족해방민주주의 혁명'으로 규정했는데, 이는 1955년 '4월 테제'에서 주창한 '반제·반봉건 혁명'과 같은 의미로서 혁명 단계론의 근본적 변화는 아니었다. 다만 대회 보고에서 김일성은 다음

과 같이 발언했다.

> 남조선 인민들이 반제·반봉건 투쟁을 성과적으로 진행하며 이 투쟁에서
> 승리를 쟁취하기 위하여는 맑스-레닌주의를 지침으로 하며 로동자 농민
> 을 비롯한 광범한 인민 대중의 리익을 대표하는 혁명적 당을 가져야 합니
> 다. (…) 혁명적 당이 없었고 뚜렷한 투쟁 강령이 없었으며 따라서 기본 군
> 중인 로동자, 농민이 항쟁에 널리 참가하지 못하였기 때문에 4월 인민봉
> 기는 철저히 조직적으로 전개되지 못하였으며 남조선 인민들은 그들이
> 흘린 피의 대가를 미제의 다른 앞잡이들의 손에 빼앗기지 않을 수 없었습
> 니다.[13]

당시 남한에 조선노동당의 지도를 받는 "당적 역량"은 존재했지만 조직
화된 것은 아니었다. 김일성에 따르면 4·19혁명을 전후한 시기 조선노동
당은 남한에 1000~1200명에 이르는 '당적 역량'을 보유하고 있었다고 한
다. 4·19혁명 당시 이들 사이에서 '인민혁명'과 같은 구호가 나왔지만 당
은 이를 제지했다. 이른바 남한의 '당적 역량'은 조선노동당과 연결은 유지
했지만 통일된 조직을 갖추지는 않았던 것으로 보인다. 이는 북한 출판물과
당시 대남사업 관련자들의 증언을 통해서도 뒷받침된다.[14] 그런데 김일성
의 위와 같은 발언은 조선노동당의 지도에 의해 남한에 전위당을 조직하겠
다는 새로운 방침을 제기한 것이다.

남한 내 전위당 건설의 방침은 1964년 조선노동당 중앙위원회 제4기 제
8차 전원회의에서 한층 구체화되었다. 이 회의 결론에서 김일성은 '조선혁
명'과 '조국통일'이라는 과제를 달성하기 위한 방법으로 이른바 '3대 혁명역

량 강화론'을 주창했다. 3대 혁명역량이란 북한, 남한, 그리고 국제적 역량을 의미했다.[15] 이는 남한 혁명이 조선노동당의 직접 지도를 받지 않고 독자성을 띠어야 한다는 방침이 강화된 것이라고 볼 수 있다. 이에 따라 남한 혁명의 방침도 조선노동당의 도당, 군당이나 당 세포조직의 확대가 아니라 새로운 독자적인 혁명적 당의 건설로 바뀌게 되었다.[16]

　조선노동당의 이러한 노선에 따라 남한 지역에 조직된 전위당이 바로 통일혁명당(통혁당)이다. 과거 남로당의 영향 아래 있었으나 이승만 정권하에서 잠복하고 있던 일부 인사들과 소규모 서클의 형태로 활동하던 그룹들은 1961년부터 당 조직 건설을 위한 활동을 이어갔다. 이들 중 김종태, 김질락, 이문규, 신영복 등은 1964년 3월 15일 통혁당 창당준비위원회를 결성하고 "통일혁명당은 '한국' 혁명과 조국통일을 그 투쟁 목표로 한다"는 내용의 임시투쟁강령을 채택했다.[17] 결성 당시부터 통혁당은 "김일성 동지의 주체사상을 지도적 지침으로 하는 한국 근로민중의 전위조직"임을 분명히 했다. 통혁당이 합법 대중 계몽 잡지로 발간한《청맥》은《사상계》,《세대》와 함께 남한의 3대 종합 잡지로 성장했다.[18] 그러나 1968년 통혁당 사건으로 조직 핵심이 와해된 이후인 1969년 8월에야 중앙위원회가 결성된 것으로 보아,[19] 1960년대 내내 조직화된 전위당의 형태는 갖추지 못한 것으로 보인다.

　'남조선혁명론'에 입각한 이와 같은 활동은 당시 조선노동당 대남사업총국이 주도했다. 1963년에 조직된 대남사업총국의 총국장은 이른바 '갑산파'의 실세인 이효순이었다. 그러나 그가 주도한 간첩 파견과 지하활동 중심의 대남공작이 별다른 성과를 거두지 못하고, 동북항일연군 출신의 군인들이 본격적으로 당내에 진출하면서 대남정책에서도 군사 강경노선이 점

통혁당 사건 피고인 이문규(1968)

간첩 시대

차 힘을 얻기 시작했다. 1966년 10월에 열린 제2차 당대표자회에서 김일성은 "조국의 통일은 단 한 시간도 지체될 수 없다"면서, '남조선 해방'을 국가적 책무로 규정했다. 그리고 최종적으로 행동할 수 있는 결정적 기회를 잡아야 함을 강조했다.[20] 특히 1967년 조선노동당 제4기 제15차 전원회의에서 갑산파가 숙청되면서 대남사업총국장 또한 항일유격대 출신의 인민군총정치국장 허봉학으로 교체되었다. 이는 북한의 대남정책에서 군사 강경노선이 승리했음을 보여주는 상징적인 인사였다.

이러한 노선 전환에 따라 1960년대 중·후반 북한은 남한과 미국에 대한 일련의 군사행동을 감행했다. 1967~1968년에만 743명의 무장 게릴라를 침투시켰고, 1967년 1월에는 북한의 해안포가 남한의 PCE-56 당포함을 포격해 침몰시켰다. 1968년에는 특수작전부대인 124군부대 소속 31명의 침투조가 청와대 습격을 시도한 1·21사건을 일으켰고, 이어서 23일에는 미국의 정보수집함 푸에블로호(the USS Pueblo)와 승무원을 동해 공해상에서 나포했다. 8월에는 제주 서귀포에 간첩선을 침투시켰고, 10월과 11월에는 울진·삼척지구에 대규모 침투작전을 감행하면서 군사적 긴장을 최고조로 끌어올렸다.[21]

그러나 이러한 일련의 군사행동은 대부분 실패로 끝났고, 남한 정부의 향토예비군 창설, 미국의 남한에 대한 추가 군사원조 등 북한의 안보 부담 증가라는 결과로 돌아왔다. 더욱이 이를 주도한 민족보위상 김창봉, 대남총국장 허봉학 등 군부의 권력이 비대해지면서 군벌화하는 경향을 보이자 김일성은 당 조직지도부를 통해 군에 대한 집중 검열을 벌였다. 그 결과 이들은 남한과의 전면전까지 상정한 〈남조선 해방과 통일작전계획〉을 작성하고 실행에 옮긴 사실이 드러났다. 앞서 언급한 일련의 군사행동도 이 계획의 일부였다. 1969년 1월에 열린 인민군 당위원회 전원회의에서 이 계획의 전모가 밝혀짐에 따라 김창봉, 허봉학, 김정태 등은 군벌 관료주의자로 비판받고 숙청되었다.[22]

7·4남북공동성명과 고려연방공화국 창립 방안

1960년대 말의 극단적 적대 상황은 1970년대가 되자 언제 그랬냐는 듯 갑작스러운 해빙으로 접어들었다. 1971년 7월 미국 국무장관 헨리 키신저가 베이징을 방문해 중국 국무원 총리 겸 공산당 외교부장 저우언라이(周恩來)와 회담했다. 데탕트(Détente)의 도래였다. 그에 앞서 1969년 7월 김일성은 앞으로 주변 국가들에 대한 선린정책을 추구하겠다고 천명하면서 중국과의 관계 회복에 나서기 시작했다. 중국과의 관계 회복은 미중 간의 데탕트가 남북 간의 데탕트로 전이될 수 있는 징검다리 역할을 했다.[23] 1971년 9월 20일 남북적십자 예비회담이 개최된 데 이어, 이듬해 5월에는 남한 중앙정보부장 이후락과 북한 외무상 박성철이 평양과 서울을 각각 방문했다. 그리고 약 한 달여 뒤에 서울과 평양에서 동시에 공동성명이 발표되었다.

7·4남북공동성명은 남북한이 처음으로 상대를 대화 파트너로 인정한 사건이지만 동시에 대화에서 우위를 확보하기 위한 체제·외교 경쟁의 신호탄이기도 했다. 1971년부터 남한은 소련과 외교관 접촉을 시작했고, 중국과의 관계 개선에도 노력을 기울였다. 평화공존 정책의 일환으로 이미 1950년대부터 서방과 무역관계를 유지해오던 북한은 1970년대 들어 대서방 외교에 더욱 적극적으로 나섰다. 일본과의 교역도 큰 폭으로 증가했고, 거부되

1971년 제1차 남북조절위원회에서 악수하는 중앙정보부장 이후락(우)과 제2부상 박성철(좌)

기는 했지만 심지어 미국에도 교역을 제안했다. 1971년부터 1975년까지 남한은 12개 나라와, 북한은 무려 53개 나라와 새로이 수교했다.[24]

남북 간 외교 경쟁이 첨예해지면서 해빙 분위기도 예기치 않은 방향으로 흘러갔다. 1973년 박정희는 〈평화통일 외교정책에 관한 특별선언〉(6·23선언)을 발표했다. 남북한 동시 유엔 가입을 제안하고 공산권과의 호혜평등 외교를 천명한 것이 주요 내용이었다. 남한이 그동안 고수해오던 '대한민국 유일 정통론'을 사실상 폐기하고 북한을 합법국가로 인정할 수 있음을 선언한 것이다.[25] 대화와 화해에 한층 적극적으로 나서겠다는 의지의 표현이지만 한편으로는 '하나의 한국' 원칙을 폐기하는 것이기도 했다.

같은 날 김일성도 체코슬로바키아 후사크(Gustav Husak) 대통령의 방문을 환영하는 평양시 군중대회에서 '6·23선언'을 발표했다. 여기서 김일성은 '대민족회의 구성', '단일 국호에 의한 연방제 실시', '고려연방공화국의 단일 국호로 유엔 가입'을 포함한 '5대 강령'을 제시했다. 남한이 '두 개의 한국'이라는 새로운 제안을 들고 나온 데 대해 북한은 '하나의 조선' 원칙으로 맞받은 것이다. 이로써 '7·4남북공동성명'이 조성한 대화 국면은 종식되었으며, 대화 중단을 선언한 북한의 8·28선언 이후 남북은 다시 명분을 앞세운 정치 공세를 주고받게 되었다.[26]

1973년 북한이 내놓은 고려연방공화국 창립 방안은 1960년에 제시한 연방제와는 차이가 있었다. 1960년의 제안이 전 한반도의 총선을 준비하기 위한 단기적·과도적 체제였다면, 1970년대의 연방제는 대민족회의라는 통일전선 기구를 통한 보다 장기적인 연방제 단계를 상정했다. 이러한 변화는 남북한의 사회경제적 이질화가 점차 심화되고, 남한의 경제 성장으로 북한의 체제 우위를 장담하기 어려워진 상황에서, 남한의 '두 개의 한국'

방침에 대한 방어적 대응 논리였다고 볼 수 있다. '하나의 조선' 원칙을 고수하기 위한 방편으로 일국양제(一國兩制)의 과도기를 설정한 것이다. 1970년대 후반 내내 북한은 이른바 "두 개의 조선 책동"을 공격하며 '하나의 조선' 원칙을 강조했다. 그와 같은 북한의 논리가 완결된 통일 방안으로 확립된 것이 바로 1980년 제6차 당대회에서 김일성이 발표한 '고려민주연방공화국 창립 방안'이라고 할 수 있다. 1950년대부터 살펴본 북한의 대남정책의 측면에서 보자면 이는 민주기지론이나 남조선혁명론과 같은 공격적 노선에서 과도적 단계이기는 하지만 일국양제라는 방어적 노선으로의 전환이라고 평가할 수 있다.

대남정책 관련 기구와 조직

북한의 대남정책은 주로 조선노동당에서 직접 담당했다. 조국통일평화위원회, 조국통일민주주의전선과 같은 통일전선 사회단체, 민족보위성 정찰국과 같은 내각 산하 군조직 또한 일부 기능을 담당했지만, 북한 대남사업의 핵심이 남한 지역 전위당 건설과 같은 조직의 구축에 있었던 만큼, 당 차원의 사업이 중심이 될 수밖에 없었다. 1970년대까지 북한의 대남사업을 담당한 당 기구는 중앙위원회 연락부, 대남사업총국, 비서국 대남사업 담당 비서 등을 들 수 있다. 아래에서는 각각의 기구가 설치된 배경과 그 활동에 대해 살펴본다.

조선노동당 계통

조선노동당 연락부

조선노동당에서 대남사업을 수행한 대표적인 기구는 당 중앙위원회 연락부였다. 연락부는 1947년 북조선노동당 조직부 내 '5과'로 처음 창설되었다. 한국전쟁 시기 게릴라부대의 지하당 공작 과정에서 대남공작 기구를 확대하면서 연락부로 분리되었다.[27] 초기 연락부는 그 특성상 남로당 출신이 조직을 장악하고 있었다. 그러나 1952년 박헌영, 이승엽 등이 '미제 스파이' 혐의로 체포되면서 남로당 출신 연락부 관계자들도 대거 숙청되었다. 이후 박금철, 박일영, 임해(林海)가 차례로 부장직을 수행하다가 1958년부터 어윤갑이 맡게 되었다. 어윤갑은 김중린과 함께 1960년대 대남공작을 주도한 인물이다. 1950년대 후반부터 연락부는 '3호 청사'라는 별칭으로 불렸는데, 이는 대남사업과 같은 극비 임무를 취급하는 비공개 기구를 1955년에 신축한 조선노동당 '3호 청사'에 따로 모아두었기 때문이다. 이후 3호 청사는 북한 대남공작 기구를 아우르는 대명사로 쓰이게 되었다.

4·19혁명은 북한 대남정책의 중요한 분기점이었다. 따라서 이 시기 대남사업 기구도 크게 확대·개편되었다. 4월 20일에 열린 당 중앙위원회 정치위원회에서는 기존 대남 기구인 연락부와 문화부를 총괄하는 상위 기구인 '남조선국'의 조직이 결정되었다. 남조선국은 당 중앙위원회의 대남사업뿐만 아니라 민족보위성과 내무성의 대남공작 임무까지 총괄했다. 초대 국장에 이효순, 부국장에 서철이 임명되었다. 당시 대남사업을 담당한 주요 실무 책임자인 연락부장 어윤갑과 문화부장 김중린은 유임되었다.[28] 초대 국장에 1956년 8월 전원회의 사건 이후 새로운 권력집단으로 부상한 갑산파의 실세이면서, 조선직업총동맹 위원장으로 '반종파투쟁'을 주도한 이효순을 발탁한 것은 당시 당에서 대남사업이 차지한 비중의 확대를 잘 보여준다. 이 시기 대남사업은 당의 핵심 사업 중 하나가 되었다.

'남조선국'이 설치된 이후 연락부는 조직 강화 및 공작원 확충 사업을 대대적으로 벌였다. 연락부 지도원들은 각 지방에 가서 남한에 연고가 있는

1950년대 초반 무렵 박헌영

공작원 책임자를 물색하는 한편, 대남공작 기구에서 일할 사람을 뽑는 데 주력했다. 또한 남한에 공작원을 파견하기 위한 운송수단(쾌속선)과 공작원 침투를 지원할 전투원, 초소 등을 확충하는 데도 힘을 쏟았다. 이러한 작업을 통해 연락부는 1960년 5월부터 약 3개월 만에 수백 명에 달하는 공작원 후보를 확보했다.[29]

적극적으로 확대된 조선노동당의 대남사업은 1961년 5·16쿠데타와 함께 또 한 차례 큰 변화를 겪었다. 1961년 10월 황태성이 체포된 이후, 조선노동당은 11월에 열린 정치위원회에서 5·16 이후의 대남사업을 비판적으로 평가하고 남조선국의 해체를 결정했다. 대남 기구는 기존의 2부 체제로 환원되었고, 연락부장 어윤갑은 항일유격대 출신인 전 남조선국 부국장 서철로 교체되었다. 어윤갑은 재교육을 위해 중앙당학교로 보내졌다. 이미 4·19 및 5·16과 관련한 정세 판단 오류 때문에 1961년 7월 전원회의에서 그의 경질론이 제기된 바 있었지만 박금철과 이효순이 반대해 유임되었다고 한다. 그러다 황태성까지 체포되자 더는 자리를 보전할 수 없게 된 것이다.[30] 대남사업의 실무 책임자인 어윤갑을 갑산파 실세인 박금철과 이효순이 지원하는 양상은 이후 1960년대 갑산파가 주도한 대남사업을 둘러싸고 몰아칠 소용돌이의 전주곡이었다고 할 수 있다.

이 시기 연락부는 산하에 각 지역 및 부문으로 구분된 직할공작과와 조국전선 대남공작과를 갖추고, 선박·전투원·무장·통신장비 등을 갖춘 예하 부대를 보유했다. 1960~1961년 당시 공작원 수는 수백 명에 달해, 대대급 이상의 규모로 평가되었다. 1973년 남한 중앙정보부에서 펴낸《북한 대남공작사》는 당시 연락부의 조직도와 예하 부대의 편제까지 제시하고 있다. 검거 간첩의 진술을 토대로 작성되었기 때문에 신빙성은 있지만, 교차

검토할 자료가 부족해 100퍼센트 신뢰하기는 어렵다. 이 자료에서 제시한 1961년경 연락부의 조직도는 다음과 같다.[31]

조선노동당 연락부 체계(1961)

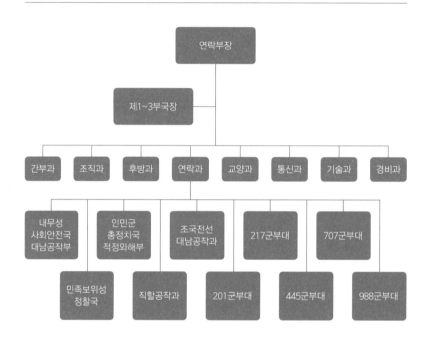

조선노동당 대남사업총국

앞서 살펴본 것처럼 조선노동당의 대남정책과 관련해 1961년 제4차 당대회에서부터 '남조선혁명론'이 제기되고 있었다. 이때 남한에 '혁명적 당'을 건설해야 한다는 주장도 김일성에 의해 제기되었다. 이후 북한에서는 남조선혁명론을 체계화하는 작업이 적극적으로 전개되어, 1964년 2월에 열린 조선노동당 중앙위원회 제4기 8차 전원회의에서는 이른바 '3대 혁명론'이

제시되었다.

이러한 대남 노선의 변화와 맞물려 대남사업 기구도 또다시 개편되었다. 1963년 4월 당 정치위원회에서는 중앙위원회 산하에 대남사업을 총괄하는 '대남사업총국'을 신설할 것을 결정했다. 총국장에는 전 남조선국장 이효순이 다시 임명되었다. 총국 산하에는 대남 정보 관련 업무를 담당하는 조사부가 신설되었다. 부장에는 내각 내무상, 당 사회안전부장을 역임한 방학세가 임명되었다. 기존의 연락부는 1962년 8월부터 유장식이 담당하고 있었다. 문화부장에는 김중린이 계속 유임되었다. 이로써 대남사업총국은 연락부, 문화부, 조사부의 3부 체제를 갖추고 대남사업을 총괄하게 되었다.[32]

'남조선혁명론'이라는 새로운 대남정책이 등장하고 대남사업 기구가 개편됨에 따라, 대남공작도 전례 없이 적극적인 양상을 띠었다. 1960년대 말부터 1970년대까지 발생한 대형 사건인 통혁당, 전략당, 동백림 사건 등은 대부분 이 시기에 적극화된 대남공작과 관련이 있었다. 주지하다시피 이들 공작은 모두 실패로 끝났다. 1967~1968년을 고비로 대부분의 조직적 지하활동은 소강 국면으로 접어들었다.[33] 이 시기 대남사업총국 산하 연락부의 조직 체계는 다음과 같다.

대남사업총국 산하 연락부 체계(1967)

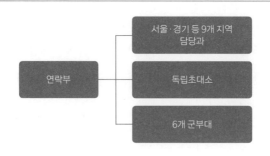

조선노동당 비서국 대남사업 담당 비서

1967년 들어 북한에서는 유일사상 체계 확립이 강조되는 등 극단적인 김일성 개인숭배 시대로 이행했다. 이와 더불어 조선노동당 내에서는 1956~1958년에 이어 또 한 번의 대대적인 당내 숙청이 전개되었다. 이른바 갑산파 숙청이다. 이 숙청은 개인숭배 캠페인이 전개되던 시점인 1967년 5월에 열린 당 중앙위원회 제4기 15차 전원회의에서 이루어졌다. 이때 숙청된 주요 인물은 김일성의 유일 항일혁명 전통 확립에 소극적 태도를 보였다고 하는 박금철, 김도만, 허석선과 대남사업의 총책임자인 이효순 등이다.[34]

이 사건을 계기로 이효순은 대남사업총국장에서 해임되었고, 후임에 인민군 총정치국장 허봉학이 임명되었다. 항일유격대 출신의 군인인 그가 대남사업의 총책임자에 임명됨으로써 향후 대남사업은 군을 중심으로 한 군사주의적 경향을 띠게 되었다. 대표적인 사례가 허봉학과 당 중앙위원회 인민무력부장 김창봉이 주도한 1968년 1월의 청와대 기습 침투 사건이다. 즉 민족보위성 정찰국 124부대 소속 31명이 청와대 습격과 박정희 암살 지령을 받아, 국군 복장을 하고 세검정 일대에까지 진출했다가 군경에 의해 사살된 사건이다. 이른바 '김신조 사건' 또는 '1·21사건'으로 알려져 있다. 이를 주도한 군부 강경파는 이른바 '남조선 해방과 통일작전계획'을 세우고 청와대 기습 시도뿐만 아니라 울진·삼척 사건 등 일련의 대남 테러를 감행했다.[35] 이들 또한 1969년 1월에 숙청되는데, 이때 비서국 예하에 대남사업 담당 비서를 신설해 사업 전반을 관장하도록 했다. 비서에는 전 문화부장 김중린이 임명되었다.[36]

민족보위성 정찰국

조선인민군은 정식 창설 이전부터 대남공작을 수행하기 위한 특수조직을 운영했다. '평양학원' 대남반과 민족보위성 정찰국이 그것이다. 평양학원은 조선인민군의 간부 양성을 목적으로 1946년 2월에 개교했다. 그 산하에 설치된 대남반은 주로 월북한 남로당원들로 구성해 유격대원을 양성하는 데 주력하다가, 1948년에 강동정치학원으로 흡수되었다.[37]

　민족보위성은 창설 당시부터 총참모부 산하에 정찰국을 설치·운영했다. 초대 정찰국장은 고려인 출신의 최원이었다. 민족보위성 기구의 특징은 조선인민군의 전신인 북조선인민집단군 총사령부 조직을 그대로 흡수했다는 점에 있었다. 따라서 정찰국 또한 인민집단군 총사령부 정찰부를 그대로 승계했다.[38] 정찰국은 크게 특수정찰부와 전투정찰부로 구성되었는데, 그중 특수정찰부가 대남공작을 담당했다. 정찰국의 기본 임무는 남한의 군사정보 수집과 남파공작원의 호송 안내였다. 산하에 913부대(해주), 931부대(장전), 929부대(개성), 939부대(용암포) 등을 두었으며, 이들은 각각 서해안의 해상 호송, 화선(火線)을 돌파하는 육상 침투, 동해안의 해상과 육상 호송 임무를 수행했다.[39]

　황태성 체포의 여파로 조선노동당 중앙위원회 남조선국이 해체된 이후인 1961년 11월부터 민족보위성 정찰국의 대남공작 임무는 제한되었고, 예하의 제1, 제2집단군 도보정찰소에서 주로 군사 정찰 임무를 수행했다. 그러다 1963년 7월에 다시 정찰국 직속으로 환원되었고, 동시에 662군부대 제1방향으로서 간첩 파송 안내를 주 임무로 삼고 군사 정찰도 겸했다. 1965년에는 정찰국의 대남공작 기능이 부활해 1961년 이전의 상태로 환원되었다. 이후 북한의 대남공작 기구에서는 일정한 역할 분담이 이루어졌다. 이를테면 노동당 연락부는 지하당 공작, 민족보위성 정찰국은 대동 월북 공작, 사회안전성은 일본을 통한 우회 공작을 담당하는 식이었다.[40]

1967년에는 앞서 언급한 것처럼 조선노동당에서 대남사업총국장 이효순이 해임되고, 후임으로 현역 군인인 허봉학이 임명됨에 따라 대남공작의 무게중심이 당에서 군으로 이동했다. 이후 1969년에 군부 강경파가 숙청될 때까지 조선노동당 연락부는 남한의 지하당 조직 사업에만 주력하고, 각종 군사공작은 민족보위성 정찰국에서 전담했다.[41] 1968년 김신조 등이 청와대 기습 침투를 시도한 1·21사건과 울진·삼척 무장간첩 침투 사건 등은 모두 민족보위성 정찰국이 예하의 제124군부대를 동원해 벌인 것이다.

3

남파공작원의 유형과 활동

통계와 유형

국정원 과거사위원회의 조사에 따르면 1951년부터 1996년 사이 간첩 검거 통계는 〈표 1〉과 같다. 이는 남한 당국에 의해 적발된 숫자이기 때문에 실제 간첩의 수는 이보다 훨씬 많을 것이다. 남한 당국이 적발한 간첩이 전체에서 어느 정도의 비율을 차지하는지는 정확히 알 수 없다. 다만 1950년대 말 대표적 공안검사 중 하나였던 오제도는 검거율이 60퍼센트 이상일 것으로 추측한 바 있다.[42]

〈표 1〉에 나타난 것처럼 북한의 대남공작은 1950년대와 1960년대에 활발하게 벌어지다가, 1970년대부터 점차 줄어드는 경향을 보인다. 연도별로는 1972년부터 적발 인원이 크게 감소한 것으로 나타난다. 여기에는 같은 해 발표된 7·4남북공동성명이 큰 영향을 미친 것으로 보인다. 공작원의 직파가 줄어들었다고는 하지만 중단된 것은 아니며, 〈표 2〉에서 알 수 있듯이 공작의 중심이 직파에서 우회 침투로 옮겨갔다고 볼 수 있다.

| 표 1 | 검거 형태별 간첩 인원 추이

시기	검거	사살	자수	계
1951~1959	1,494	62	118	1,674
1960~1969	825	762	99	1,686
1970~1979	448	208	25	681
1980~1989	238	77	25	340
1990~1996	70	29	15	114
총계	3,075	1,138	282	4,495

출처: 국가정보원, 《과거와 대화 미래의 성찰 – 학원·간첩편 (VI)》, 2007, 245쪽.

| 표 2 | 검거 간첩의 유형별 추이

시기	직파	일본 우회	제3국 우회	납북 귀환어부	강제 송환	재남	기타	계
1951~1959	1,522	8	0	2	0	142	0	1,674
1960~1969	1,280	82	30	39	0	253	2	1,686
1970~1979	287	183	13	37	5	156	0	681
1980~1989	95	138	23	19	0	65	0	340
1990~1996	32	19	19	0	0	6	38	114
총계	3,216	430	85	97	5	622	40	4,495

출처: 국가정보원, 《과거와 대화 미래의 성찰 – 학원·간첩편 (VI)》, 2007, 263쪽.

양성과 침투 방법

북한에서 남파간첩 양성 기관의 효시는 남로당이 세운 강동정치학원에서 찾을 수 있다. 1947년 9월 남로당 중견 간부의 양성기관으로 출발한 강동정치학원은 1948년 10월 여순 사건과 대구 6연대 반란 사건을 계기로 유격투쟁에 대비한 훈련소로 체제를 전환했다. 1949년 9월경 이 학원에서는 약 1200명 정도가 훈련을 받고 있었다. 하루 일과는 각 90분으로 구성된 네 과목의 정치교양 수업과 유격훈련으로 구성되었다. 교육 과목은 마르크스·레닌주의 철학, 해방투쟁사, 당 건설, 정치경제학, 소련 공산당사, 조선 역사, 신민주주의, 유격전술, 사격술, 공병학 등이었다. '김일성 만세' 대신 '박헌영 만세'를 부르게 할 만큼 남로당의 당파색이 짙었던 강동정치학원은 1949년 이른바 '9월 공세' 때 유격대를 집중적으로 남파하고 1950년 초 해산했다.[43]

이후 한국전쟁 시기 남파공작원의 양성은 금강정치학원에서 이루어졌다. 금강정치학원의 모체는 1951년 1월 인민군의 2차 서울 점령 때 중견 간부 양성 기관으로 조직된 서울정치학원이었다. 1951년 초 황해도 서흥군에 교사를 마련하고 남한 지역의 지하당 간부와 유격대를 양성하는 금강정치학원으로 개편했다. 남파 공작이 목적인 금강정치학원 학생들은 상호 간의 신원 노출을 막기 위해 가명을 쓰고 외출을 금했으며, 서로 보이지 않도록 각 교사도 멀리 떨어뜨렸다. '동무', '동지' 대신 '선생', '형', '군' 등 남한 용어를 쓰게 했고, 군사·정치훈련 외에도 자동차·시계·무전·구두·세탁·이발 등의 기술교육을 실시했다. 남파 후 지하공작에 대비한 교육이었다. 이들은 1952년 9월부터 남한의 각 지구당에 남파되기 시작했다. 학생

수가 가장 많을 때는 약 1500명에 달했다. 1952년 12월 조선노동당 중앙위원회 5차 전원회의에서 남로당파 숙청이 시작되면서 금강정치학원도 와해되었다. 1953년 3월 금강정치학원을 정식으로 해체하고 학생들을 중앙당학교 제1·2분교에 수용해 재심사 후 처벌하거나 새 직장에 배치했다. 이로써 남로당이 구축한 대남공작 조직도 붕괴했다.[44]

한국전쟁 정전 후 조선노동당 연락부는 1955년부터 대남공작 조직의 재건을 시도했다. 대남공작의 경험이 없었던 북로당 출신의 연락부 담당자들은 과거 남로당의 공작 경험을 답습하지 않을 수 없었다. 3~4인조로 구성된 공작조를 각지에 분산된 '초대소'에 수용하고, 이른바 '밀봉교육'을 실시한 후 남파하는 방식이었다. 남파의 기본 단위인 3~4인조는 '3인조 배합' 또는 '4인조 배합' 등으로 불렸다. 반드시 남한 출신과 북한 출신을 '배합'하는 것이 원칙이었기 때문이다. 당시 대남공작은 남한 출신의 연고자를 거점으로 확보한 후 이를 지하조직으로 확대하는 것이 일반적이었는데, 이를 위해서는 남한 출신이 필요했다. 그러나 남한 출신은 변절해 자수하거나 이중간첩이 될 가능성도 적지 않았기 때문에 이를 저지하기 위해 당성이 강한 북한 출신자가 필요했던 것이다. 또한 이들의 교육 과정은 외부 세계와 완전히 차단된 상태에서 이루어졌기 때문에 '밀봉교육'이라고 불렸다. 이들은 이름 대신 '112호'와 같은 숫자로 된 간첩 번호를 부여받았고, 신분은 철저히 비밀에 부쳐졌다.[45]

'밀봉교육'의 내용은 기본적으로 신체 단련과 정치 학습, 행동 전술로 구성되었다. 신체 단련은 조석으로 한 시간씩 20~30킬로그램의 배낭을 메고 산악 구보를 하는 식이었다. 산악 루트를 통한 침투에 대비한 훈련이었다. 전반기에는 정치 학습, 후반기에는 행동 전술 학습이 주로 이루어졌다. 정치 학습의 내용에는 대체로 마르크스주의, 공산주의 전략 전술, 지하당 건설 등이 포함되었다. 지하당 건설 교육에는 중국 류샤오치(劉少奇)의 '지하당 4대 원칙' 등이 강조되었다. 그 내용은 정수분자를 포섭하고 노출시키지 말 것, 역량을 축적할 것, 동요치 말고 지시를 기다릴 것, 결정적인 시기를 기다릴 것이었다. 행동 전술의 내용은 주로 포섭을 위한 접근 전술을 의미했다. 접근 전술은 1·2단계 전술로 나뉘었다. 1단계는 직접전술로서 공작원의 연고자에게 직접 접근하는 것이었고, 2단계는 간접전술로서 다른 월북자의 가족을 포섭하는 것이었다. 이를 위해 월북자의 사진이나 편지가 활용되었다. 이러한 과정에 대한 교육을 모두 마치고 침투가 임박하면 산악훈련을 집중적으로 실시했다. 20~30킬로그램의 생존필수품을 메고 하룻밤에 25킬로미터를 주파하는 훈련이었다.[46]

북한의 대남공작이 궤도에 오르기 시작한 1950년대 후반부터 밀봉교육의 내용은 한층 고도화되었다. 특히 1959년부터 활용된 무전기는 북한의 대남공작에 일대 혁신을 가져왔다. 기존에는 공작원이 당 연락부와 교신하기 위해 연락원과 직접 접선하거나 무인포스트[47]를 활용해야 했지만, 이제는 무전기를 통해 더 은밀하게 보고와 지령을 주고받는 것이 가능해졌다. 이때부터 무전훈련은 간첩교육의 가장 중요한 과목 중 하나로 취급되었다. 무전간첩의 첫 케이스로 훈련받았다고 기록한 한 자수간첩의 수기에 따르면, 무전훈련은 모르스 신호의 송·수신법과 무전기 수리법으로 구성되었다. 간첩의 무전기술은 모르스 신호의 송수신뿐만 아니라 난수표와 암호 해독표에 의해 해독하는 과정이 포함되었기 때문에 고도의 숙련이 필요했다. 특히 난수표와 암호 해독표를 분실하면 지령 해독이 불가능하므로 가장 중요한 물품으로 취급되었다. 따라서 공작원들은 이를 통상 신발 깔창과 같은 의외의 장소에 휴대했다.[48] 남파 공작원이 남한 당국에 의해 다수 검거되면서 난수표와 암호 해독표도 함께 노획되는 문제가 생기자, 1960년대 후반부터는 암기식 난수표를 사용했다. 1960년대의 경우 지령은 통상 평양방송 라디오를 통해 매달 1일, 11일, 21일 자정 직후에 발신되었다. 아나운서가 "3156호 전문을 보내겠다"라고 하고, 이어지는 메시지를 난수표에 따라 해독하면 그것이 3156호에게 보내는 지령이었다고 한다.[49]

밀봉교육에서 다룬 또 한 가지 중요한 교육은 이른바 '신분구상'과 '남조선 정세'였다. 주로 군사 정찰과 파괴활동 등 단기적인 임무를 띤 남한의 북파공작원과 달리, 북한의 남파공작원은 지하당과 동조자 포섭 등을 임무로 장기 매복하는 경우가 많았다.[50] 따라서 이들에게는 남한 사회에서 장기간 신분을 위장하기 위한 적응 교육이 요구되었다. 위장 신분은 와해작전과 같은 특수한 임무를 띤 경우에는 지식인 등으로 위장하기도 했지만, 대체로 어민이나 노동자 같은 하층민이 권장되었다. 중·상류층의 생활 습속은 단기간에 체득하기 어려웠기 때문이다. 공작원들은 남한에서의 적응을 위해 침투 지역의 지리와 사투리, 소매 물가표, 각종 상품의 종류와 명칭, 교통편을 이용하고 숙박하는 방법 등을 익혔다. 남한에서 흔히 쓰는 외래어와 유행어도 용어집을 만들어 익혔는데, 이는 귀환한 공작원의 증언을 토대로 한 것이기 때문에 현실에 뒤떨어진 경우가 많았다. 따라서 남한 방송을 적극적으로 청취하지 않으면 안 되었다.[51]

침투 경로는 1950년대까지 주로 기존 육로가 이용되었다. 그러나 남북 상호 간 간첩 침투가 늘어나면서 휴전선의 경계도 강화되었고, 더욱이 1967년부터는 남한 측에서 전 전선에 걸쳐 철책을 세우기 시작했다.[52] 이에 따라 1960년대부터는 해상을 통한 침투가 점차 선호되었으며, 때로는

간첩 시대

한강을 헤엄쳐 서울로 침투하는 방법도 이용되었다.

앞서 언급했듯이 1960년대까지 남파공작원의 활동은 주로 남한 연고자를 포섭하는 '연고선 공작'에 맞추어졌다. 그러나 남한 방첩 당국의 대공수사 또한 이에 대응하면서 북에 가족을 둔 연고자들은 밀착 감시를 받게 되었다. 반공·방첩 교육의 강화로 간첩 신고 또한 활발해지면서 연고선 공작이 성공할 가능성은 극히 희박해졌다. 또한 1968년 1·21사건 및 울진·삼척 간첩 침투 사건 이후 휴전선과 해안의 경계가 강화되면서 직파 공작의 성공 확률도 크게 줄어들었다. 따라서 1970년대 북한의 대남침투 전술은 연고자 중심의 공작에서 무연고자 중심의 공작, 일본 등 해외를 우회한 공작으로 무게중심이 이동했다.[53] 이에 따라 자연스럽게 남파공작원의 수도 줄어들었고, 1970년대 이후 검거 간첩은 공작원에 의한 포섭 혐의를 받은 유학생 등이 다수를 차지하게 되었다.

제 4 장

간첩을 만드는 공안기구

정무용

한국 현대사와 공안기구

공안(公安)은 공공의 안녕과 질서가 편안히 유지되는 상태 또는 그런 상태를 지키는 사람을 뜻한다.[1] 그런데 일상적으로 공안이라는 단어는 홀로 잘 사용되지 않고, 그러한 경우는 주로 후자의 의미로 중국 공안을 지칭할 때 쓰인다. 현대 한국에서 공안이라는 단어는 '공안 ○○'으로, 즉 공안 사건, 공안기구, 공안당국 등등 다른 단어들과 붙어 다닌다. 이럴 때 공안은 간첩(단), 반국가단체, 지하조직, 국가전복 기도 등등의 말들로 보충되며 그 구체적인 의미를 나타내고, 시민들에게 공포와 두려움을 주는 효과를 자아내었다.[2]

　민주화 이전 공안은 곧 정권의 안정을 의미하기도 했다. 공안 사건은 단지 공공의 안녕과 질서를 해치는 사건이 아니라 정권의 안정을 해치는 사건이었고, 따라서 이를 담당하는 공안기구는 정권을 위협하는 요소를 미리 막거나 제거하는 역할을 맡았다. 그중 하나는 북한에서 남파하는 공작원, 즉 간첩의 침투를 막거나 '색출'하는 등의 방첩활동, 즉 밖으로부터의 위협을 방어하는 것이었고, 다른 하나는 정권에 반대하는 세력의 활동을 통제하거나 이들을 제거하는 것, 즉 안으로부터의 반대를 막아내는 것이었다. 한국의 공안기구는 주로 후자의 활동에 주력했고, 그 과정에서 무수히 많은 공안 사건이 부풀려지거나 만들어졌으며, 그 과정에서 영문도 모른 채 민간인들이 간첩(단)으로 지목되는 간첩 조작 사건이 발생했다.

공안기구는 어느 한 정부 기구에 국한되지 않았다. 중앙정보부에서부터 국가정보원(국정원)으로 이어지는 국가 정보기구를 비롯해 군의 정보기구, 사법당국으로서의 검찰, 일상적인 대민업무를 담당하는 경찰에 이르기까지 공안 사건을 담당하는 공안기구는 광범위했다. 중앙정보부를 필두로 한 공안기구의 활동은 1960년대 이후 본격적으로 '체계화'되었으나 이들 공안기구는 해방 이후 분단과 전쟁을 거치며 한국에 강력한 반공주의 체제가 들어선 것과 밀접히 관련되어 성장했다.

공안기구들은 대한민국 정부 수립 직후 제정된 국가보안법(1948년 12월 1일)에서 활동의 법적 근거를 제공받았다. 국가보안법은 여러 차례 개정되었으나 정부를 참칭하거나 국가 변란을 목적으로 만들어진 단체, 이른바 반국가단체를 처벌한다고 규정했다.[3] 따라서 이들에 의한 간첩 만들기는 민주화 이전 독재시대에 주로 발생했다. 그러나 민주화 이후 공안기구들에 대한 비판이 제기되면서 그 역할은 축소되었으나 조작 사건은 여전히 나타났고 심지어 2010년대에도 계속되었다.[4] 독재정권은 사라졌으되 공안기구의 활동을 뒷받침해주는 법적 근거인 국가보안법은 여전히 살아 있기 때문이다. 이 장에서는 해방 후부터 민주화 이후 시기에 이르기까지 한국 공안기구의 활동을 역사적으로 개관하고자 한다.

간첩 시대

해방과 분단, 그리고 공안기구의 탄생

경찰과 검찰의 부활

현대 한국에서 공안기구가 활동할 수 있었던 배경은 해방 이후 탈식민 과제가 좌우 대립구도로 전환되면서 좌절된 것과 밀접한 관련을 맺고 있다. 일제 패망 직후 자치를 담당할 조직으로 건국준비위원회가 창설되고 그 산하에 치안대가 설치되었으나, 1945년 9월 38선 이남 지역을 점령한 미군은 일체의 자치조직을 공식적으로 인정하지 않았다. 대신 미군은 군정(Military Government)을 설치해 직접통치를 실시했고 이를 위해 기존의 통치기구, 즉 일제 식민지 통치기구를 해체하지 않고 활용했다. 그중에서도 경찰은 일제 식민지 시기의 인적·물적 유산을 거의 그대로 답습한 기구였다.

미군정은 각 관구(도)나 각 구(군) 경찰서에 공안과를 두어 정치집단에 대한 정보를 수집하고 보고하게 했다. 또한 각 경찰서에 사찰과를 설치해 정치·사회단체에 관한 정보 수집, 집회 및 집단행동에 대한 사찰, 폭동·시위 등에 관한 사찰, 반군정 범죄에 관한 사항을 담당하게 했다. 미군정기 경찰의 주요 간부 대다수는 일제 경찰과 총독부 관료 출신이었다. 1946년 말 경의급 이상의 간부 1157명 가운데 949명이 일제 경찰 출신이었다.[5] 미군정 시기 경찰은 지방의 자치조직들을 와해시키고 좌익단체들의 활동을 제어하는 데 중요한 역할을 담당했다.

경찰은 정부 수립 직후 추진된 식민 청산 시도를 가장 적극적으로 방해한 조직이었다. 다수의 경찰 간부들은 1948년 12월 7일 공포된 반민족행위처벌법(반민법)에 따른 처벌 대상이었기 때문에 이 법안에 따라 구성된 반민족행위특별위원회(반민특위)의 활동을 방해하거나 이들을 해체하는 데 가장 큰 역할을 담당했다. 공산주의자들과의 대결을 중요시한 이승만 대통령은 경찰을 그 주요 수단으로 활용하고자 했기 때문에 경찰은 이승만의 지지를 바탕으로 반민특위를 해산시키는 데 커다란 역할을 했다. 이후 경찰은 4·19혁명으로 이승만 정권이 무너질 때까지 군과 더불어 이승만 독재체제를 유지하기 위해 적극적인 기능을 담당했다.

이승만 정권은 1948년 11월 4일 "민정사찰 및 외사경찰에 관한 사항"을 담당하는 사찰과를 독립 설치하고, 지방경찰국과 경찰서에도 사찰과 또는 사찰계를 두었다. 1950년 3월 31일에는 앞의 사항에 "특명에 의한 사찰사항"을 추가해 사찰과의 역할을 확대했다.[6] 이후 사찰과는 한국전쟁이 발발한 직후 정보수사과(1950년 8월 10일)로 통합되었다가 정전협정이 맺어질 무렵인 1953년 7월 6일에 특수정보과로 분리 개편되었고 "정치·문화 및 민정의 사찰, 외사경찰 및 특수정보에 관한 사항"을 담당했다.[7] 전쟁 발발과 더불어 사찰 업무가 축소되었다가 정전이 될 때쯤 다시 확대되었다는 점이 주목된다. 이 대목에서 사찰업무가 실제 '적'보다는 내부의 민간사회를 향하고 있던 측면이 드러난다 하겠다. 경찰은 사찰 대상자들의 명부인 이른바

1949년 반민특위 재판 광경

반민특위로 호송되는 친일파들

'요시찰인 명부'를 작성해 이들의 일상을 파악하면서 민간사회에 대한 사찰 활동을 적극적으로 펼쳐나갔다.[8]

이승만 독재체제의 유지에 적극적으로 복무했던 경찰은 4·19혁명 시기 개혁의 주요 대상이었다. 이에 따라 민간 사찰 업무를 담당한 특수정보과도 정보과로 개칭되었고, 그 기능도 "대공수사, 외사경찰 및 특수사범사찰에 관한 사항"으로 축소되었다.[9]

다음으로 검찰을 살펴보자. 해방과 함께 식민지 '검찰사법'은 붕괴되었으나, 식민지 검찰기구와 형사 사법제도의 명맥은 유지되었다. 그 가운데 식민지 시기 사상검찰은 좌우 대립이 격화되는 가운데 조직의 부활을 시도했다. 그러나 이러한 시도가 본격화된 것은 정부 수립 이후였다. 1948년 12월 국가보안법이 제정된 이후 사상검찰은 재조직되었고, 1949년에 발생한 '국회 프락치 사건'의 수사를 지휘하며 오제도 검사의 서울지검 정보부를 중심으로 전국 사상검찰의 진용이 구축되었다.[10] 특히 오제도와 같은 사상검사들은 한국전쟁 초기 대규모 학살의 비극을 낳은 국민보도연맹의 창설을 주도했다. 그러나 이승만 정권 시기 검찰은 대공 사찰 업무에서 군과 경찰을 보조하는 역할로 밀려났다.

군 정보기구의 확대

마지막으로 군의 정보기구를 살펴보자. 정부 수립 시기부터 이승만 정권이 무너질 때까지 군의 정보기구는 방첩대 또는 특무대로 불렸다. 군 정보기구는 1948년 5월 27일 조선경비대총사령부 정보처의 특별조사과(Special

Investigation Section)로 창설되었고, 이후 '특별정보대', 방첩대, '특무대'로 명칭이 변경되었다. 특별조사과의 임무는 주요 인물에 대한 뒷조사, 남한 내 공산주의자들의 활동 감시, 북한 정권의 대남 간첩 활동 조사, 대북 첩보·정보 수집 등이었다. 대한민국 정부 수립 이후에는 육군본부 정보국 1·2·3과로 개편되었다.

군 정보기구는 제주도 '4·3사건'과 뒤이어 발생한 여순 사건을 계기로 본격적으로 활동하기 시작했다. 1948년 11월 1일 정보국 특별조사과는 특별정보대(Special Intelligence Service)로 개편되어 본격적인 숙군 작업에 착수했다. 또 김창룡 중령과 오제도 검사 등이 참여한 '군·검·경 합동수사대'를 조직했다. 여순 사건 이후 고조된 반공 분위기 속에서 군 정보기구는 군과 민간사회를 가리지 않고 활동했다.

1949년 10월 특별정보대는 제2과 방첩대로 개칭되었고, 군·검·경 합동수사대 예하로 편입되었다. 이들은 한국전쟁 초기 국민보도연맹 맹원과, 형무소 수용자 학살을 주도했으며, 서울 수복 후에는 북한군 점령 기간에 협력한 '부역자'를 색출하는 데 앞장섰다. 당시 주민들에게 방첩대는 경찰과 함께 '공포의 대상'이었다. 1950년 10월에 제2과(방첩과)가 정보국에서 분리되었고, 육군본부 직할부대로서 특무부대(Special Operation Unit) 본부가 설치되었다. 1951년 3월에는 북파공작을 임무로 하는 첩보부대(Headquater of Intelligence Detachment: HID)가 정보국에서 분리되었다.[11]

특무대는 이승만 정권의 권력을 유지하기 위한 주요 도구로 기능했다. 1951년 12월 특무대장 김창룡은 요시찰인 사찰 업무와 군 내 불순분자 숙청 작업의 강화, 사상범을 취급하는 일에서 특무대가 관계기관을 완전히 장악하고, 계엄령 선포 지구의 특무대는 헌병이나 경찰이 담당하고 있는 사상범 및 유격대의 취급을 완전히 장악하라고 지시했다. 전시라는 특수한 상황을 배경으로 하고 있지만, 군 정보기구인 특무대는 군과 민간을 가리지 않고 사찰활동을 강화했다. 또한 특무대는 '진보당 사건'을 조작해 1950년대 후반 이승만의 주요 정적으로 등장한 진보당의 조봉암을 제거하는 데 큰 역할을 했다.[12]

이와 같이 이승만 정권의 권력 기반이던 특무대는 4·19혁명 이후 개혁의 대상이 되었다. 육군은 1960년 7월부터 특무대 개편의 조치로서 "순수한 방첩부대로서의 군사보안 업무와 간첩 색출에만 전념하도록" 하고, 육군방첩부대로 개칭했다.[13] 그러나 이러한 정보기구의 개편만으로 그동안 군이 행하던 민간사회 개입이라는 경험이 사라지는 것은 아니었다. 또한 분단체제라는 누구나 간첩으로 몰릴 수 있는 조건 속에서 군은 간첩 색출을 명목으로 언제든 민간사회에 개입할 수 있었다.

1950년대 만들어진 육군 교범에 정보는 "적 또는 가상 적 및 작전 지역에 관한 모든 첩보를 수집하여 평가·해석·종합하여 얻은 지식"으로, 첩보는 "국가 안전에 위협을 초래하는 외국 또는 국내 불평분자 단체들의 음모·태업·간첩 등에 대비하여 첩보, 개인 장비 및 시설의 안전을 위한 적극적, 소극적인 모든 안전법에 관한 정보"로 규정되었다. 이러한 규정에 따라 군의 정보기구들은 첩보활동을 명목으로 민간의 동향을 감시하고 정치에 적극적으로 개입했다.[14]

박정희 정권의 '공안통치'와 중앙정보부

중앙정보부의 설치

1961년 5월 16일 박정희 소장을 중심으로 하는 일군의 장교들이 군사쿠 데타를 감행했다. 쿠데타 주체세력은 군사혁명위원회의 명의로 정권을 장 악했고, 5월 19일 순수하게 군인으로만 구성된 군사혁명위원회를 국가재 건최고회의로 개칭하고 군민기구로 개편했다.[15] 국가재건최고회의는 쿠데 타 직후부터 제3공화국이 출범할 때까지 유지되었다. 이들은 쿠데타에 성 공한 직후 '반공체제의 재정비', '자유우방과의 유대 강화', '구악일소', '국가 자주경제 체제의 완성', '통일을 위한 반공실력 배양' 등을 혁명공약으로 제 시했다.[16]

쿠데타 주도 세력들은 '혁명공약'으로 내세운 반공체제의 정비를 위한다 는 명목으로 1971년 7월 3일 반공법을 공포했다.[17] 그러나 이들은 먼저 국 가 정보기구를 창설하고자 했고, 이 작업은 쿠데타 성공 직후부터 추진되었

1962년 중앙정보부장 김종필과 박정희 국가재건최고회의 의장

다. 5월 18일부터 육군 정보국에서 근무했던 김종필과 정보 계통 출신 장교들(서정순, 이영근, 김병학)은 미국의 중앙정보국(CIA)과 일본의 내각조사실을 전범으로 삼아 중앙정보부법 초안을 작성하는 작업을 수행했고, 6월 10일 국가재건최고회의법을 공포하는 동시에 중앙정보부법도 함께 제정 공포했다.[18]

중앙정보부는 국가재건최고회의 직속기관으로서 국가 안전보장과 관련한 국내외 정보를 수집하며 국가 안전보장과 관련한 범죄를 수사하고, 군을 포함한 국가 각 기관의 정보·수사활동을 조정·감독하는 기관으로 규정되었다. 또한 중앙정보부는 소관 업무와 관련된 범죄를 수사할 권한을 가졌고 이와 관련한 수사에서 검사의 지휘를 받지 않았다. 오히려 중앙정보부 부장은 정보 수사에 관해 타 기관 소속 기구를 지휘 감독할 수 있는 권한을 부여받아 검사를 지휘할 수 있었다.[19] 중앙정보부는 다른 정부의 공안기구들을 총괄하는 지위를 부여받은 셈이었다. 이에 따라 군, 경찰과 검찰에 부문별로 흩어져 있던 정보 및 사찰 기능들은 중앙정보부를 중심으로 체계적으로 운용될 수 있었다. 따라서 중앙정보부의 설립은 바로 박정희 정권기 '공안통치' 18년의 시작을 알리는 것이었다.

또한 중앙정보부 설치 직후 기구 개편과 증원을 통해 경찰 정보과를 확대하는 등 '정보경찰'[20]을 강화하는 조치들이 취해졌다. 또한 5·16쿠데타 직후 정치활동을 금지당한 정치인들과 혁신계 인사들의 활동을 내사한다는 명목으로 1962년 1월 15일 은밀한 활동을 원칙으로 하는 특수조직인 정치분실을 설치했다. 물론 이 활동들은 중앙정보부의 "조정과 감독"을 받아 수행되었다.[21]

1963년 대통령 선거에서 '민족적 민주주의'를 표방한 박정희 후보는 50

| 표 1 | 역대 중앙정보부 부장 명단

대수	이름	임기
1대	김종필	1961년 5월~1963년 1월
2대	김용순	1963년 1월~1963년 2월
3대	김재춘	1963년 2월~1963년 7월
4대	김형욱	1963년 7월~1969년 10월
5대	김계원	1969년 10월~1970년 12월
6대	이후락	1970년 12월~1973년 12월
7대	신직수	1973년 12월~1976년 12월
8대	김재규	1976년 12월~1979년 10월
직무대행	윤일균	1979년 10월~1979년 10월
9대(서리)	이희성	1979년 10월~1979년 12월
직무대행	윤일균	1979년 12월~1980년 4월
10대(서리)	전두환	1980년 4월~1980년 7월
11대	유학성	1980년 7월~1981년 1월

여만 표 차이로 가까스로 윤보선을 누르고 당선되었다. 그러나 민주주의라
는 단어가 무색하게도 박정희 정권은 1963년 12월 14일 중앙정보부법을
개정해 중앙정보부의 활동 범위를 더욱 구체적으로 명시했다. 이에 따라 중
앙정보부는 대통령 소속 기관으로서 '국외 정보 및 국내 보안정보(對共 및
對政府顚覆)의 수집·작성 및 배포', '국가기밀에 속하는 문서·자재 및 시설
과 지역에 대한 보안 업무', '형법 중 내란의 죄·외환의 죄, 군형법 중 반란의

죄·이적의 죄·군사기밀누설죄·암호부정사용죄', '국가보안법 및 반공법에 규정된 범죄의 수사', '정보부 직원의 범죄에 대한 수사', '정보 및 보안 업무의 조정·감독'을 담당한다고 규정되었다. 또한 법률 개정으로 조직 구성, 소재지, 정원, 예산 및 결산 등의 비공개를 합법화하고, 타 부처 예산에 중앙정보부의 예산을 계상할 수 있게 했다.[22] 이렇듯 국가안보를 명목으로 정권 유지를 위한 비밀활동을 합법화하면서 중앙정보부는 여타 기관의 견제를 받지 않는 무소불위의 권력을 지니게 되었다.

제4대 중앙정보부장을 역임했고 이후 박정희 정권을 비판하다 행방불명된 김형욱의 회고에 따르면, 중앙정보부의 지도부는 군 예비역과 현역군인들이 차지했고, 실무자들은 어학 실력이 뛰어난 대학 졸업생과 수사기관에 근무하던 직업 수사관들로 구성되었다. 대학 졸업생들은 주로 해외 정보를 수집하는 부서에 배치되어 자료 정리나 번역 등의 업무에 종사했던 반면, 수사관들은 사찰계 형사, 방첩부대 문관, 헌병 하사관 출신들로 구성되었다.[23] 이전부터 군, 경찰 등에 흩어져 있던 대공 업무 종사자들이 중앙정보부로 모여든 것이었다.

중앙정보부가 창설되면서 경찰, 군 등에 부문별로 산재한 정보 업무가 중앙정보부로 집중되었다. 그러나 중앙정보부의 활동은 단지 대적(對敵) 정보 업무에 국한되지 않았다. 중앙정보부는 창설될 때부터 정치 공작활동에 적극적이었다. 1962년 김종필 주도로 민주공화당 창당 작업이 수행되었다는 사실은 너무 유명한 일이라 거론할 필요도 없을 것이다. 1960~1970년대 정치사의 주요 국면에서 중앙정보부는 주요 당사자로서 활동했고, 더 나아가 박정희의 정적을 제거하는 일에도 가담했다. 1973년 8월 일본에서 벌어진 김대중 신민당 의원 납치 사건은 중앙정보부가 정적을 제거하려 한 대표적인 사건이었다.

　박정희 정권은 그들에 대한 반대 목소리가 격해질 때마다 공안정국을 조성해 이를 돌파하려고 했는데, 중앙정보부가 이를 주도했다. 방대한 조직과 인원을 동원해 집권 세력에 대한 비판과 반대 활동을 감시·통제했던 것이다. 1964년 한일회담 반대운동이 고조되자 1차 인혁당(인민혁명당) 사건이, 1967년 삼선개헌 반대투쟁이 전개되자 '동베를린 간첩단 사건', 즉 '동백림 사건'이, 이듬해에는 통혁당(통일혁명당) 사건이, 1974년 유신 반대투쟁이 격해지자 이를 제어하기 위해 민청학련 사건과 2차 인혁당 사건이 발표되었고 그 중심에 중앙정보부가 있었다.[24]

　박정희 정권에 대한 정치적 저항이 고조되는 국면에서 이들은 공안 사건을 만들어내고 이를 통해 정권의 위기를 타개하고자 했는데, 그때마다 중앙정보부가 나섰다. 중앙정보부를 중심으로 여타 공안기구들이 보조적인 활동을 취했던 것이다. 그러나 군, 경찰, 검찰 내의 공안기구들이 단지 중앙정보부 활동을 뒷받침하는 역할만 수행한 것은 아니었다. 이들도 크고 작은 공안 사건을 만들어낸 또 다른 주체였다. 특히 1972년 유신체제가 성립된 이후 독재체제가 강화되자 이에 대한 저항운동이 고조되었다. 그러자 이를 막아내기 위해 공안기구들은 더욱 적극적이고 경쟁적으로 활동에 나서기 시작했다.

박정희 독재의 강화와 보안사령부의 창설

1980년대 신군부의 권력 기반이 되는 보안사령부는 1968년 1월 21일 발생한 청와대 무장공비 습격 사건을 계기로 창설되었다. 북의 공작원들은 방첩부대원이라고 사칭해 검문검색을 쉽게 통과했으며 청와대 근처까지 침투할 수 있었는데, 이를 계기로 방첩부대는 9월 23일 육군보안부대로 개편되었다. 육군보안부대는 1977년 해군방첩대, 공군특별수사대와 통합되어 국군보안부대로 개편되었다.[25] 국군보안부대는 보안사령부와 각 군 본부 보안부대, 부대지원 보안부대, 군수산업 보안부대, 통신보안부대 및 보안교육대로 구성되었다. 국군보안사령부, 즉 보안사는 이 부대들을 총괄하는 사령부였다. 이들의 업무는 군사보안, 군 방첩, 군사 관련 범죄에 관한 것이었다.[26]

이렇듯 1960년대 말 안보위기를 거치면서 육군보안부대가 창설되었고, 1971년 국가비상사태 선포와 1972년 10월 유신헌법 제정 등 박정희 정권의 반민주적 독재체제가 강화되면서 국군보안부대가 설치되었고 군의 보안기구도 확대 강화되었다. 다시 말해 보안부대는 중앙정보부와 더불어 박정희 공안통치를 떠받치는 주요 공안기구로 부상했다.

보안부대의 역할은 군 보안과 군 방첩에 관한 것이었지만, 그 활동 영역은 군사적인 측면에만 머물지 않았다. 이들 역시도 민간사회로까지 활동 영역을 확대했고, 공안 사건을 만들어낸 주요 주체가 되었다. 1970년대 보안부대가 주도한 대표적인 공안사건은 1971년 4월에 발표된 이른바 '재일교포 유학생 학원 침투 사건'이다. 이 사건은 7대 대통령 선거와 8대 국회의원 선거를 불과 며칠 앞두고 발표되었다. 두 개의 큰 선거를 앞두고 반독재세력들이 민주수호국민협의회를 결성했고 당시 야당 대통령 후보였던 김대중에 대한 지지가 높아가고 있던 상황에서 육군보안사령부는 이 사건을 발표했다.[27] 보안사는 이외에도 재일교포 모국 유학생이나 국내 취업 재일교

포가 관련된 간첩 사건을 주도했는데, 이러한 상황은 1980년대에도 지속되었다.[28]

일상에 파고든 공안기구

이외에도 무수히 많은 공안 사건들이 각종 공안기구들에 의해 조작되었다.[29] 공안 사건들은 박정희 정권에 대한 저항이 거세지거나 중요한 선거를 앞둔 시점에 발표되었고, 공안기구들은 이러한 사건을 발표하면서 사건의 '주요 가담자'들을 간첩(단)이라고 명명해 수사의 정당성을 확보하고자 했다.[30] 공안 사건은 앞에서 살펴본 주요 야당 정치인, 재야인사 같은 반체제 인사들에게 국한되지 않았다. 당시 한국에 살고 있던 사람이면 누구나 간첩으로 지목되어 공안 사건의 주동자, 즉 간첩으로 조작될 수 있었다. 특히 바다에서 조업 중 납북되었다 귀환한 어부들은 간첩 조작으로 가장 많은 피해를 입은 집단이었다.

이들에 대한 수사는 일선 경찰의 정보과나 그 산하의 정보계, 대공계 등에서 주로 담당했다. 8장에서 구체적으로 서술하듯이, 1970년대 들어 귀환 어부들을 간첩으로 조작하는 사례가 급증했는데 이때에는 주로 경찰서나 도경 대공분실 등이 이를 주도했다면, 1980년대에 접어들면 일선의 보안부대나 안기부 지역 분실들도 이에 경쟁적으로 가담하기 시작했다. 이 사건들의 특징은 납북 시점과 간첩 혐의 기소 사이의 시간이 길다는 것이었다.[31] 일선의 수사관들이 이 정보들을 가지고 있다가 특정한 시점에 특정한 시나리오를 작성해 어부들을 간첩으로 몰았던 것이다. 그 과정에서 공안기구 종사자들은 이들을 간첩으로 몰아가려고 각종 가혹행위와 고문 등 반인권적인 수사기법들을 활용했다. 여기서 일선 수사관들의 민간인에 대한 폭력성도 볼 수 있지만 더 중요한 것은 경찰을 비롯한 공안기구의 말단 조직들이 일상의 공간 속에서 널리 활동하고 있었다는 점이다. 경찰은 민간을 감시하기 위해 '요시찰인' 명부를 지속적으로 작성했고, 정보를 수집하는 과정에서 경찰이 아닌 비밀 조직망인 이른바 '망원' 조직을 활용했다.[32] 이러한 상황에서 공안당국의 필요에 따라 누구든 간첩으로 몰릴 수 있었다.

신군부의 공안기구 : 보안사와 안기부

중앙정보부에서 보안사령부로의 중심이동

1979년 10월 26일 중앙정보부장 김재규가 박정희 대통령과 차지철 대통령 경호실장을 총으로 살해한 사건이 발생했다. 바로 다음 날 제주도를 제외한 전국에 비상계엄령이 선포되었다. 계엄사령부는 계엄공고 제5호를 발표하면서 계엄사령부 내에 합동수사본부를 설치하고 지방계엄사무소에 합동수사단을 두었다. 합동수사본부는 1979년 10월 27일부터 1981년 1월 24일 비상계엄이 완전히 해제될 때까지 중앙정보부를 대체했고, 합동수사본부장은 국군보안사령관이 겸임했다.[33]

1979년 12월 12일 박정희 대통령 살인 사건을 수사하는 합동수사본부장을 맡은 전두환을 중심으로 신군부의 쿠데타가 발생했다. 박정희 대통령을 살해한 김재규가 중앙정보부장이었기 때문에 전두환은 중앙정보부장 서리를 겸임하면서 양대 정보기구를 장악했다. 중앙정보부장이 합동수사본부의 수사 대상이 되면서 보안사는 중앙정보부를 밀어내고 신군부의 집

1980년 전두환이 최규하 대통령에게 중앙정보부장 서리 임명장을 받고 선서하는 장면

1979년 12월 14일 12·12쿠데타 이후 보안사령부에 모인 신군부 실세들

권을 뒷받침하는 강력한 기구로 부상했다. 보안사는 1980년 '5·17비상계엄' 전국 확대 조치, 국가보위비상대책위원회 설치 등을 주도했다. 1980년 5월 '광주 민주화운동'을 폭압적으로 진압한 신군부는 5월 31일 계엄하의 대통령자문보좌기관으로 국가보위비상대책위원회를 신설했고, 전두환은 상임위원장을 맡았다. 8월 27일 시행된 통일주체국민회의의 간접선거로 전두환은 11대 대통령으로 선출되었다.

보안사는 간첩 조작 사건과 야당 탄압, 언론 통폐합 등 신군부의 권력 장악을 위한 공작에 나섰다. 또한 학생운동에 가담한 사람들을 군대에 입영 조치한 후 사상을 바꾸겠다는 '강제징집 녹화사업'을 대대적으로 실시했다. 이때는 군 정보기관이라기보다는 "정권의 전위대로서의 악명을 떨친 시기였다."[34]

보안사가 권력의 전면에 부상함으로써 중앙정보부의 위상은 전과 같을 수 없었다. 1981년 1월 중앙정보부의 기능을 축소하고 명칭을 국가안전기획부(이하 안기부)로 개칭하는 것을 골자로 한 국가안전기획부법이 제정되었다.[35] 안기부로 개편되면서 약간의 조정이 있었으나 기본 기능은 중앙정보부와 다르지 않았다. 1980년대 들어 안기부는 권력의 심장부에서는 보안사에 밀려났지만, 그들이 민간에 행하던 반인권적 행태가 축소되거나 사라진 것은 아니었다. 박정희 정권 때와 마찬가지로 안기부는 각종 공안 사건과 간첩 조작 사건을 만들어내면서 신군부의 집권을 위한 역할을 수행했다.

보안사와 안기부의 위상 변화는 있었으나 기본적으로 신군부 시기 공안 기구의 기능과 성격은 유신시대를 연장한 것이었다. 더욱이 1980년 암흑의 시기를 지나 1980년대 중반으로 접어들면서 대학과 노동현장에서 체제에 저항하는 운동이 거세게 일어났고, 유신시대보다 양과 질적인 측면에서 비교할 수 없을 만큼 거대한 민주화의 물결이 밀려오고 있었다. 그러자 이를 막기 위한 공안기구들의 폭력성도 한층 강화되었다.

검찰과 경찰의 공안 기능 확대

이러한 상황에서 검찰의 공안 기능이 대폭 확대되었다. 1948년 8월 검찰청법 제정에 따라 검찰청 안에 공안검사를 두었으나 별도의 공안부서는 없었기에 대검찰청 중앙수사국에서 공안 업무를 담당하고 있었다. 그러다가 1963년 12월 대검찰청에 공안부가 설치되면서 독립적으로 공안 업무를 담당했다. 공안검사는 검찰에서 가장 각광받는 최고의 엘리트 보직으로 검찰 내 위상은 높았으나, 검찰 자체의 위상은 공안기구 안에서 그리 높지 않았다. 큰 틀에서 중앙정보부나 보안사가 사건을 기획하면 검찰은 이 사건을 기소하는 등 법률적인 뒷받침을 했다. 제5공화국 때에도 그 역할이 크게 다르지 않았다.[36] 그러나 민주화 요구가 한층 거세지자 1986년 검찰 내 공안 기능이 확대되었다. 대검찰청에 네 개의 공안과가 생기고, 서울지방검찰청 공안부도 1·2부로 확대 개편되는 한편, 전국 검찰청에도 잇따라 공안부가 설치되었다. 이들의 주요 업무는 정치·학원·노동·재야·선거·대공·외사 사건 등이었고, 대검찰청 공안부가 이를 지휘·총괄했다.[37]

　민주화 요구가 고조되고 전두환 정권에 대한 저항운동의 규모가 커져갈수록 일선에서 공안 업무를 담당하던 경찰의 폭력성도 두드러졌다. 특히 치안본부 대공분실은 가혹한 고문으로 악명이 높았다. 아이러니하게도 1987년 고문을 받다 숨진 박종철의 사망으로 이들의 존재가 드러났고, 이에 격분한 시민들이 거리로 나섰다. 그리고 이는 6월 항쟁의 결정적인 계기가 되었다. 그 결과 신군부는 시민들의 요구인 대통령 직선제 개헌을 받아들이게 되었다.

그러나 이때의 민주화는 반쪽짜리에 불과했다. 단지 이어진 대통령 선거에서 전두환의 후계자인 노태우가 당선되었기 때문만은 아니었다. 그것은 박정희 정권 시기부터 존속해온 권력 기반인 공안기구를 해체하고 민주화하지 못했기 때문이다.

민주화 이후의 공안기구에 대한 개혁과 한계

보안사에서 기무사로 개편

민주화 이후 박정희, 전두환 군부정권의 권력 기반이었던 공안기구를 해체하라는 요구가 시대적 과제로 제시되었다. 그러나 정권 차원에서 공안 사건의 수요가 줄어들지는 않았다. 오히려 "공안 수요는 크게 증가했으며, 사회 각 분야에 걸쳐 공안기구가 전진 배치되었다."[38] 1989년 1월 21일 전국민족민주운동연합(전민련)과 3월 1일 전국농민운동연합이 결성되고, 3월 14일 전국교사협의회의가 교원노조 결성 추진을 선언하는 등 진보적 사회단체의 결성이 이어지자 노태우는 3월 22일 공안장관회의를 주재해 "계급혁명 세력의 폭력파괴활동을 척결하기 위해 관계 기관과의 협조를 강화하도록 검찰 내 특별 대책기구를 설치키로 결정"했다. 이어 3월 25일 문익환 목사의 방북 직후 공안정국을 조성했다. 4월 3일에는 대검찰청의 주도로 안기부, 검찰, 경찰, 보안사가 참여하는 공안합동수사본부가 설치되었다.[39]

1988년 노태우 정부는 군 정보기구의 정치적 중립화 방안으로 보안사업무를 재정립하면서 민과 관에 대한 정보 수집 활동을 지양하고 군 내부의 대간첩 및 대정부 전복 정보 수집 활동으로 임무를 조정할 것이라고 밝힌 바 있었다. 그러나 보안사는 1989년 4월 계엄령 선포에 대비해 사회 주요 인사들을 검거하고 처벌하기 위한 예비검속의 일종인 '청명계획'을 준비했다. 보안사는 대상자의 체포를 준비하기 위해 이들의 동향을 관찰하고 그 내용을 정기적으로 보고하라고 지시하는 등 '민간인 사찰'을 수행했던 것이다.[40] 보안사가 민간인을 사찰하고 있다는 사실은 군복무 중 연행돼 '수사 협조'를 하다 탈영한 윤석양 이병이 1990년 10월 4일 '양심선언'을 하면서 폭로되었다.[41] 민주화된 이후에도 군이 여전히 민간인을 사찰하고 있다는 사실은 커다란 사회적 반향을 일으켰다. 이 폭로의 여파로 10월 6일 국방부 장관과 보안사령관이 경질되었고, 1991년 1월 1일부터 국군보안사령부는 국군기무사령부(기무사)로 개편되었다.

안기부 개혁과 그 한계

노태우 정부 출범 직후부터 안기부 개혁이 논의되고 안기부법 개정안도 모색되었다.[42] 그러나 안기부 개혁은 앞서 살펴본 공안정국의 여파로 실행에 옮겨지지 않았고, 문민정부에 들어서서야 안기부법이 개정되면서 그 역할이 축소되었다. 1993년 12월 안기부법 개정으로 안기부의 국가보안법상 불고지와 찬양·고무에 대한 수사권이 폐지되었고, 안기부는 모든 정보·수사활동과 예산 내역을 국회에서 공개하고 심의 통제를 받게 되었다. 또한 다른 정부 부처에 대한 보안감사권도 폐지되었다.[43] 그러나 국가보안법상

| 표 2 | **안기부 수사 간첩 사건에서 공소사실 중 간첩죄 혐의 무죄판결 사건**

사건명	연도	내용
홍성담 사건	1990	평양 축전에 걸개그림 슬라이드를 보낸 혐의 무죄
노중선 사건	1992	남조선노동당 사건 김낙중 관련/ 간첩방조죄 무죄, 국가보안법 유죄
이광철 등 사건	1994	구국전위 사건 간첩 혐의 무죄/ 국가 상대 명예훼손 소송 승소
강순정 사건	1994	대법원 국가기밀 관련 판례 변경
박충렬 사건	1995	간첩 혐의로 구속되었으나 이적표현물로 기소되어 무죄
박창희 사건	1995	외대 교수/ 노동당 입당 및 간첩죄 무죄/ 편지 교환 등 회합통신 유죄
고영복 사건	1997	1심 간첩죄 무죄, 회합통신은 유죄 2심 간첩방조죄 무죄, 단순 은신처 제공
동아대 자주대오 사건	1998	2심: 간첩 혐의 무죄/ 이적단체 유죄 최종심: 무죄

출처: 국가정보원, 《과거와 대화 미래의 성찰 – 학원·간첩편 (VI)》, 2007, 310~311쪽.

의 불고지와 찬양·고무에 대한 안기부의 수사권은 김영삼 정권 후반기인 1996년 12월 26일에 되살아났다.[44]

안기부 개혁 논의가 전개되는 와중에도 간첩 사건 만들기는 계속되었다. 그러나 1990년대 들어 이들이 발표한 간첩 사건에 대해 무죄가 선고되는 경우가 많았다. 민주화 이후 사법부가 이전보다 독립성을 확보하면서 나타난 결과였다. 〈표 2〉는 안기부에서 수사한 간첩 사건에서 공소사실 중 간첩죄 혐의가 무죄로 선고된 사건을 정리한 것이다.[45]

그러나 이러한 사실은 안기부가 민주화 이후에도 과거의 관성에서 벗어나지 못했음을 보여준 것이었다. 다시 말해 이는 안기부 개혁이 요구된다는 것을 여실히 보여준다고 할 수 있다. 또한 이 사건들의 재판 결과에서 주목되는 점은 사건의 당사자들이 간첩죄에 관해서는 무죄판결을 받았으나 국가보안법상 유죄판결을 받은 경우도 있었다는 점이다. 안기부는 국가보안법에서 그 수사의 정당성을 확보할 수 있었다.

안기부에서 국가정보원으로

안기부는 1997년 대통령 선거에서 여당에 유리한 분위기를 조성하기 위해 선거에 개입하는 일을 벌이기도 했다. 이들은 김대중의 당선을 막기 위해 북한과 접촉해 휴전선에서 총격을 해줄 것을 요구했다. 김대중은 당선 직후 안기부 개혁에 착수했다. 김대중 정부는 안기부의 명칭을 국가정보원(이하 국정원)으로 바꾸고, 국내 정치와 공작을 담당하는 부서를 축소해 부서장 자리를 38개에서 20개로 줄이고 직원 1천 명을 감축하는 등의 개편을 했다. 그러나 이름이 바뀌고 규모가 줄었을 뿐 핵심적인 부분은 개혁되지 않았다. 수사권 폐지 및 축소, 국내 정보 수집의 폐지, 국내 파트와 해외 파트의 분리 등에 관한 개혁은 추진되지 않았다. 이후에도 국정원은 민간에 대한 도청과 감청을 지속했고, 이는 2005년 국민의 정부에서 국정원장을 역임한 2명의 국정원장이 구속되는 결과를 가져왔다.[46]

민주화 이후 공안기구의 활동은 이전처럼 노골적으로 전개되지는 않았으나, 그들의 은밀한 활동이 근절된 것은 아니었다. 독재정권은 무너지고 김영삼, 김대중 정부가 들어섰으나 국가보안법과 보수세력의 힘이 유지되는 한 공안 사건에 대한 수요는 꾸준히 있었고, 이러한 상황에 의지해 공안기구들은 활동의 공간을 찾아낼 수 있었다. 공안기구를 철저히 개혁해 민주적으로 통제하는 데 실패했기 때문이다. 바로 이 지점에서 20세기 한국 민주화의 한계를 찾을 수 있다.

끝나지 않은 공안기구의 활동과 간첩 조작

보수세력의 집권과 공안기구 활동의 재개

민주화 이후에도 공안기구들이 민간 사찰활동을 벌일 수 있었던 것은 국가 보안법이 있었기 때문이다. 노무현 정부는 2004년 국가보안법 폐지를 비 롯한 여러 개혁 입법을 추진했으나, 보수세력의 커다란 반대에 직면했다. 결국 국가보안법의 개정과 폐지는 실현되지 못했다. 이러한 사실은 한국 사 회에서 보수세력의 힘이 여전히 강고하다는 것을 보여주었다.

그러나 2008년 이명박 정권이 들어서면서 다시 보수세력이 집권하자 공 안기구들은 보수정권을 유지하기 위해 본색을 드러내기 시작했다. 기무사 와 국정원은 민간인 사찰을 전개하고 간첩 조작도 다시금 일삼았다. 2009 년 쌍용자동차 파업 집회 현장을 녹화하던 기무사 수사관이 파업 참가자들 에게 붙잡혔는데 이 기무사 수사관이 가지고 있던 영상 테이프에는 민주노 동당 당원과 시민단체 회원들의 일상생활이 담겨 있었다.[47] 이명박 정부가 들어서자 기무사는 또다시 군과 관련이 없는 민간인들을 사찰했던 것이다.

2011년에는 조선대학교 모 교수의 이메일을 해킹하는 등 사찰을 진행했다는 사실이 언론 보도를 통해 알려졌다.[48]

기무사의 민간인 사찰은 박근혜 정부에서도 이어졌다. 특히 세월호 참사 직후 기무사는 2014년 지방선거에서 정부 여당의 승리를 이끌기 위해 세월호 유가족들의 정부 비판을 감시했다. 그 내용에는 유가족의 생년월일과 학력, 인터넷 물품 구매내역 등의 개인정보와 정치 성향, 정당 당원 여부 등도 포함되었다.[49] 세월호 유가족에 대한 사찰은 기무사뿐만 아니라 국정원도 수행했다.[50]

또한 기무사뿐만 아니라 국정원도 댓글공작과 같은 정치적 공작과 더불어 간첩 조작에 다시 적극적으로 나서기 시작했다. 2011년 국정원과 검찰은 북한 노동당 225국의 지령을 받아 국내 정치 상황과 군사정보 등을 보고하고, 중앙 정치무대로 침투하는 등 공작을 벌인 혐의로 5명을 구속 기소했다. 이른바 '왕재산 사건'이었다.[51] 2013년에는 탈북민 출신의 서울시 공무원을 간첩으로 만들기 위해 동생에게 증언을 강요하고 공문서를 위조하기도 했다. 이른바 '서울시 공무원 간첩 사건'이었다.[52]

공안기구의 개혁과 민주적 통제를 향한 길

2016년 말 박근혜 정부의 청와대가 '비선 실세'들에 의해 운영되었다는 사실이 알려지면서 시민들의 촛불집회가 연일 전국 주요 도시에서 열리고, 박근혜 대통령은 결국 시민들의 힘에 의해 탄핵을 당했다. 곧이어 치러진 대통령 선거에서 당선된 문재인 대통령은 이른바 '적폐청산'을 주요 정책

과제로 제시했고, 지난 정권들에서 자행된 국정원과 군의 불법적인 행태들에 대한 조사가 진행되었다. 이에 따라 그동안 의혹으로 불거졌던 2012년 대선 당시 국정원과 군(기무사, 국군사이버사령부)의 댓글공작이나 정부에 비판적인 글을 작성한 민간인들을 사찰했다는 것이 사실로 확인되었다.

뿐만 아니라 기무사는 헌법재판소의 박근혜 대통령 탄핵 결정을 앞둔 2017년 3월에 '전시 계엄 및 합수업무 수행 방안', 이른바 계엄령 문건을 작성했다.[53] 기무사는 촛불시위를 국가안보를 위협하는 행위로 여겼던 것이다. 또한 기무사가 이 국면을 타개하기 위해 간첩 사건을 조작하려고 준비했다는 의혹도 제기되고 있다. 기무사가 촛불집회 참가자에 대한 불법 사찰을 벌이고 조선총련과 연계된 '간첩' 사건을 기획하고 이를 발표해 민심의 반전을 꾀하려 했다는 것이다.[54] 이러한 계획은 실제로 시행되지는 않았으나 이들이 정권의 유지를 위해 여전히 정치공작을 기획하고 있었다는 사실을 여실히 보여준다.

국정원과 기무사는 이명박, 박근혜 정권을 유지하기 위해 민간인 사찰과 간첩 조작 등을 일삼았고, 따라서 문재인 정부는 2017년 7월 국정원의 국내 정보 파트를 폐지했다. 같은 해 11월 국정원은 명칭을 대외안보정보원으로 바꾸고 수사권을 폐지하는 것을 주요 내용으로 하는 개혁 법안을 국회에 제출했다.[55] 그러나 이 법안은 보수 야당의 반발로 국회에서 처리되지 않고 있다. 참여정부 때와 마찬가지로 보수세력들은 기득권 유지를 위해 국가안보를 내세워 국정원 개혁에 반대하고 있다.

한편 기무사는 2018년 9월 1일 군사안보지원사령부로 명칭이 바뀌었다. 새로 창설된 군사안보지원사령부는 기존 기무사 인원 4200명에서 2900여 명으로 인원이 30퍼센트 축소되었다. 소속 병사도 1300여 명에서

580여 명이 감축되었다.[56] 그러나 명칭과 규모가 문제의 핵심이 아니라는 점을 우리는 지난 역사에서 확인할 수 있다. 김대중 정권 시절 국가안전기획부를 국가정보원으로 이름을 바꾸고 규모를 축소했음에도 이들은 활동 여건이 마련되자 바로 과거의 모습으로 돌아갔던 것이다.

공안기구의 불법적인 민간인 사찰과 간첩 조작 등이 다시금 발생하지 않게 하려면 근본적인 개혁과 더불어 민간의 민주적 통제가 추진되어야 할 것이다. 그리고 이를 위해서는 더 큰 변화가 필요해 보인다. 그동안 공안기구의 활동을 정당화해준 국가보안법의 폐지가 뒤따라야 할 것이다. 아니, 더 근본적으로는 한반도 분단 체제가 극복되어야 할 것이다.

바닷가에 설치된 철조망과 간첩 신
고를 독려하는 표지판.
(강원도 속초, 1989)

마을이 간첩 신고로 지정되면 마을 어귀에 간첩 신고 시범마을이라는 표지판이 세워졌다.
(강원도 주문진 소돌마을, 1989)

간첩 신고를 독려하는 표지판은 주민들의 거주지 내에서도 쉽게 찾아볼 수 있었다.
(위: 경상북도 영덕, 1999)
(아래: 강원도 동해, 1995)

강원도 주문진의 통일전망대. (강원도 주문진, 1991)

과거에는 건물 벽면에 낙서된 반공 관련 문구들을 종종 볼 수 있었다.
(영종도, 1997)

예나 지금이나 민간인 통제구역은 군의 허가를 받아야만 출입할 수 있다.
(위: 강원도 철원, 1999)
(아래: 강원도 강릉, 1992)

한국의 해안가에는 북한 간첩의 침입 등을 막기 위한 경계 초소들이 있다. 이는 현재(2020)에도 상당수 남아 있으며, 해수욕장 같은 관광지에서도 종종 확인할 수 있다.

(위: 경상북도 동해안, 2001)

(아래: 제주도, 1996)

연평도 해안에는 방어를 위한 용치(龍齒)와 같은 군 시설들이 존재한다. 현재는 환경단체 등이 해당 시설물의 철거를 요구하고 있다. (연평도, 1999)

논 바로 옆에 설치된 군의 경계초소.
(강원도 하조대 근처, 1997)

과거 동해안에 위치한 도시들에서는 반공선전 벽화를 쉽게 찾아볼 수 있었다.
(위아래 모두 강원도 동해, 1999)

여기의 사진은 1987년부터 2020년까지 우리나라 분단의 상징적인 모습들을 촬영한 것이다. 정전 50주년이었던 지난 2003년에 《불구의 땅》이라는 제목으로 개인사진전을 열고 사진집도 출간했는데, 당시 사진집에 수록된 작품도 일부 실었다.

사실 통일에 대한 투철한 사명감이나 무엇을 이루겠다는 진중한 의지를 갖고 시작한 작업은 아니었다. 다른 사진 작업 등으로 방문할 일이 있어 여기저기를 다니다가 어느 날 문득 눈에 들어와서 기록하듯 찍기 시작한 것이 계기가 되었다. 자연스레 촬영의 횟수와 분량이 늘어나면서 본격적으로 이 작업에 매진하게 되었고, 작업하며 우리 역사의 되돌릴 수 없는 사건들과 그 결과가 얼마나 끔찍한 비극들을 만들어냈는지도 알게 되었다. 핑계 같지만 학교에서 철저한 편향적 반공교육을 받으며 자랐고 체제 비판의식도 부족했다. 그래서 사진에 본격적으로 입문하기 전까지는 당연시 여기고 지나친 모습과 풍경이었다.

세월이 흘러 세상이 몇 번 달라지더니 최근 통일에 대한 공식적인 논의가 남북 간에 시작되는 듯했다. 한편 이제 겨우 시작의 조짐을 보였을 뿐인데 벌써 흥분과 비난과 기대와 우려가 난무하는 듯하다. 그동안 일상적 삶에 고착되고 쌓인 분단의 현실적 대립과 갈등과 이해관계를 풀어나가려면 긴 시간이 필요할 것이다.

우리 국토 전역에 수없이 널려 있는 저 흉물스러운 유물들을 정리하는 것도 과제다.

해야 할 일,
국가가 할 일과 개인이 할 일 그것을 찾고 실천해야 할 것이다.
어려움을 극복하고 하나씩 풀어서 우리나라가 온전한 큰 나라가 되기를 기원한다.

2020년 5월 26일 사진가 정인숙

제 5 장

누구를 간첩으로 만들었나 1
: 월북자 가족

홍정완

역사의 골짜기 : '간첩 조작'의 시대와 한국전쟁기 '이산(離散)'

분단과 전쟁을 겪으면서 남과 북은 첨예하게 대치하는 가운데 상대방에 대한 치열한 첩보활동과 파괴활동을 전개했다. 이를 위해 오랜 기간 남·북이 상대에게 침투시킨 공작원의 규모를 정확히 헤아릴 수는 없지만, 남측에 의해 적발된 북한 간첩만 4495명에 달하고, 남측이 북측에 침투시킨 북파 요원 중 정보사 요원이 귀환자를 포함해 1만 1273명에 이른다는 조사 결과[1]를 볼 때 그 규모가 수만 명에 달했을 것으로 짐작할 수 있다.

그런데 북한이 남에 침투시킨 간첩의 규모는 〈표 1〉에서 볼 수 있듯이 1970년대에 접어들면서 크게 줄어들었다.[2] 이는 1960년대 후반 베트남 전쟁의 확전과 결부된 북한의 대남 공세 국면이 잦아드는 가운데, 북한이 1970년 조선노동당 제5차 당대회에서 남조선혁명은 "남조선 인민들 자체가 주동이 되어 수행해야" 한다는 방침을 채택하면서 남파간첩의 규모가 대폭 줄어들었던 것으로 판단된다.[3]

이 같은 북한의 대남정책 변화는 〈표 2〉에서 볼 수 있듯이 검거 간첩의 침투 유형에서 확인할 수 있다. 1950~1960년대 검거 간첩의 대다수를 차지

시기	검거	사살	자수	계
1951~1959	1,494	62	118	1,674
1960~1969	825	762	99	1,686
1970~1979	448	208	25	681
1980~1989	238	77	25	340
1990~1996	70	29	15	114
총계	3,075	1,138	282	4,495

출처: 국가정보원, 《과거와 대화 미래의 성찰 – 학원·간첩편 (VI)》, 2007, 245쪽.

시기	직파	일본 우회	제3국 우회	납북 귀환어부	강제 송환	재남	기타	계
1951~1959	1,522	8	0	2	0	142	0	1,674
1960~1969	1,280	82	30	39	0	253	2	1,686
1970~1979	287	183	13	37	5	156	0	681
1980~1989	95	138	23	19	0	65	0	340
1990~1996	32	19	19	0	0	6	38	114
총계	3,216	430	85	97	5	622	40	4,495

출처: 국가정보원, 《과거와 대화 미래의 성찰 – 학원·간첩편 (VI)》, 2007, 263쪽.

간첩 시대

했던 직파간첩의 숫자가 1970년대에 접어들어 크게 감소한 반면 일본 우회 침투 유형이 늘어나고, 재남 간첩 유형의 비중이 커졌던 것이다.

그런데 1970년대 박정희 정권은 유신체제를 수립하고 이에 저항하는 민주화 운동세력에 대한 폭력적 탄압을 노골화하는 가운데 사회 전반에 대한 억압적 감시·통제 체제 구축을 전면화했다. 이를 효과적으로 수행하기 위해서 끊임없이 대외적·대내적 위기와 불안을 주입하고, 안팎의 적과 바이러스에 대항하고 퇴치하는 장면을 효과적으로 시연하고자 했다.

박정희 유신독재 정권은 1973년 이래 야당과 재야세력에 의해 유신체제 반대운동이 전개되자 '긴급조치'를 발동하고 민청학련·인혁당(인민혁명당) 재건위원회 등 조직 사건을 연이어 발표하면서 폭압적 통치를 이어갔다. 또한 1975년 '인도차이나 사태' 등 안팎의 위기와 불안을 증폭시키는 가운데 긴급조치 9호와 더불어 민방위법, 사회안전법, 방위세법, 교육관계법 개정 등 4대 전시(戰時) 입법을 실행함으로써 각종 법과 제도를 축으로 사회 전체에 대한 규율화를 강화해나갔다. 박정희 유신독재 체제는 '긴급조치' 등을 통해 대학생을 비롯한 저항적 지식인·엘리트층에 대한 직접적인 폭압뿐 아니라 민중의 일상적 언행까지 처벌의 표적으로 삼았다.

〈표 1〉과 〈표 2〉에서 볼 수 있듯이 1970년대에 접어들면서 북의 공세가 잦아들고 남파간첩의 활동이 수그러든 상황에서도 처벌과 규율로 가둔 '국민'의 가장자리를 '만들어낸' 간첩 사건으로 포위하려고 함으로써 '간첩 조작'의 시대가 본격적으로 열리게 되었다. 박정희 유신체제는 정권의 위기 때마다 이를 돌파·전환하기 위해 '관제 간첩'을 효과적으로 배치하려 했고, 그렇기에 '관제 간첩'이자 '보도 간첩'이기도 했다.

간첩 조작은 1장에서 지적하고 있듯이 크게 여섯 가지 유형으로 나눌 수

긴급조치 9호 선포를 알리는 기사(《동아일보》, 1975년 5월 13일)

있다.[4] 여기에서는 박정희 유신독재 체제 이후 빈발했던 '간첩 조작' 사건의 첫 번째 유형으로서 '월북자 가족' 간첩 조작을 중심으로 '간첩 조작'의 야만과 비극에 다가서보려 한다. 첫 번째 유형은 다른 유형에 비해 사건 수로 보면 적지만, 대규모 '간첩단 사건'으로 발표됨으로써 '보도 간첩'으로서의 효용은 더욱 두드러진 것이었다고 할 수 있다.

'간첩 조작'의 유형을 파악하고, 유형별 발생 빈도의 추이와 함께 그와 같은 변화가 일어나게 된 배경을 추적하는 작업은 냉전·분단질서에 기대어 성장했던 남한 지배체제가 자신을 지탱하기 위한 에너지를 끊임없이 채굴해 주입하려고 했던 과정을 밝히는 것이기도 하다. 특히 월북자 가족과 월남자를 대상으로 한 '간첩 조작' 사건은 다른 유형의 간첩 조작 사건에 비해 보다 직접적으로 식민지배와 해방, 분단과 전쟁으로 이어진 역사적 격동과 비극을 응축해 보여준다.

널리 알려져 있듯이, 한국 근현대사는 한반도 사람들이 겪은 이산(離散, diaspora)의 역사이기도 하다. 근현대 한반도 주민들이 겪은 이산은 크게 세 가지로 나눌 수 있다. 제국주의 침략과 식민지배로 인한 이산, 해방 이후 국가 건설 운동과 남북 분단질서 형성 과정에서 나타난 이산, 그리고 한국전쟁의 전개 과정에서 나타난 이산 등이 그것이다. 분단질서의 형성과 전쟁 과정에서 나타난 이산 중에는 피란, 생업 등 생존을 위한 이산도 많았지만, 남북 국가체제의 적대적 대치와 폭력 속에서 어느 한쪽의 체제와 이념을 선택하거나 선택이 강요된 경우 또한 적지 않았다. 특히 낙동강에서 압록강 인근 지역에 걸쳐 전선이 요동침에 따라 사실상 한반도 전체가 적대적 폭력에 노출되었던 한국전쟁 중에 이산했던 수많은 사람들과 그의 가족 친지들은 전쟁 이후 양측의 국가체제에 적극적으로 뛰어들어 활동하거나 지속적인 감시·억압의 대상 또는 체제 우월성 경쟁에 동원·활용되었다.

앞으로 살펴보게 될 월북자 가족 간첩 조작 사건은 모두 분단질서의 형성 과정, 특히 한국전쟁 과정에서 일어난 '이산'을 배경으로 하고 있다. 1953년 7월 정전협정이 체결된 이후 분단의 교착상태가 공고화되는 가운데 남한에서 4·19혁명과 5·16쿠데타 등 정치적 변동이 연이어 일어나자 북한은 남쪽에 연고가 있던 한국전쟁기 월북자들을 간첩으로 남파하는 사업을 추진하기 시작했다. 이와 같이 1960년대에 걸쳐 급증했던 월북자 출신 남파 간첩들은 자신의 가족이나 친척들을 접촉하거나 방문해 북한 방문을 권유하는 등 간첩 활동을 전개했다. 그 과정에서 남한에 살고 있던 가족이나 친척 중에는 그러한 권유에 따르거나 혹은 마지못해 잠깐 북을 방문하는 사람도 있었지만, 대다수는 월북자 가족과 연락이 끊긴 채 간첩 활동과 무관한 삶을 살았다. 월북자 가족과 잠깐 접촉한 후 10~20여 년이 지난 어느 날 평범하게 살아가던 가족과 친척들은 공안기구에 의해 불법감금과 잔혹한 고문을 당한 뒤 오래전부터 지하에서 고정간첩으로 활동해온 대규모 가족 간첩단으로 조작되었다.

앞서 언급한 바와 같이 1970년대에 접어들면서 북의 무력 공세와 직파 간첩이 크게 줄어든 상황에서 냉전·분단질서에 기댄 남한 집권세력은 한국전쟁 때 월북한 사람들의 가족이나 친지를 이용해 정권 위기를 돌파하고 반공 규율을 매개로 지배체제를 강화하고자 했다. 남북의 적대적 폭력으로 깊숙이 파인 역사의 비극적인 골짜기에서 남한의 지배체제는 자신을 유지하기 위한 희생양을 야만적인 방식으로 만들어냈던 것이다.

유신체제기 월북자 가족 간첩 조작 사건

월북자 가족을 대상으로 대규모 간첩단을 조작하기 시작한 것은 박정희 독재체제가 노골화되었던 유신체제기였다. 하지만 10월 유신체제 이전에도 월북자 주변 사람들에 대한 간첩 조작 기도는 존재했는데, 김익환 일가 사건이 그런 경우다.

1971년 9월 20일경 전라남도 여천군 화정면 백야리 섬마을에 거주하던 김익환, 강덕례(김익환의 동생 김인환의 처), 김징례(김익환의 형 김학봉의 딸)가 중앙정보부 여수출장소 직원들에게 간첩 관련자로 강제 연행되었다. 그들은 당시 여수출장소 조사실로 사용되던 여수시청 관사에서 5일간 감금당한 채 고문·가혹행위를 당했다. 이 때문에 조사를 받고 풀려난 후에도 오랜 기간 정신장애 등 고문 후유증에 시달려야 했다. 김익환의 집안 머슴으로 일했으며, 한국전쟁 당시 마을 인민위원회에서 부역했다가 사라진 이○○에 대한 막연한 정보를 근거로 그가 간첩이며, 주변 인물들도 간첩 활동에 연관되었을 것이라는 예단만으로 불법감금과 고문·가혹행위를 자행했던 것이다.[5] 이 사건은 간첩 조작 미수에 그쳤지만, 피해자들은 인생 전체를 짓누르는 고통을 겪어야 했다.

　한국전쟁기에 벌어진 사태를 빌미로 월북자로 확인되지도 않은 인물의 주변 사람들을 고문과 가혹행위를 통해 간첩으로 몰아가려 했던 이 사건은 이후 나타난 대규모 가족 간첩단 조작 사건의 전조라고 할 수 있다.

1974년 울릉도 간첩단 사건

1972년 '10월 유신' 선언 이후 영구집권을 위한 유신체제를 구축하는 데 발 빠르게 움직였던 박정희 정권이 1973년 8월 김대중 납치를 자행하자 10월부터 대학가에서 반유신운동이 시작되었고, 연말에는 재야 지식인들의 유신헌법 개정 운동으로 확대되었다. 이에 박정희 정권은 1974년 1월 8일 긴급조치 1호와 2호를 발동해 강경한 탄압으로 대응했다. 이와 같이 반유신운동이 전개되고 이에 대한 탄압이 자행되는 상황에서 간첩단 사건이 연달아 발표되었는데, 1973년 10월 25일 '유럽 거점 간첩단' 사건, 1974년 1월 '문인 간첩단' 사건, 3월 15일 울릉도 간첩단 사건 등이 그것이다. 4월 3일에는 긴급조치 4호를 발동하는 가운데 민청학련, 인혁당 재건위 사건을 발표함으로써 반유신운동에 대한 폭압적 조치는 더욱 거세어졌다.

　이 일련의 과정 속에서 중앙정보부장 신직수는 1974년 3월 15일 오전 "십여 년 이래 가장 규모가 큰 것으로 68년의 통혁당 사건보다 더 큰 간첩단"[6]인 '울릉도 간첩단' 사건을 발표했다.

　중앙정보부 발표에 따르면 수사 결과 울릉도 출신 간첩 전영관(全永寬), 김

〈울릉도 거점 간첩망 47명 검거〉,《동아일보》, 1974년 3월 15일 1면.

용득(金容得), 전영봉(田永鳳) 일당은 62년 12월부터 74년 2월까지 울릉도를 전진기지로 구축, 북괴를 왕래했고, 3천 4백여만 원의 공작금으로 인쇄소, 기원(棋院), 전화매매상 등의 위장업체와 어선을 가장한 공작선박 등을 구입 운영하는 한편 혈연관계를 중심으로 30여 명 규모의 지하망을 구축하고 지식인과 고급 공무원 등 10여 명으로 서클 '아생회(我生會)'를 조직하는 한편 현역 및 예비역 장교 20여 명으로 '65동지회(同志會)'를 조직, 지식층과 군부 침투 토대 구축을 기도했다.

또 63년 4월부터 71년 10월까지 10여 회에 걸쳐 일본으로부터 내왕하면서 국내 고정간첩망 부식과 통일전선 형성을 획책해온 재일간첩 이좌영(李佐永)에게 포섭된 전북대 교수 간첩 이성희(李聖熙), 공화당 부안(扶安)지구 부위원장 최규식(崔奎植), 동 진안(鎭安)지구 조직부장 류창열(柳暢烈), 신민당 진안지구 조직부장 이한식(李漢植) 및 고창 농촌지도원 김영권(金永權) 등 일당은 1965년 10월부터 1974년 2월까지 유학 또는 농업기술 연수 명목으로 일본에 체류하면서 북괴를 왕래하거나 재일북괴공작조직으로부터 간첩교육을 받고 국내에 잠입, 전북 일대를 중심으로 '위친계(爲親契)', '농사개량구락부' 등 서클을 조직, 동조자 규합 토대를 구축하는 한편 유사시 교수 및 학생 동원에 결정적 영향력을 행사하기 위해 대학총장 운동을 전개하고 군부 내 망부식(網扶植)을 목적으로 모(謀) 장군 포섭을 시도하는 등 간첩 활동을 자행했다.

이날 기자회견에서 신직수 중앙정보부장은 "이 사건은 북괴가 남한 적화 혁명을 목적으로 그들의 공작원을 직접 남파시키거나 일본을 통해 우회 침투시켜 청년, 학생, 지식인, 종교인, 노동자, 농민 및 군 간부를 포섭하여 지

울릉도 간첩단 사건은 고문에 의한 조작 사건으로, 피해자들은 2015년 대법원의 재심을 통해 무죄 선고를 받았다.

하망 조직, 통일전선 형성, 경제 토대 구축 등 방법으로 소위 혁명역량을 축적했다가 남한 내에 정치·경제·사회불안과 혼란을 조성, 소위 인민민주주의 대남혁명전략에 입각하여 현 정부 전복을 획책해온 대표적인 간첩단 사건"이라고 주장했다.

위와 같은 발표에서 엿볼 수 있듯이 '울릉도 간첩단' 사건은 전영관을 중심으로 한 울릉도에 거주하는 친인척들과 일본에서 주로 활동하던 이좌영을 축으로 한 전북 지역 사람들이 하나의 간첩단으로서 활동해왔다는 것이다. 사실 두 그룹은 일본에서 성공한 재일교포 실업가였던 이좌영과 김용득이 사업상 교분이 있다는 게 전부였고, 전영관 등 전씨 일가는 김용득의 사돈 집안으로 사실상 생면부지의 관계였다. 아무 관련이 없는 울릉도와 전라북도 사람들을 하나의 사건으로 묶어놓은 것이었다. 이렇게 울릉도 간첩단 사건은 월북자 가족 간첩 조작, 재일교포 간첩 조작, 내국인의 일본 관련 간첩 조작, 세 개의 유형이 서로 얽혀 있는 사건이라고 할 수 있다.

월북자 가족으로 인해 간첩으로 몰린 울릉도 주민들의 경우를 살펴보자. 한국전쟁 당시 서울 연희대(연세대의 전신)에 다니고 있던 전덕술이 행방불명되자 집안사람들은 백방으로 수소문했지만 찾지 못해 그가 죽은 줄로만 알았다고 한다. 그런데 1962년 12월 말 전덕술이 13년 만에 울릉도 집에 나타나 열흘 동안 머물다 북으로 돌아갔다. 북으로 돌아갈 때 그의 삼촌 전영관이 함께 갔다. 당시 집안 형편이 어려웠던 전영관은 전덕술에게 경제적 도움을 얻고자 북한에 다녀왔던 것이다. 그것이 화근이었다. 그로부터 10년이 훌쩍 지난 1974년 2월 울릉도에서 동성촌을 이루고 살았던 전덕술의 친인척들은 중앙정보부 수사관들에 의해 불법 연행되어 남산분실에서 취조를 받았고 결국 가혹한 고문 속에서 허위자백을 할 수밖에 없었는데, 이

렇게 해서 간첩단 사건이 만들어졌다.[7]

간첩단 사건을 발표할 당시 신직수 중앙정보부장이 '이번 간첩단의 특징'을 묻는 기자에게 이렇게 대답했다. "이처럼 철저하게 비밀이 보호되도록 조직된 간첩망은 지금까지 없었다. 동성동향의 사람들로 구성, 혈연과 지연을 이용, 간첩망을 조직하여 만약 누가 배신하면 일가가 망한다는 생각을 갖도록 했다." 공안기관이 월북자 가족 간첩단 조작을 본격적으로 시작했던 상황을 엿볼 수 있다.[8]

이 사건으로 모두 32명이 국가보안법·반공법 위반 혐의 등으로 처벌을 받았다. 전영관, 전영봉, 김용득 3명은 사형, 이성희 등 4명은 무기징역을 선고받았다. 그 밖의 피고인들은 15년부터 1년까지 징역형이 선고되었는데, 이들은 출소한 후에도 보안처분을 받아 고통 속에 살아야 했다. 1975년 4월 8일 사형선고를 받은 전영관, 전영봉, 김용득은 1977년 12월 4일에 사형이 집행되었다.[9]

1979년 '삼척 가족 간첩단' 조작 사건

1979년 8월 9일자 《동아일보》 7면 하단에는 박정희 유신체제 종말의 발단이 되었던 YH무역 여공들의 신민당사 농성을 알리는 자그마한 기사가 실렸다. 바로 그 위에는 소련제 권총 3정과 칼빈 소총, 무전기 등 전시된 증거물 사진과 함께 〈무장 고정간첩단 검거〉라는 제목의 큼지막한 기사가 실렸다.

손달용 치안본부장이 '삼척 가족 간첩단' 검거 발표를 전하는 기사였다.

〈무장 고정간첩단 검거, 일당 24명 삼척 거점 민심교란 획책〉,
《동아일보》, 1979년 8월 9일.

간첩 시대

이들 간첩은 6·25 때 부역하다 월북, 지난 74년 동해안으로 침투한 남파 간첩 진현식(陳賢植, 활동 후 복귀) 등과 접선, 공작금 2백50만 원 등을 받고 포섭돼 북괴노동당에 현지 입당한 후 삼척 지역을 거점으로 북괴노동당 강원도지하당 지도부를 조직하고 위원장에 진항식(陳恒植, 50·농어업·삼척군 원덕면 갈남리), 부위원장에 김태룡(金泰龍, 30·전 미륭건설사원·대구시 동구 두산동 82의 2), 진창식(陳漲植, 33·전 동양시멘트 삼척공장 생산부 고용원·삼척읍 남양1리)이 각각 지명되어 적화통일전선 형성을 위한 조직을 확대하면서 결정적 시기에 민중봉기를 획책하려다 검거됐다.

무전장비를 무기 및 실탄으로 무장한 이들은 북괴의 지령에 따라 ▲동해안 경비 상황 등 군사기밀과 중요 시설 경비 상황 등을 탐지, 45회에 걸쳐 무전교신 보고하고 ▲북괴의 〈전민족대표자회의〉 주장에 대한 선전과 〈민중봉기의 시기 도래〉 및 〈농어촌 경제파탄 초래〉 등 유언비어를 날조, 유포시키며 ▲〈유신체제 철폐〉, 〈인권 탄압 중지〉, 〈미군철수〉 등 반미 반정부 불온비라를 살포하여 학원 소요를 배후 선동해왔다는 것이다.[10]

위 기사에서 볼 수 있듯이 삼척 가족 간첩단 사건은 한국전쟁 때 월북한 진현식이 1968년경 남파되어 고향에 잠시 들른 사실이 10년이 훌쩍 지난 1979년에 경찰에게 포착됨으로써 시작되었다.

간첩단 사건으로 무기징역을 선고받은 후 19년 2개월을 복역하고 1998년에 출소한 진창식과 김태룡의 술회에 따르면 한국전쟁 중 월북했던 진창식의 형 진현식이 1968년 가을에 집에 나타난 것이 사건의 발단이었다. 전쟁 당시 네다섯 살로 집안 막내였던 진창식에게 형 진현식의 존재는 전쟁 중에 월북했다는 이야기만 전해 들었을 뿐 사실상 없는 사람이나 마찬가지였다. 그런 형이 어느 날 갑자기 김흥로(金興魯)라는 사람과 조를 이루어 남파되어 집에 잠시 들렀던 것이다. 인사만 나누고 일행과 함께 집을 떠나 북으로 돌아가는 길에 진현식은 낭떠러지에서 떨어져 부상을 입었고, 가까운 곳에 살고 있던 외사촌의 집으로 몸을 피했다. 어린 시절 절친했던 외사촌 김상회(김태룡의 부친)의 집이었다.

그곳에서 진현식은 김흥로(조장)와 헤어졌다. 이후 김흥로는 자신의 친척 집에서 경찰에 발각되어 대치하다가 자살했다. 이 사실도 모른 채 북과의 연결고리가 끊어진 진현식은 김흥로를 기다리며 3년 남짓 기거했다. 치료를 제대로 받지 못해 쇠약해진 진현식을 마냥 감당할 수 없었던 김상회는 진현식에게 제 갈 길을 가라고 했고, 친가에 잠시 들러 인사한 진현식은 그길로 영영 자취를 감췄다. 그로부터 수년이 지난 1979년 6월 진창식의 집안과 김태룡의 집안에 형사들이 들이닥쳤던 것이다.[11]

1979년 6월 진현식의 동생 진항식·진창식 등과 진현식의 외사촌 김상회와 김상회의 아들 김태룡, 딸 김순자 등 많은 친인척들이 체포되어 조사를 받았다. 그들은 일주일간 남영동 대공분실에서, 그다음엔 춘천 대공분실로 옮겨져 잔혹한 고문을 당했다. 극심한 구타와 물고문, 고춧가루 고문, 전기고문 등 온갖 고문과 가족의 목숨을 담보로 한 협박을 견디지 못해 허위자백한 내용들을 토대로 위에서 인용한 간첩단이 만들어졌다.[12]

당시 고문에 대한 진창식의 고통스러운 술회를 옮겨본다.

"춘천에서 전기고문을 얼마나 많이 받았는지 모릅니다. 손발을 묶은 채로 전기 스위치를 몇 번 눌러요. 그냥 찌릿한 정도가 아니라, 내 몸 자체가 붕 뜨는 것 같은 느낌이 드는데, 내 몸이 있는지 없는지도 몰라요. 하도 종류

별로 고문을 받다 보니 언제 뭘 어떻게 당했는지 체계적으로 순서도 정할 수가 없어요. 그냥 만신창이가 되었습니다."

"고문당할 때 한밤중이 되면 옆에서 전기고문 소리가 들려요. 서울에선 문을 열어야 다른 방 소리가 들렸는데, 춘천에선 문을 안 열어도 다 들리더라고요. 찢어지는 비명소리가 들리는데 그게 다 누구겠어요. 다 우리 가족들 아니겠어요. 똑바로 안 하면 네 아버지, 네 누이 다 죽는다고 해요. 그러니 가슴이 안 찢어집니까. 인간으로 태어났으면 그렇게 해선 안 되는 거 아닙니까. 아무리 위에서 시켰다고 해도 인간이 그럴 수 있습니까. 짐승도 그렇게는 안 할 겁니다."[13]

사건에 휘말려 진현식의 동생 진항식과 진현식의 외사촌 김상회는 사형, 막냇동생 진창식과 김상회의 아들 김태룡은 무기징역, 그 외에도 15년형 1명, 7년형 3명, 5년형 2명, 3년 6월형 2명 등 모두 12명의 친인척이 중형을 선고받았다.[14] 진항식과 김상회는 1983년 7월에 사형이 집행되었다.[15] 이 사건으로 하루아침에 두 집안은 풍비박산이 났고, 그 충격으로 사건에서 벗어나 있던 김상회의 아버지와 여동생이 비관해 스스로 목숨을 끊었고, 형기를 마치고 나온 김달회 또한 우울증을 이기지 못하고 자살했다.[16]

신군부 독재와 월북자 가족 간첩 조작 사건

울릉도 간첩단 사건, 삼척 가족 간첩단 사건 등에서 보았듯이 월북자 가족을 간첩으로 조작해 사법살인과 중형 선고를 서슴지 않는 야만적 행태는 10·26 이후 군사반란으로 권력을 탈취한 전두환·노태우 등 신군부 독재 정권에서 더욱 빈번하게 나타났다.

1980년대 초반 월북자 가족 간첩 조작 사건이 잇달아 발생한 것은 '도원1호'라는 북한 고위 공작원의 등장과 관계가 깊은 것으로 보인다.[17] '도원1호'는 중앙정보부 창설 이래 최대의 역공작 성공 사례로 거론되는 자였다. 북한이 박정희가 살해당한 10·26사건 이후 군 장성 출신으로 외국 대사로 나가 있던 사람을 포섭하기 위해 2명의 고위 공작원을 잠입시켰는데, 남한의 역공작에 걸려 2명 모두 체포, 송환되었다. 그중 전향한 사람이 '도원1호'였다. 도원1호는 비상한 기억력을 가진 인물로서 북의 대남사업에 관한 고급 정보를 대량 제공했다. 특히 남파공작원의 신상에 관한 정보를 많이 쏟아냈기 때문에 이 정보가 단초가 되어 남파 가능성이 큰 월북자들과 그들의 연고자들에 대한 내사가 광범위하게 진행되었다. 당시 국가안전

기획부(안기부) 내부에서는 '도원1호'의 진술을 거의 그대로 받아들이는 분위기였던 것으로 보인다.[18]

여기에서 살펴볼 '김정인 일가' 사건, '정춘상 일가' 사건(일명 '보성 가족 간첩단' 사건), 박동운 사건, 송씨 일가 사건 등은 '도원1호'의 제보가 단서가 되어 일어났다. 특히 '김정인 일가' 사건에서 박양민과 같이 남파되었다는 증거가 있는 경우도 있지만, 모호한 첩보에 근거해 월북자가 남파되었다면 누구와 접촉했을까를 추정해 사건을 만들어내는 경우도 있었다. 이와 같이 1980년대 초반 '월북자 가족 간첩단' 사건이 연이어 발표된 데는 '도원1호'의 정보를 토대로 10·26사건으로 실추된 자신들의 입지를 만회하고자 했던 중앙정보부–안기부의 의도가 작용했다.

1980년 김정인 일가, 정춘상 일가 간첩단 조작 사건

1981년 연두에 안기부는 지난 10년 동안 국내에서 암약해온 세 개의 지하 고정간첩망 15명을 검거해 검찰에 구속 송치했다고 발표했다. 안기부는 "검거한 세 개 간첩망"에 대해 "북괴가 60년대에 남한 출신 월북자를 간첩으로 선발, 연고지에 남파시켜 혈연 및 지연 관계를 이용, 지하망을 구축"했다고 규정하면서 세 개 간첩망의 구성과 주요 간첩 활동을 알렸다. 당시 안기부가 발표한 세 개의 간첩망 중에서 두 개가 월북자 가족 간첩단 사건이었는데, 그 내용을 옮기면 다음과 같다.[19]

◆ 정춘상 망 : 정춘상은 6·25 때 월북했다가 65년 8월 간첩으로 남파된

삼촌 정해진(丁海珍, 65, 76년 현재 대남사업부 부부장, 67년 5월까지 두 차례 남파)에게 포섭돼 입북, 북괴노동당에 입당한 후 ▲당시 대중당의 서민호(徐珉濠)·김성숙(金成淑) 씨에 대한 정치자금 지원 상황, ▲전남대 데모 상황, ▲남해안 경비 상태 및 침투 루트 등을 계속 보고했다. 68년 12월 지령에 따라 공무원이 돼 서울 종로구청에 근무하면서 국가기밀을 수집하는 한편 결정적 시기에 대비, 숨겨둔 기관단총을 수시로 손질하며 보관해왔다. 정춘상의 아버지인 정해룡(丁海龍, 66년 9월 사망)은 남파간첩인 동생 해진과 접선, 소련제 PDS43식 기관단총, 무전기, 암호문건 및 공작금 1백만 원을 받고 북괴와 통신연락 등의 활동을 하다 사망했다. 정종희(丁鍾希, 48, 무직)도 정해진에게 포섭됐고 정길상(丁吉相, 35, 국민교 교사)은 75년 11월 정종희에게 포섭, 정춘상의 누나인 정영숙(丁英淑, 51)과 종조부인 정종호(丁鍾澔, 72) 등은 두 차례에 걸쳐 남파된 정해진과 접촉, 정춘상 등과 연락하면서 이들의 활동을 도왔다.

◆ 김정인(金正仁) 망 : 김정인(金正仁, 41, 어업)은 60년 7월부터 77년 4월 사이 8차에 걸쳐 남파된 간첩 박양민(朴良旻)에게 포섭돼 64년 5월, 66년 7월, 71년 10월 등 3차례나 입북, 진도 일대 해안경비 상황, 경부고속도로 상황, 군복무 때 알아두었던 내용, 부락민의 성분 및 포섭 대상자 등을 보고했다. 김은 3차에 걸쳐 공작금 21만 원, 금반지 1개, 선전책자 10권, 라디오 1개, 조생종 볍씨 5홉 등 공작금품을 받았을 뿐만 아니라 친목계를 조직해 봉기할 수 있는 대상자를 포섭하라는 지령을 받고 본적지를 중심으로 친척인척 등을 대상으로 친목계를 조직. 김정인의 아버지 김양오(金陽五)도 박양민에게 포섭돼 62년 9월과 77년 6월 두 차례에 걸쳐 입북, 간첩교육을 받고 내려와 활동하다가 사망했다. 석달윤(昔達胤)은 박양민과 8차에 걸쳐

접선, 포섭된 후 조직원 포섭, 해양경비 상황 및 간척 공사장 현황 등의 수집 보고 지령에 따라 활약했으며, 72년 3월에는 박양민의 국민교 동창인 장제영(張濟榮)을 박과 접선시켰다.[20]

앞 기사 상단의 '정춘상 망(網)' 내용에서 알 수 있듯이 '정춘상 일가' 사건은 한국전쟁 당시 월북한 정춘상의 숙부 정해진이 남파되어 가족과 접촉한 것이 기화가 되었다. 정춘상의 부친 정해룡과 숙부 정해진은 일제시기 이래 민족운동, 사회운동을 활발하게 전개했고, 해방 후에는 정치운동에도 적극 참여하면서 보성에 세거하던 영광 정씨 집안을 이끌었던 인물들이다.

안기부가 남파되었다고 발표한 정해진은 광주고보, 경성제대 예과를 거쳐, 도쿄제대 철학과에 입학한 인물로서 일제시기 사회주의 운동에 뛰어들었던 것으로 보이며, 해방 후 사회주의 운동을 전개하다가 한국전쟁 중에 월북했다. 정춘상의 부친 정해룡은 해방 직후 보성인민위원회 위원장을 지냈으며, 이어 여운형이 주도하던 근로인민당의 중앙간부로 활동했고, 한국전쟁 이후에는 혁신계 활동을 하다가 1969년에 사망했다. 정해진의 조카 정종희는 해방 전후 건국동맹에 관계했으며, 한국전쟁 중에 빨치산으로 입산했다가 1951년 9월 토벌대의 총탄에 맞아 두 눈을 잃고서 하산했다. 간첩단 사건으로 정춘상은 사형선고를 받아 1985년에 형이 집행되었고, 정종희는 12년(이후 8년으로 감형), 정길상이 7년을 복역했다.[21] '정춘상 일가' 사건에서 정춘상의 삼촌 정종희가 두 눈을 잃은 상태에서 북한 방송 청취, 암호문 기록, 무인포스트를 설치해 접선하는 등 고정간첩으로 암약했다는 사실은 조작되었음을 주장했다.[22]

'김정인 일가' 사건의 단초는 1980년 5월경 중앙정보부가 남파공작원 오

○○을 통해 박양민이라는 공작원이 남파되어 공작활동을 했다는 내용을 북한에서 전해 들은 바 있다는 막연한 진술을 확보한 것이었다. 이를 근거로 박양민의 고향 진도를 중심으로 내사를 하다가 1980년 8월 초순경 박양민의 외조카 김정인, 고종10촌 석달윤, 친구 장제영, 여동생 박공심 등을 강제 연행했다. 이후 안기부는 36일에서 55일 동안 변호인 및 가족과의 접견이 차단된 불법감금 상태에서 구타와 물고문 등을 통해 허위자백을 받아내고 간첩단으로 조작해 발표했다.

김정인은 항소 이유서에서 "1964년 5월 중순경 처음 보는 외삼촌 박양민을 따라 이북에 한 번 간 것이 전부"이고 그것도 박양민과 그 일행 청년에 의해 반강제적으로 이북으로 가는 배를 타게 되었으며, 5월 하순 진도로 귀환한 "이후에는 박양민을 본 적도 없고 고기잡이에 몰두하고 그 일을 잊고 지냈다"라고 주장했다. 그럼에도 안기부는 허위자백을 근거로 앞서 인용한 기사 내용과 같이 수차례 북한 지역으로 탈출한 후 다시 잠입하고, 1966년에는 조선노동당에 입당했으며, 북의 공작 금품을 받아 간첩행위를 했다고 발표했다.[23] 서울지법은 김정인에게 사형, 석달윤에게 무기징역, 박공심에게 징역 1년 6월과 자격정지 1년 6월, 장제영에게 징역 2년과 자격정지 2년을 선고했다. 1982년 5월 김정인의 대법원 상고가 기각되어 형이 확정되었고, 1985년 10월 31일 사형이 집행되었다.

1981년 진도 가족 간첩단 사건

1981년 3월 7일 농협 진도군지부 예금계장으로 근무하던 박동운은 안기

〈고정간첩 일당 7명 검거〉, 《동아일보》, 1981년 7월 31일.

부 소속 성명불상의 수사관들에게 연행되었다. 그날부터 4월 6일까지 그의 어머니 이수례, 남동생 박근홍, 작은아버지 박경준, 작은어머니 한등자, 고모 박미심, 고모부 허현, 외삼촌 이영남 등 일가족 8명이 안기부 남산분실로 끌려가 53일에서 61일 동안 불법구금된 상태에서 '북한 공작원 박영준(박동운의 아버지)'에게 포섭되어 간첩 활동을 한 사실에 대해 조사받았다.[24] 조사 결과는 안기부에 의해 다음과 같이 발표되었다.

국가안전기획부는 31일 전남 진도 지역을 중심으로 24년간 암약해온 고정간첩 박동운(36, 농협 지도군지부 예금 담당) 등 일가족으로 구성된 고정간첩단 7명을 검거, 이 중 5명을 구속 송치하고 2명을 불구속 입건했다고 발표했다. 이들은 6·25 당시 자진월북한 뒤 대남간첩으로 선발되어 6차례나 남파된 재북간첩 박영준(60, 박동운의 부)에게 포섭돼 결정적 시기에 대비한 지하망을 구축해왔다는 것이다. 이들 중 박영준의 큰아들 박동운은 2차례나 박영준을 따라 월북, 소정의 간첩 밀봉교육을 받고 다시 잠입했으며 모두 박영준의 지령에 따라 합법신분을 얻고 각기 근무처 및 주거지를 무대로 국가기밀을 탐지, 보고하고 친목계 등을 조직하여 지하조직을 시도해왔다는 것이다. (…) 박영준의 친동생인 박경준은 진도군 고군면 부면장으로 있으면서 간경화증 등 신병을 핑계로 병가를 얻어 장기간 광주 전주 목포 및 서울 등지를 다니면서 국가기밀을 수집했고 수시로 가족회의를 열어 사상무장을 다짐했다.[25]

위의 안기부 발표 내용에서 볼 수 있듯이 '진도 가족 간첩단' 사건의 핵심은 한국전쟁 때 월북한 박영준이 남파되어 고향 진도에 침투해 큰아들 박동운을 두 차례 대동 입북하는 등 가족들을 포섭해 지하망을 구축했다는 것이다. 이 사건은 이후 '진실·화해를 위한 과거사정리위원회'의 조사 과정에서 드러났듯이 안기부에서 '도원1호'로부터 얻어낸 정보에 근거해 시작되었으며 안기부의 수사 계획 단계에서부터 '김정인 일가' 간첩단 사건과 얽혀 있었다.[26]

가족들의 증언에 따르면 박영준은 한국전쟁이 발발하던 당시 서울에서 가족과 살다가 9·28수복 직후 가족과 헤어졌다. 아내 이수례는 서울에서 어린 자식들(박동운 5세, 박근홍 3세, 박근화 간난이)을 데리고 고향 진도로 피난했고, 두 달 전 집을 나가 소식이 끊긴 남편(박영준)은 전쟁이 끝나도 돌아오지 않았다. 그러다 남편이 폭격을 맞아 죽었다는 소식을 건너 듣고 38년 동안 그의 행방이나 생사를 모른 채 지내왔다.[27]

안기부는 1980년 10월경부터 남파 예상자로 박영준, 접선 혐의자로 박동운을 추정해 수사 계획을 잡았고, 간첩 남파 및 접선 사실을 입증할 증거를 수집하지 못한 상태에서 박영준 등이 남파 후 접촉 가능성이 있는 접선 혐의자로 박동운 등을 선정해 연행했다. 안기부에서 박동운과 그의 가족들을 강제 연행한 뒤 불법 장기구금 상태에서 혹독한 고문을 자행하고 허위자백을 받아내 가족 간첩단을 만들어냈던 것이다. 이 사건으로 박동운은 1심에서 사형, 2심에서 무기징역을 선고받았으며, 숙부 박경준은 7년형을 선고받는 등 일가족 5명이 유죄판결을 받았다. 이후 박동운은 18년간 복역하다가 1998년 광복절 특사로 풀려났다.

박동운은 1982년 1월 9일자 항소 이유서에서 고문의 실상을 다음과 같이 고발했다.

안전기획부 수사관은 2년간 재수할 당시 박영준을 따라 월북하지 않았느냐며 물고문을 하였고, 발에 수갑을 채우고 무릎에 경찰 곤봉을 넣어 발로 밟는 등의 고문을 하였으며, 담요로 온몸을 감아 몽둥이로 때려 기절을 하였다. 또한 '이북에 갔다 온 것을 말하지 않으면 너의 어머니를 데리고 와서 옷을 벗기고 고문을 하겠으며, 네 처를 데리고 와서 고문을 하겠다', '말을 하지 않으면 전기고문을 하겠고, 뱀 굴에 처넣겠다'는 등의 협박을 하였다. 계속되는 고문 속에 유서를 쓰라고 해서 수사관이 불러주는 대로 작성하였으며 '수사하다가 한 사람쯤은 죽일 권한도 있으니'라고 하면서 밖으로 끌고 나가 권총으로 사살할 것처럼 위협하였다.[28]

박동운의 숙부이자 박영준의 동생인 박경준은 간첩죄로 7년형을 살고 만기 출소한 후 안기부에서 자행된 온갖 고문의 실상을 고발했다. ① 물고문, ② 목욕탕 고문, ③ 수돗물 샤워, ④ 손바닥 발바닥 차기, ⑤ 다리 문지르기, ⑥ 잠 안 재우기, ⑦ 굶기기, ⑧ 남자 성기 고문, ⑨ 심야에 소총 위협, ⑩ 여자 성고문, ⑪ 몸뚱이가 통나무처럼, ⑫ 대변이 염소통처럼, ⑬ 동네북처럼, ⑭ 쇠고기 치료, ⑮ 사지를 책상다리에 묶기 등. 그는 "죽을 방법만 있다면 꼭 목숨을 끊어서 이 극한적 절박한 고통을 여의고 싶은" 심정이었다고 당시 참혹했던 상황을 술회했다.[29]

1982년 9월 송씨 일가 간첩단 사건

1981년 1월 김정인 일가, 정춘상 일가, 그리고 같은 해 7월 진도 가족 간첩단 검거 소식을 발표한 안기부는 이들 사건과 동일하게 '도원1호'의 정보에 근거해 간첩 조직에 관한 조사를 진행하고 1982년 9월 대규모 간첩단을 검거해 구속했다고 발표했다. 당시 안기부가 발표한 송씨 일가 간첩단 검거 소식은 《경향신문》 등 일간신문의 1면을 장식했으며,[30] 《동아일보》는 간첩단 조직도와 함께 상세히 보도했다. 당시 안기부에서 발표한 '송씨 일가' 간첩단 검거의 주요 내용은 다음과 같다.[31]

국가안전기획부는 10일 서울과 충북을 거점으로 25년간이나 장기 암약해온 송지섭(59, 전 군헌병기관 문관), 송기준(54, 대진화학 대표), 송기섭(58, 전 서울시 공무원), 한광수(69, 전 이대 교수), 송기복(50, 서울 신광여중 교사), 송기홍(37, 서울 신림미술학원장), 송기수(35, 척추교정시술사) 등 혈연을 중심으로 한 고정간첩단 29명을 검거, 이 중 간첩 7명과 방조자 5명 등 12명은 구속하고 4명은 불구속, 나머지는 훈계 방면했다고 발표했다. 그동안 이들 간첩단이 북괴로부터 받은 공작금은 미화 4만 1천 달러, 한화 6백40만 원 등으로 현 화폐가치로는 1억 8천만 원에 이르고 있으며, 간첩 송기복이 보관하고 있던 공작예비금 미화 1만 2백15달러는 압수됐다. 안기부는 이번에 적발된 대규모 간첩단은 6·25 당시 충북도인민위원회 상공부장으로 부역하다가 월북, 60년대 대남공작 부서인 북괴 노동당 연락부 부부장이 된 송창섭(62, 재북간첩)이 57년 5월부터 77년 2월까지 8회에 걸쳐 침투, 점조직을 통해 국내 연고자들을 포섭 구축해온 간첩망이라고 밝혔다.
안기부는 조사 결과 이 간첩단은 북괴로부터 거액의 공작금을 받아 서울 번화가에서 암달러상, 광고회사, 택시회사 등 위장업체를 설립, 남파간첩에게 은신처를 제공해왔으며, 지금까지 44회 3천1백40건의 무전지령을

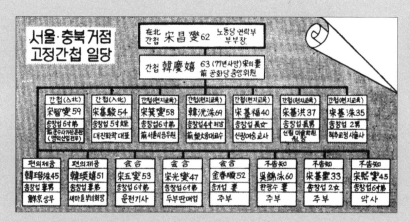

안기부에서 발표(1981.9.10)한 '송씨 일가 간첩단' 조직도

받아 24회에 걸쳐 국가의 주요 기밀을 북괴에 보고해왔다고 밝혔다. 또 대학에 재학 중인 자녀들까지 간첩 조직에 끌어들여 학원 내부 동향을 수집하고 혼란을 조성하기 위해 학원가의 소요 및 주요 사건 발생 때마다 악성 유언비어를 날조, 유포해 학생들을 자극 선동해온 사실이 드러났다고 밝혔다.

위 발표 내용에서 볼 수 있듯이 송씨 일가 간첩단 사건은 한국전쟁 당시 "충북도인민위원회 상공부장으로 부역하다가 월북"해 북한 조선노동당 연락부 부부장이 된 송창섭이 1957년부터 1977년까지 8차에 걸쳐 남한에 침투해 간첩망을 조직했다는 것이다. 이 사건에 대해 당시 《경향신문》과 《동아일보》는 "적화통일의 야욕"을 버리지 않은 채 "교활하며 집요한" 북한의 대남 책동을 규탄하고 "철통같은 반공결속"을 주장하는 사설을 실었다.[32] 두 신문의 사설이 공통적으로 성토했던 것은 혈연적 인정을 교묘히 악용한 점과 함께 헌병기관 문관, 교수, 교사, 공무원, 회사 임원 등 "대학교육까지 받은 인텔리층" 또는 "점잖은 시민"이 간첩으로 포섭되어 지하망을 구축하고 활동했다는 점이었다. 특히 후자는 '송씨 일가' 간첩단 사건이 이후 한국판 '드레퓌스 사건'으로 불리기도 했던 사정을 찾아볼 수 있다.

송씨 일가 간첩단 사건에서 피해자들도 인정하는 사실은 송창섭이 1960년 4·19 직후 남파되어 가족과 친척 몇 사람을 만났다는 점이다. 그러나 이 사실은 새로운 게 아니었다. 남파된 송창섭이 당시 민주당 정권의 재무장관이던 김영선을 접촉했는데, 10여 일 후 김영선이 경찰에 신고하면서 송창섭의 처 한경희 등 연고자들이 경찰 조사를 받았고, 5·16군사쿠데타 직후였던 1961년 7월 "민주당 정권의 용공정책 진상"이라는 제목으로 국가재건최고회의 공보실에서 발표해 언론에 대서특필된 바 있었다.[33] 즉 송창섭은 4·19혁명 직후 남파되어 고위 공직자와 접촉한 공작원으로 이미 남한 공안기관이 파악하고 있던 존재였다. 그렇기에 이때부터 한경희 등 송창섭의 가족은 1982년 사건이 발생하기 전까지 요시찰 대상이 되어 경찰, 방첩대, 중앙정보부의 지속적인 내사 및 수사를 받아왔던 것이다.[34]

그럼에도 '도원1호'가 제공한 명확하지 않은 정보를 근거로 내사에 들어가 송창섭이 모두 여덟 차례 남파되어 한경희 등 가족들을 포섭하고, 한경희를 중심으로 하는 재남 간첩망을 구축했으며, 1977년 한경희가 죽은 후에는 그의 6촌 동생 송지섭이 총책을 계승해 재남 간첩망을 유지하면서 1982년 관련자들이 연행된 시점까지 활동해왔다고 발표했던 것이다.

송씨 일가 간첩단 사건은 "상급심은 하급심을 기속한다"라는 원칙에 반한 판결이 지속된 사건으로도 유명하다. 1심과 2심에서 유죄가 선고되었지만, 1983년 8월 23일 대법원 상고심에서 무죄가 선고되었다. 당시 상고심에서는 해당 사건의 유일한 증거가 피의자들의 자백인데, 최소 75일 최대 116일의 장기 불법구금이 인정되고 기록상 검사 취조 전 안기부 수사관들이 피고인들을 수시로 면접한 사실이 확인되어 검찰 조서의 임의성을 인정할 수 없다는 이유로 무죄가 선고되었던 것이다. 그러나 "상급심은 하급심을 기속한다"라는 원칙을 거스르면서 1983년 12월 23일 파기환송심에서 다시 유죄가 선고되었고, 이후 대법원 재상고심에서 또다시 무죄선고, 서울고법 재파기환송심에서 유죄선고가 내려졌으며, 결국 1984년 11월 17일 세 번째 대법원에서 열린 재재파기환송심에서 유죄가 확정됨으로써 '핑퐁재판' 논란을 야기했다.[35]

대법원 첫 상고심 무죄선고에서 일부 찾아볼 수 있듯이 송씨 일가 간첩단 사건은 안기부가 피해자들을 불법구금하고 이루 말할 수 없는 고문을 자행해 받아낸 허위자백을 바탕으로 조작한 것이었다.[36] 사건 관련자들은 안기부 수사관에게 고문 및 가혹행위를 당한 사실을 검찰 수사와 재판 과정에서 항소·상고 이유서 등을 통해 구체적으로 증언한 바 있었다. 또한 한경희 등의 주변 인물을 증인으로 내세웠지만, 이들에 대해서도 안기부는 가혹행위와 협박을 통해 허위자백하게 하고, 그 내용을 법정에서 증언하게 한 것이었다. 그리고 '핑퐁재판'에서 볼 수 있듯이 당시 안기부는 장기 불법구금 사실, 고문·가혹행위 문제, 수사 결과의 허점 등으로 인해 대법원이 두 차례나 무죄 취지의 판결을 내리자 사건 담당 재판부에 압력을 행사해 유죄판결을 유도하려 했음도 엿볼 수 있다.

이상에서 살펴본 바와 같이 1980년대 초반 전두환 신군부 독재정권은 연이어 대규모 '월북자 가족 간첩단' 사건을 조작하여 발표했다. 이후에도 월북자 가족을 대상으로 한 간첩 조작은 끊임없이 자행되었다. 대표적인 사건으로 1985년 3월 20일 안기부에서 발표한 이창국(李昌國) 사건,[37] 같은 해 11월 1일 보안사에서 발표한 나종인(羅鍾寅)·나종갑(羅鍾甲)·이곤(李坤) 사건,[38] 12월 28일 치안본부에서 발표한 이준호(李駿鎬)·배병희 사건[39] 등을 들 수 있다. 이들 사건은 앞서 살펴본 대규모 간첩단 사건과 같이 단일 사건으로 발표된 것은 아니었지만 납북어부 간첩, 일본 우회 입북 간첩, 조선총련 연계 간첩 등 다른 간첩 사건들과 함께 발표됨으로써 주요 공안기관의 대대적인 간첩 검거 소식으로 언론에 의해 대서특필되었다. 이와 같이 월북자 가족을 먹잇감으로 불법감금과 고문 등을 통해 자행된 간첩 조작은 군부독재 기간 내내 그칠 줄 몰랐다.

제 6 장

누구를 간첩으로 만들었나 2
: 재일한인

홍종욱

재일한인 사회의 분단

1970~1980년대 조국을 찾은 재일한인 가운데 적지 않은 이들이 간첩으로 몰려 이루 말할 수 없는 고초를 겪었다. 연수나 유학으로 일본을 방문했다가 후일 간첩으로 조작돼 목숨을 잃거나 수십 년을 감옥에서 보낸 이들도 여럿 있었다. 이러한 어처구니없는 비극이 어떻게 일어날 수 있었을까. 이를 이해하려면 당시 남북한 정부의 의도와 더불어 재일한인 사회의 역사와 현실을 짚어볼 필요가 있다. 분단과 냉전이 낳은 엄혹한 상황은 한반도를 벗어난 재일한인 사회에서도 그대로 재현됐던 것이다.

1945년 8월 일본에는 약 200만 명의 한인이 거주하고 있었다. 1935년 약 63만 명 정도였던 재일한인의 수는 중일전쟁이 일어나고 1939년 전시 동원이 본격화하면서 급격히 늘어나 1940년에 100만 명을 넘어섰고 이후에도 가파르게 증가해 5년 만에 다시 두 배로 늘어난 것이다.[1] 해방과 동시에 일본 각지에서 한인 단체가 생겨났다. 이들 단체의 가장 큰 과제는 역시 재일한인의 안전한 귀환이었다.

1945년 9월 10일에 도쿄에서 조선인연맹, 즉 조련 결성준비위원회가 조직되었다. 위원장은 조득성, 부위원장은 권일과 김정홍이었다. 권일은 일본의 괴뢰국인 만주국의 관료를 지낸 경력이 있었고, 김정홍은 노동운동을 했던 사회주의자였다. 위원장 조득성은 당파색이 옅은 민족주의자였다. 조련 결성 준비 과정에 정치적 입장이 다른 다양한 사람들이 참여했음을 알 수 있다. 1945년 10월 15일과 16일 이틀에 걸쳐 조련 결성대회가 열렸다. 첫째 날 권일이 경과 보고를 했지만, 둘째 날 김두용 등 좌파가 주도해 권일 등 친일파를 축출했다. 결국 윤근이 위원장을, 김정홍과 김민화가 부위원장을 맡게 되었다. 윤근은 당파색이 옅은 민족주의자였으나, 2명의 부위원장은 노동운동과 항일운동을 했던 사회주의자였다.[2] 조련 결성 과정에서 이미 재일한인 사회의 정치적 분단이 공공연하게 드러난 셈이다.

조련은 결성대회에서 ① 조선인 귀국 대책 촉진, ② 징용노동자 귀국 여비와 식량 요구, ③ 외국인 식량 특별배급 요구, ④ 친일파·민족반역자 조사와 숙청 등을 결의했다. 조련은 일본에 있던 옛 총독부나 조선은행의 건물과 자산을 접수해 재정 기반을 다졌다. 또한 일본 기업으로부터 한인 노동자의 미불임금을 받아내 충분한 활동자금을 확보했다. 공공연한 비밀이지만 일본공산당 재건 초기 활동자금은 대부분 조련이 제공했다. 도쿠다 규이치(德田球一)가 위원장을 맡은 일본공산당 재건위원회 중앙위원 7명에 재일한인 김천해(金天海)가 포함되었다.[3]

우파 계열에서는 1946년 10월 박열을 단장으로 하여 재일본조선거류민단, 즉 민단을 창립했다. 해방 직후 재일한인 사회에서는 좌파 단체인 조련이 우파 단체인 민단을 압도했다. 이러한 민족단체들의 활동에 힘입어 많은 한인들이 귀환할 수 있었다. 해방 1년 후인 1946년에는 재일한인의 수가 약 60만 명으로 줄었는데, 이 숫자는 오늘날까지 큰 변화 없이 유지되고 있다.

해방 이후 재일한인의 역사를 이야기할 때 빼놓을 수 없는 사건이 한신 (阪神)교육투쟁이다. 한신은 오사카(大阪)와 고베(神戸)를 뜻한다. 해방 직후 조선인 거주 지역을 중심으로 수많은 민족학교가 설립되었다. 일본을 점령 통치하던 GHQ, 즉 연합군총사령부는 1947년 10월에 인가받지 않은 조선학교 운영을 원칙적으로 금지했다. 공산주의자들이 재일한인 사회를 조종하고 있다고 보고 이를 위험시한 것이다. 1948년 4월에는 문부성의 최후통고가 있었고 이후 경찰과 조선인 사이에 충돌이 잇달았다.

1949년 4월 24일에는 고베에서 조선학교를 폐쇄하려는 헌병 및 경찰과 조선학교를 지키려는 재일한인 사이에 대규모 충돌이 일어나면서 이른바 한신교육투쟁이 본격화한다. GHQ는 당일 비상사태를 발령했다. 일본 패전에서 1952년에 이르는 GHQ 점령기간 동안 비상사태가 선언된 것은 이때가 유일하다. 한신교육투쟁의 규모와 파장이 중대했음을 알 수 있다. 1948년 5월 5일 양측의 타협으로 사건은 수습되었지만, 그 사이 1664명이 체포되고 2명이 사망했다.[4]

1949년 9월에는 조련 해산 명령이 내려졌다. 조련이 해산되자 재일한인들은 재일조선통일민주전선, 즉 민전을 결성했다. 1950년 6월 25일 발발한 한국전쟁은 재일한인 사회에도 큰 영향을 미쳤다. 전쟁 발발 직후인 6월 28일 좌파인 민전 계열은 조국방위대를 발족했다. 조국방위대는 주일미군의 군수물자 수송을 방해하는 활동 등을 벌였다. 1950년 1월 국제공산주의 조직인 코민포름은 일본공산당의 평화노선을 비판한 바 있다. 이에 따라 일본공산당은 무장투쟁 노선으로 전환하게 되는데, 이러한 흐름 속에 조선인 조국방위대의 무장투쟁도 활기를 띠게 된다.[5] 한편 우파인 민단 쪽은 남한 정부를 돕고자 626명의 재일동포의용군을 파견했다.

　1952년 4월 샌프란시스코평화조약이 발효되었다. 일본과 미국 사이에 전후 처리가 매듭지어지고 연합국의 일본 점령이 끝났다. 이와 동시에 일본 정부는 외국인등록법을 공포하고 즉시 시행했다.[6] 이로써 재일한인은 일본 국적을 잃고 '조선적'으로 편입되었다. 당시 일본은 남한과 북한 어느 쪽과도 국교가 없었기 때문에, '조선적'은 국적이 아니라 '조선반도 출신 외국인'이라는 기호에 지나지 않았다. 혹시라도 '조선적'이 북한 국적을 의미하는 것은 결코 아니었다.

조선총련과 귀국운동

민전 내부에서는 주류파와 민족파가 대립했다. 민전 주류파는 당시 무장투쟁 노선을 따르던 일본공산당 민족대책부의 지도를 받았다. 1951년 12월에 열린 민전 제2회 전국대표자대회에서 민전 주류파가 강령에서 '조선민주주의인민공화국을 사수한다'는 문구를 빼려고 하자 한덕수 등 민족파가 반발했다. 어선을 타고 북한으로 밀항한 한덕수는 북한 정권 중추와 협의해 지지를 획득하는 데 성공했다. 1952년 12월에는 김일성이 한덕수를 지지한다는 서한을 보냈다.[7]

1952년 7월에 중국에 망명 중이던 일본공산당 서기장 도쿠다 규이치가 일본공산당의 극좌노선을 비판하면서 무장투쟁은 진정되었다. 1954년 6월에는 중국의 저우언라이 수상과 인도의 네루 수상이 만나 '평화 5원칙'에 합의했다. 일본 정부의 태도도 바뀌었다. 요시다 내각에 이어 1954년 12월에 성립한 하토야마 내각은 소련과 국교 회복을 추진하고 재일한인 조직에 대한 억압적인 정책을 완화했다. 이에 따라 재일한인 사회에도 평화의 기운이 번져, 민전 내부에서 일본 정부에 대한 실력 행사를 포함한 기존의 투쟁 노선을 전환하려는 움직임이 나타났다. 일본의 내정에 간섭하기보다 일본에 거류하는 조선민주주의인민공화국, 즉 북한의 재외공민으로서 권리 보장을 요구하자는 노선이 대두한 것이다.

1955년 5월 민전을 해산하고 재일본조선인총연합회, 즉 조선총련이 결성되었다. 결성대회 보고에서는 한 달 전인 1955년 4월에 인도네시아 반둥에서 열린 '아시아·아프리카 회의'를 언급하여 평화 5대 원칙을 10대 원칙으로 발전시킨 역사적인 선언을 발표했다고 높이 평가했다. 조선총련은 강령에 '조선민주주의인민공화국의 해외공민단체'라고 명기했다. 조선총련은 '조국의 평화적 통일과 독립' 및 '양 진영의 평화적 공존'을 쟁취하는데 '적합한 투쟁 방식과 조직 형태'를 지향한다고 밝혔다.[8]

김일성 초상화가 내걸린 가운데 열린 조선총련 결성대회에서는 ① 전 동포를 북한 주변에 총집결시킨다, ② 남한에서 미국과 그 앞잡이(이승만)를 추방하고 조국의 평화적 통일에 헌신한다, ③ 재일동포의 모든 민주적인 민족 권리와 자유를 옹호한다, ④ 민족교육과 민족문화의 육성, ⑤ 국적 선택과 망명의 자유 고수, ⑥ 북일 양국 인민의 우호친선 촉진, ⑦ 원폭 등 모든 대량파괴 병기의 제조·사용 금지, ⑧ 세계 평화 우호 인사와 연계 등의 강령이 채택되었다. 1955년 7월에는 일본공산당 민족대책부가 해산되었다. 3천 명에 이르는 재일한인이 일본공산당을 탈당하고 조선총련에서 활동하게 되었다.[9]

재일한인의 경제적 형편은 대체로 어려웠다. 1950년대 재일한인 가운데 직업을 가진 사람은 40퍼센트에 불과했다. 1956년 3월 현재 재일한인 중 일본 정부에 의한 피보호 세대는 1만 4185세대로 재일한인 총 세대수의 24퍼센트에 달했다. 일본인 세대 가운데 피보호 세대가 약 2퍼센트에 그친

간첩 시대

것과 대비된다. 수많은 재일한인이 직업도 가지지 못한 채 가난한 삶을 이어갔다. 이런 상황에서 북한 정부는 1957년 4월 1억 2109만 엔의 교육원조금을 시작으로 매년 재일한인 사회에 원조금을 보냈다. 현재 화폐 가치로 십수억 엔에 해당한다. 북한의 원조 덕분에 민족학교도 성장할 수 있었다. 1948년 5만 6300명이던 민족학교 학생 수는 GHQ와 일본 정부의 탄압으로 1951년에는 1만 4925명까지 감소했으나, 재일한인 사회의 노력과 북한의 원조에 힘입어 1960년에는 3만 5250명으로 늘었다.

북한의 원조는 재일한인의 마음을 사로잡았다. 조선총련 지도부 내에서 주류파가 지위를 굳혔고, 구민전 주류파, 즉 민족대표부파는 쇠퇴했다. 이승만 정부는 북한의 재일한인 교육원조금을 맹렬히 반대하면서도 전혀 원조금을 보내지 않았다. 북한의 원조는 1975년 37억 엔으로 최고치를 기록한 뒤 점점 줄어들었지만 2002년까지 이어져, 원조 총액은 448억 6천만 엔에 달한다. 물론 조선총련이 여러 가지 명목으로 북한에 보낸 금액이 훨씬 더 많았겠지만, 북한의 원조는 커다란 상징성을 지녔다.[10]

1950년대 후반 한국에서 흔히 '북송'이라고 부르는 재일한인의 북한 '귀국사업'이 시작되었다. 1955년 9월 '조국해방 10주년 축하 재일동포 대표단'의 방문을 받은 김일성은 재일한인의 북한 귀환을 요청했다. 일본에서는 1958년 11월 '재일조선인귀국협력회'가 결성되었는데, 전 수상 하토야마 이치로(鳩山一郎) 등이 참석했다. 1959년 12월 동해에 접한 니가타항에서 첫 귀환선이 출항한 이래 1984년까지 약 9만 3천 명의 재일한인이 북한으로 건너갔다.

1945년 이후 재일한인의 역사에서는 이 귀국사업이 분기점이 된다. 그때까지 조선총련 주위에 결집한 재일한인의 역사는 재일한인의 자발적 의

일본 니가타항에서 북한 청진항으로 향하는 제1차 귀국선(1959년 12월 14일)

지에 따른 것이었다. 그러나 그 이후 역사는 조선노동당의 정책과 직접 지도에 의한 것이었다고 해도 과언이 아니다. 북한은 약 10만 명의 귀국자를 엄격하게 감시하면서, 나아가 이들을 '인질'로 삼아 재일한인 사회를 사상적으로 통제하고 지배하는 정책을 취했다.[11]

민단계의 한국 민주화운동

1946년 10월에 창립된 우파 재일한인 단체인 재일조선거류민단은 남한 정부 수립에 발맞춰 1948년 10월에 '재일본대한민국거류민단'으로 이름 을 바꿨다. 민단은 조련, 민전을 이은 조선총련과 더불어 재일한인 사회의 양대 민족단체로서 오늘날까지 활동을 이어오고 있다. 재일한인 학생 조직 에서도 좌우파 대립이 드러났다. 1945년 9월에 창립된 재일본조선학생동 맹에는 좌우파 학생이 모두 참여했으나, 이후 조선장학회 건물 사용을 놓고 충돌하면서 1949년 좌우파가 분열했다.[12] 그 결과 1950년 5월에 우파인 재일한국인학생동맹(이하 한학동)이, 1955년 6월에 좌파인 재일본조선유학 생동맹(이하 유학동)이 각각 성립했다.[13]

1954년 10월에 북한 외무상 남일이 통일 호소문을 발표했다. 이에 호응 해 일부 민단과 민전 인사들이 1955년 1월에 '조국평화통일촉진협의회'(이 하 통협)를 결성했다. 통협은 중립을 표방했으나 실질적으로는 북한의 통일 방안을 지지했다. 통협 활동은 민단의 방해와 조선총련의 비협조로 6개월 만에 중단되었다. 1961년에 민단 지도부는 박정희가 일으킨 5·16쿠데타를 지지했다. 조봉암 구명활동을 펼친 바 있는 배동호와 김재화, 곽동의 등은 이에 반발해 1961년 10월에 '민단 정상화 유지 간담회'를 결성했다. 이들은 한국 정부의 지나친 간섭과 통제를 고발하고 민단 민주화를 주장했는데, 민단의 청년, 학생 조직인 재일대한청년단(이하 한청)과 한학동 등도 행동을 같이했다. 1965년 7월에는 한일기본조약 체결에 반대해 이영근, 곽동의, 원심창 등이 '한국민족자주통일연맹'(이하 한민자통)을 결성했다. 이영근은 진보당 사건을 계기로 1958년 일본으로 망명해 재일한인 사회의 통일운동을 촉진했다.[14]

1971년 민단 단장 선거에서 박정희 정부를 지지하는 주류파 후보가 당선되었다. 주일 한국대사관이 노골적으로 개입한 결과였다. 이에 반발해 1972년 4월에 도쿄민단, 한청, 한학동이 민단 중앙본부를 점거했다. 민단 중앙은 그해 7월 한청과 한학동을 민단 산하 단체에서 배제하고, 한청 위원장인 곽동의를 민단에서 제명했다. 민단 중앙은 1972년 10월 유신을 지지했다. 배동호는 1973년부터 전 유엔대사로 5·16 이후 미국에 망명한 임창영과 연대를 모색했고, 신병 치료차 일본에 머물고 있던 김대중을 의장으로 삼아 그해 8월 '한국민주회복통일촉진국민회의 일본본부', 이른바한민통을 결성했다.[15] 김대중은 한국 정부에 의해 납치되어 서울 자택에 연금되었으므로, 재일한인 출신으로 신민당 국회의원을 지낸 김재화가 의장직을 대행했다.

한민통은 민단 비주류와 이탈자, 박정희 정권 반대 세력, 통일의 자주성 주장에 공감하는 재일한인이 주축이 되어 한국의 민주화와 통일운동을 추진하기 위해 결성한 단체다. 한민통은 외세 지배와 간섭의 배제, 민족 자주권 회복, 파쇼독재 타도 및 민주연합정부 수립, 분단 고착화 반대, 연방제에

김대중 사형판결에 항의하는 한민통(1981)

의한 자주적 평화통일 실현 등 5대 강령을 채택했다. 김대중이 한민통 의장직을 수락한 것이 사실인지에 대해서는 의견이 엇갈린다. 한민통은 김대중이 틀림없이 의장직을 수락했다고 주장하지만, 김대중 측은 조선총련이나 북한과의 관계를 의심받지 않기 위해서 한민통과의 관계를 부인했다.[16]

1974년 4월에 민청학련 사건과 관련해 일본 잡지 《주간현대》의 기자 다치카와 마사키(太刀川正樹)가 한국에서 체포되어 300일이나 구금되었다. 중앙정보부는 다치카와가 한민통 곽동의의 지령을 받고 간첩 활동을 했다고 발표했다. 통역 하야카와 요시하루(早川嘉治)도 체포되었는데 그가 과거에 공산당원이었다는 게 문제가 되었다.[17] 1977년 5월에 전 민단 단원 윤효동이 북한의 간첩이라며 자수했다. 윤효동은 북한에 건너가 간첩교육을 받은 곽동의가 배동호 등과 함께 민족통일협의회(민통협)과 한민통 등을 조직해 반국가활동을 하고 있으며, 다른 한민통 멤버인 김재준, 정경모도 북한의 간첩이라고 증언했다.[18]

1977년 4월에는 서울대에 유학 중이던 재일한인 김정사가 간첩혐의로 체포되었다. 1978년 6월 대법원은 김정사에 대한 판결에서 한민통을 반국가단체로 규정했다. 전 민단 단장이자 민단 민주화운동을 전개한 김재화를 비롯한 한민통 멤버들이 북한의 공작원이거나 조선총련의 조종을 받는 자들이고, 한민통은 북한에서 활동자금을 받아 '반한대회' 등을 조선총련과 공동 개최했다는 이유였다.[19] 1980년에 김대중이 사형선고를 받은 것은 반국가단체인 한민통의 의장이라는 혐의 때문이었다.

민주화운동 세력 내부에서도 한민통이 친북단체라는 의혹이 제기됐다. 1975년 11월 7일에 해외 거주 한국 기독교인들은 '한국 기독자 민주동지회'를 결성하고, 당시 국내에서 유신통치에 저항하던 '한국기독교교회협의회'를 지원했다. 이들은 반공주의를 내걸고 한민통을 경계했다. 1976년 5월에 열린 시카고회의에서 지명관은 한민통이 이데올로기 문제와 자금 문제에서 불투명하다고 비판했다. 1977년 4월에 지명관이 선우학원에게 보낸 편지를 보면, 한민통 노선이 미군 철수와 '선통일·후민주'로서 북한이나 조선총련의 주장과 다르지 않다고 지적했다. 한민통은 자금원과 사용처를 공개하지 않음으로써 조선총련 자금이 유입되었다는 의혹을 불식하지 못했다.[20] 곽동의는 한민통과 북한 혹은 조선총련의 관계를 부인했지만, 실제로 한민통은 조선총련 및 북한과 지속적인 연대를 맺었다.[21]

1977년 8월 12일부터 14일까지 도쿄에서 '해외 한국인 민주운동 대표자회의'가 열렸다. 발기인으로 미주 지역은 임창영·이용운·김재준·김성락, 일본은 김재화·정재준·배동호, 유럽은 윤이상·이영빈이 이름을 올렸다. 회의 준비는 한민통이 담당했다. 회의 기간 중인 8월 13일에 '민주민족 통일 해외한국인연합', 즉 한민련이 결성되었다.[22] 한민통은 1970년대에는 독재정권에 반대해 김대중 구명운동과 한국 내 재일교포 유학생(서승, 서준식) 석방운동을 벌였고, 1980년대 들어서는 광주학살 규탄과 김대중 사형 반대 활동을 벌였다. 1987년 6월 항쟁기에는 민주화 시위, 독재정권 타도 운동을 주도했다.[23] 한민통은 1989년에 한국민주통일연합(이하 한통련)으로 명칭을 바꾼 뒤 현재까지 활동을 이어오고 있다.

간첩 시대

남북한 정부의 재일한인 공작

남북한 정부는 재일한인 사회에 침투해 영향력을 행사하고자 했다. 북한은 조선총련, 남한은 민단을 통로로 삼았다.

1958년 5월 조선총련 제4회 대회에서 활동가가 3명 이상 있는 기관에는 의무적으로 '학습조'를 조직하기로 결정했다. 전국에 360개 학습조가 조직되어 조원 수는 3천 명에 달했다. 학습조는 남한을 포함한 조선혁명 완수를 활동 목표로 삼고, 이를 위해 대중을 지도할 조선총련 내 비밀 전위조직으로서 존속했다. 학습조는 1990년경부터 형해화되어 2002년 8월 해산되었다.

북한에 의한 직접 지도도 이루어졌다. 지도는 재일한인 귀국선으로서 거의 매달 니가타항에 입항하는 만경봉호 선내에서 이루어졌다. 귀국선을 이용한 지도, 특히 조선총련 중앙에 대한 지도는 '선내 지도'라고 불렸는데, 조선노동당 통일전선부 조선총련 담당 간부가 맡았다. 조선총련 중앙 간부 외에도 필요하면 귀국선이 입항했을 때 귀국자 환송을 가장해 선내에 들어가 북한에서 온 관계 당국자로부터 직접 지시를 받았다. 그 지시는 각급 각 기

관에 이르기까지 광범하게 확대되어 북한의 조선총련 지배를 굳혔다.[24]

1967년 5월에 북한의 조선노동당 제4기 15차 전원회의가 열렸다. 이 자리에서 김일성은 무력강경파를 지지하고 경제건설파인 정치위원회 상무위원 박금철, 이효순 등을 숙청했다. 이후 북한은 대남 무장투쟁 노선을 강화하고 남한 인민해방 노선으로 급격하게 기울었다. 1968년 1월 21일에는 31명의 무장 게릴라가 청와대를 습격했고, 이틀 뒤인 1월 23일에는 미국 해군의 푸에블로호를 나포했다. 그해 8월에는 북한의 지령을 받아 지하활동을 하던 남한의 비합법 혁명당 통혁당이 검거되었다.

당시 조선총련에는 민단 대책, 한국 정치공작을 담당하는 부서인 정치국(지방본부는 정치부)이 있었다. 북한의 대남 강경노선 방침에 따라 총련의 대남한 정치공작 강화가 지상명령으로서 내려왔다. 주된 대남 정치공작은 남한에서 혁명활동을 벌일 인재를 양성 혹은 포섭해 북한 공작기관에 인도하는 것이다. 조선총련 정치국 활동가는 민단계 청년학생으로 공작 대상을 좁혀 그들의 애국심과 박정희 독재정권에 대한 반감을 교묘하게 이용해 북한 지지자로 육성했다.

이들 조직 요원은 조선총련 활동가 가운데 개별적으로 발탁된 이가 많았지만, 북한에 귀국한 가족으로부터 공작기관에 협력하라고 요청하는 편지를 받고 응한 이들도 있었다. 북한이 좌경노선을 강화하고 대남공작을 강화하자 이들 각 기관이 따로따로 일본에 거점을 구축했고, 그 결과 1960년대 말에는 여러 부서에서 50개 정도의 공작기관 거점이 설립되었다.[25]

1969년 미국과 소련이 동시적으로 남북한에 긴장 완화 압력을 넣었다. 1972년에는 7·4남북공동성명이 발표되었다. 1972년 이후 총련도 방향을 전환했다. 일부 비공식적인 대남공작 조직은 그대로 일본에 남았지만,

조선총련 활동가가 공공연하게 그 활동에 참여하는 일은 없어졌다. 조선총련은 어디까지나 합법조직이라는 체면을 세우고자 했다.

북한의 비공식 대남 정치공작 조직은 표면적으로는 축소되었지만 일부는 조선총련 조직의 대남 정치공작 조직인 정치국과 밀접한 관계를 유지하며 비밀 활동을 계속했다. 그리고 지시를 받은 조선총련은 산하 전 조직에 '정치활동 – 대남공작' 강화를 명하고 활동가 전원의 의무로 규정했다. 그 내용은 주로 민단계 인사 혹은 한국에서 온 사람과 접촉해서 북한 지지자 혹은 한국 내에서 정치공작을 수행할 수 있는 인사를 포섭하는 것이었다.[26]

남한의 항공대 장교였던 고영호는 1950년대 일본으로 망명했다. 사업가로 성공하고 일본인 여성과 가정을 꾸렸지만 1967년 귀국사업으로 북한으로 이주했다. 북에서 3년간 밀봉교육을 받은 고영호는 가족을 북에 남긴 채 1971년 간첩으로 일본에 파견되었다가 일본 당국에 자수했다.[27] 재일한인 신광수는 북한의 일본인 납치에 가담하고 자신도 일본인으로 위장해 공작 활동을 폈다. 1985년 2월에는 일본인으로 위장하고 남한에 침투했다가 체포되었다.[28] 신광수는 1999년 출옥 후 2000년 북한으로 송환되었다. 일본과 관련된 간첩 사건에서 조작 의혹이 제기되는 사건이 많은 것은 틀림없는 사실이지만, 그렇다고 해서 북한 측이 일본을 대남침투의 전초기지로 사용했다는 사실을 간과해서는 안 된다.[29]

북한 정부가 상당한 금액의 교육원조를 보내는 등 이른 시기부터 재일한인 사회에 관심을 표명한 반면, 남한 정부는 이렇다 할 움직임을 보이지 않았다. 그저 북한의 귀국사업이나 교육원조를 반대하는 데 그쳤다. 이러한 남한 정부의 재일한인에 대한 태도는 흔히 '기민(棄民) 정책'이라고 비판받았다. 그러나 1965년 한일기본조약이 체결되고 이른바 한일 경제협력이 본격화하면서 재일한인 사회에서 남한과 남한 정부의 존재감이 커졌다. 한일 국교 정상화가 이루어짐으로써 여행이나 유학 등 생활상의 편의를 위해서라도 조선적을 버리고 한국적을 택하는 이들이 늘었다. 1965년 한일기본조약 체결 후 재일한국인을 대상으로 한 영주권 신청이 마감된 1971년에는 조선총련의 격렬한 반대와 방해 공작에도 불구하고 60만 명의 재일동포 가운데 35만 명이 한국적을 취득하고 영주권을 신청했다.

아울러 남한 정부의 재일한인 사회에 대한 공작도 강온 양면을 취하면서 적극적으로 바뀌었다. 1970년대 남한 정부가 기획한 '재일교포 성묘단'은 재일한인의 마음을 민단 쪽으로 돌리는 데 큰 역할을 했다. 이 사업으로 수많은 재일한인, 특히 조선총련을 지지하던 이들이 남한을 방문했고, 이를 계기로 한국 국적을 취득하고 민단 지지로 돌아선 이들이 늘어났다. 한편 북한의 '선상 지도'와 '김일성 교시' 정도는 아니었지만, 남한 정부가 일본에 파견한 공사나 영사 가운데는 민단을 영사관의 하위 기관쯤으로 여기는 듯한 이들도 나타났다. 1970년대 초에 한국 정부는 일본 전국의 대사관과 영사관에 중앙정보부 요원들을 배치했으며, 그들은 재일한인 사회 감시, 협박, 회유, 정치자금 징수 등을 위해 암약했다.[30] 1973년에 벌어진 김대중 납치 사건은 도쿄의 한국대사관에 근무하던 정보기관원들이 개입한 사건이었다.

일본을 통한 '우회간첩' 조작 사건

민단 간부로 활동하다 4·19혁명 이후 한국에 들어와《민족일보》를 창간한 조용수는 5·16쿠데타 이후 곤란한 처지에 놓였다. 중립화 통일론을 주장한 그는 총련에서 자금을 제공받았다는 이유로 5월 20일에 체포되어 12월에 사형당했다. 재일한인이 군사정권에 의해 정치범으로 체포되어 사형당한 최초의 사건이었다.[31]

국방부 과거사진상규명위원회가 2007년에 펴낸《과거사진상규명위원회 종합보고서 제3권 8개 사건 조사결과 보고서(하)》에 따르면, 1951~1989년의 '재일동포 및 일본 관련 간첩 사건'은 423건으로 총 간첩 건수 4326건의 9.8퍼센트를 차지한다. 연도별로 보면 1951~1969년은 전체 3360건 중 104건(3.1퍼센트), 1970~1979년은 전체 681건 중 204건(30퍼센트), 1980~1989년은 전체 285건 중 115건(40.4퍼센트)이었다. 간첩 사건이 점점 줄어드는 가운데 일본 관련 사건의 비중이 높아졌음을 알 수 있다. 1970년대 이후 간첩 사건, 특히 조작 의혹이 제기되는 사건에서는 일본 등 제3국을 통해 침투한 우회간첩이 가장 많은 비중을 차지했다.[32] 1970년대 이후

《민족일보》사건은 '혁명 재판부'에 의해 재판이 진행되었다.

북에서 남으로 직파하는 간첩이 점차 줄어드는 가운데 중앙정보부와 보안사 등 정보기관이 조직의 존립을 위해 실적을 조작한 측면이 있었다.

〈표 1〉은 주요 일본 관련 간첩 사건을 연루자에 따라 재일한인과 내국인으로 나누고 이를 각각 유학생과 취업·방문으로 세분한 뒤 수사 주체별로 정리한 내용이다. 이 가운데 남한 거주자가 일본을 방문했다가 간첩으로 몰린 '울릉도 간첩단' 사건을 예로 들어 살펴보자.

1974년 3월 15일에 중앙정보부는 기자회견을 열어 "지난 10여 년 동안 적발된 간첩단 사건 중 가장 큰 사건"을 적발했다고 발표했다. 이른바 '울릉도 간첩단' 사건이다. 울릉도로 찾아온 월북 가족을 따라 북한을 방문한 일을 빌미로 울릉도 주민들이 간첩으로 조작된 사건이다. 이는 전영관, 전영봉, 김용득 세 사람이 사형을 당하는 비극으로 이어졌다. 그런데 이 사건에는 울릉도에 가본 적도 없는 전라북도 출신 인사 여러 명이 연루되었다. 연결고리는 사형당한 김용득과 관계가 있던 '재일간첩' 이좌영이었다. 이좌영은 전북 출신으로 일본에 건너가 성공한 사업가였다. 유학이나 연수 등으로 일본을 방문했다가 동향 사람인 이좌영을 만난 전북 사람들이 울릉도 사람들과 하나의 사건으로 엮인 것이다.

그 가운데 전북대 교수 이성희, 공화당 부안지구 부위원장 최규식, 고창 농촌 지도원 김영권 등 세 사람은 1960년대 후반 농업기술 연수 또는 유학 차 일본을 방문했다가, 현지에서 만난 조선총련계 재일한인의 권유로 몰래 북한에 다녀온 적이 있었다. 세 사람 모두 그저 호기심에 북한을 잠깐 방문했을 뿐 귀국 후에 이른바 간첩행위를 한 적은 없었다. 그러던 중 1974년에 갑자기 중앙정보부에 연행되어 모진 고문을 받은 끝에 북한 방문 사실을 털어놓고 간첩으로 몰리게 된 것이다. 이들은 국가보안법의 잠입·탈출죄를

| 표 1 | **일본 관련 간첩 사건**[33]

제일한인	모국 유학생	중앙정보부/안기부	임청조(1971), 김승효(1974), 김달남(1975), 학원 침투 재일동포 유학생 간첩단 사건(1975), 진이칙(1981)
		보안사	서승·서준식(1971), 강종헌(1975), 김정사(1977), 김태홍(1981), 이주광(1981), 이종수(1982), 서성수(1983), 박박(1983), 윤정헌(1984), 조신치(1984), 조일지(1984), 허철중(1984)
	한국 취업·방문	중앙정보부/안기부	강철순(1972), 박창석(1981), 손유형(1981), 김양수(1982), 이성우(1984), 김길욱(1985), 서순택(1990)
		보안사	최창일(1973), 박선정(1973), 김철우(1973), 진두현(1974), 최철교·최태교(1974), 여석조(1981), 이헌치(1981), 정상금(1985), 유지길(1985), 김윤수(1985), 이영자(1985)
내국인	일본 유학생	중앙정보부/안기부	최상룡(1973), 유정식(1975), 조상록(1978), 이병설(1986), 장의균(1987)
		보안사	김영작(1974), 김주태(1974)
		경찰	양희선(1973), 양승선(1986)
	일본 취업·방문	중앙정보부/안기부	김현규(1980), 김장길(1981), 김영희·양정이·김영준·김영추(1982), 김준보(1982), 김동주(1983), 차풍길(1983), 김성규(1983), 오주석(1983), 김병주·고창표(1984), 정금란(1984)
		보안사	김양기(1986), 강광보(1986)
		경찰	신귀영·서성철·신춘석(1980), 김평강·허간희(1981), 이순희(1982), 이장형(1984), 고원일(1984), 구명우(1986), 조봉수(1984), 서경윤(1984), 최해보(1985), 유종안(1985), 유한기(1985), 강희철(1986), 김철(1989)

적용받아 무기징역 등을 선고받았다. 같은 울릉도 간첩단 사건에는 입북을 하지 않았지만 일본에 체류하면서 이좌영과 만났다는 이유만으로 간첩으로 몰린 이들도 포함되었다.

박정희 정부는 1972년 유신체제에 들어선 뒤 야당과 학생의 저항을 억누르는 데 부심했다. 1974년에는 민주화운동을 탄압하기 위해 새해 벽두부터 긴급조치를 잇달아 발표했다. 그리고 그해 3월에 대규모 간첩단 사건을 조작함으로써 반공이라는 전가의 보도를 꺼내들었다. '울릉도 간첩단'을 조작해낸 중앙정보부의 주무 공작관은 차철권이었다. 차철권은 1973년 10월 최종길 교수 고문살인 의혹 사건으로 징계를 받은 상황이었다. '울릉도 간첩단' 사건은 차철권 개인의 영달은 물론 중앙정보부의 존재감을 세우고, 나아가 반공독재 유신정부를 살리기 위한 엄청난 조작극이었다. 거물간첩으로 설명된 이좌영은 조선총련이 아닌 민단계 인물이었다.[34] 사건 이후 그는 '재일한국인 정치범을 구원하는 가족·교포회 회장'을 맡았다. 아울러 남한에서 일본을 찾은 사람들을 무리하게 입북시킴으로써 탄압의 빌미를 제공한 북한 정부와 조선총련에도 책임을 묻지 않을 수 없다.

남한을 찾은 재일한인이 간첩으로 몰린 경우 개인별 또는 지역별로 일본에 후원회가 결성되어 어려움 속에서도 구명운동을 벌였다. 또한 남한 거주자가 일본 유학을 갔다가 귀국한 후 간첩 사건에 연루된 경우에도 주변의 지식인들이 나름대로 구원활동을 벌였다. 다만 생계를 위해 일본에 취업 또는 밀항했다가 간첩으로 몰린 사건들을 보면 많은 이들이 이렇다 할 도움을 받지 못한 채 꼼짝없이 간첩으로 낙인찍히고 말았다.[35] 권력과 지식이 없는 이들이 가장 큰 피해자가 된 셈이다.

6

'재일동포 유학생 간첩' 조작 사건

다음으로 남한을 방문했다가 간첩으로 몰린 재일한인들을 살펴보자. 일본 재일한국민주인권협의회는 재일동포 정치범을 109명으로 집계했고, 권혁태는 1970~1980년대 재일한인 정치범은 약 120명이라고 보았다.[36] 재일한인 간첩 조작 사건을 분석한 김효순은 일본 관련 정치범을 150명, 이 중 재일한인을 80여 명으로 추정했다. 김효순은 남한 정보기관들이 1972년 7·4남북공동성명 이후 북에서 직파되는 간첩 수가 눈에 띄게 줄자 일본을 경유한 '우회 침투' 가능성에 주목했다고 보았다. 재일동포 유학생 속에 잠입 간첩이 우글거린다는 전제 아래 유학생 명부를 놓고 혐의 대상자를 압축한 뒤 '작전'에 들어갔고, 동포 유학생은 언제 낚일지 모르는 어항 속 물고기 신세였다는 것이다.[37]

'재일한국인 정치범을 구원하는 가족·교포회'는 1993년까지 재일한인 정치범이 총 160명으로 그중 유학생이 40여 명이라고 집계했다. 남한 정부에 의한 재일한인 유학생의 본격적인 유치는 1966년에 여름방학을 이용한 모국 수학 프로그램에서 시작되었다. 1968년에는 재외국민교육연구소

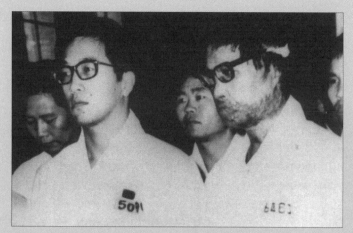

재일 유학생 간첩단 사건의 주인공 서승·서준식 형제(1971)

재일 유학생 간첩단 사건 기사(《경향신문》, 1971년 4월 20일)

가 서울대에 부설되어 9개월간 대학 입학 예비교육 과정을 거쳐 희망 대학에 응시할 수 있는 길이 열렸다. 1970년에 재일한인 학생 124명이 재외국민교육연구소를 수료하는 등 매년 100여 명이 국내 대학에 입학했다.[38]

1971년 서승·서준식 형제 간첩 사건을 필두로 1970~1980년대를 거쳐 남한을 찾은 수많은 재일한인 유학생들이 간첩으로 몰려 고초를 겪었다. 여기서는 규모와 성격으로 볼 때 가장 대표적인 재일한인 유학생 간첩 조작 사건인 '11·22사건'을 살펴보자. 1975년 11월 22일 중앙정보부는 재일한인 유학생 간첩단을 적발했다면서, 백옥광, 김철현, 김오자, 김종태, 김원중, 김동휘, 장명옥, 최연숙, 이원이, 강종건, 허경조, 장영식, 김삼랑 등 재일한인 유학생 13명을 포함한 총 21명의 명단을 발표했다.[39]

당시 김기춘 중앙정보부 수사국장은 "최근 수년간 대학가에서 벌어졌던 데모가 북괴 간첩의 배후조종에 의한 것임을 증명한 케이스"라고 설명했다.[40] 이어 11월 말에는 보안사가 이동석, 양남국, 강종헌, 이수희, 조득훈 등 5명의 재일한인 유학생을 공식 발표 없이 기소했다. 12월 11일에는 재일한인 유학생 이철이 체포되었다. 이처럼 1975년 11월부터 12월까지 진행된 재일한인 유학생에 대한 체포와 기소를 '11·22사건'이라고 부른다. 당시 일본에서는 '11·22 재일한국인 유학생·청년 부당체포자를 구원하는 회'가 결성되었다.

전명혁은 11·22사건의 의문점을 다음과 같이 정리했다. 첫째, 중앙정보부가 발표한 김삼랑은 실존 인물인지 의문스럽다. 일본 외무성도 동명이인이 일본에 거주하고 있고 발표된 피의자의 일본 주소가 동명인의 전 주소이므로, 한국에서 체포되었다는 김삼랑의 신분에 대해 설명해달라고 주일대사관에 요청했다. 가공인물을 끼워넣은 것으로 추측된다. 둘째, 공동 피

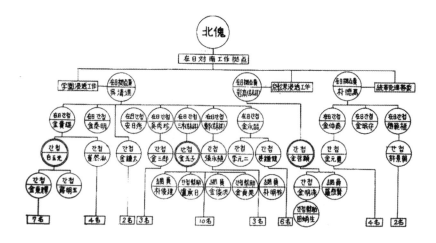

고인으로 구속된 재일한인 유학생들은 서로 잘 알지 못하는 사이였다. 전혀 모르거나 재외국민교육연구소 혹은 재일한인 유학생 모임에서 얼굴을 익힌 정도에 불과했다. 셋째, 중앙정보부가 배후세력으로 지목한 재일거점책 박덕만, 김중태, 김민수, 조범식은 모두 '재일한국인 민주주의민족통일위원회'(민민통) 관련 인물이었다. 민민통은 1965년 7월에 결성된 민단계 한민자통이 내부 구성원의 입장 차이로 1968년에 분리되어 조직한 중립적인 단체였다. 민민통 위원장 박덕만이 1975년 4월 '통혁당 재일한국인 연대위원회'를 결성한 것이 문제시된 듯하다. 박덕만은 자신은 11·22사건과 전혀 관련 없다고 발표했다.

넷째, 재일거점책이자 오사카에서 '김일성주의 연구회'를 조직한 중심인물로 지목된 오청달은 관련 사실을 전면 부인했다. 1999년 9월부터 11월까지 일본 잡지 《주간문춘》이 오청달을 북한의 '거물간첩'으로 그린 기사를 연재했으나, 오청달은 명예훼손 소송을 제기해 1심에서 500만 엔의 배상 판결을 받아낸 바 있다.⁴¹ 다섯째, 보안사는 양남국, 이동석, 이수희, 강종헌 모두를 '북괴 대남사업 담당' 김중린의 지도를 받는 '조선총련 오사카 대남 공작거점'으로 묘사했다. 그러나 이동석, 이수희 등의 판결문에는 김중린이 언급되지 않았다. 서로 관련 없는 인물들을 엮은 데 불과했다.

　11·22사건에 휘말린 재일한인 유학생들은 대부분 처참한 신체적 고문을 당했다. 가장 충격적인 것은 조사 과정에서 수사관에 의한 강간마저 자행된 사실이다. 1975년 12월 23일 재일한인 여성 권말자가 도쿄의 의원회관에서 기자회견을 열었다. 권말자는 일본 호세이(法政)대학을 졸업하고 서울교대에 유학 중이었는데 1975년 8월 5일 중앙정보부에 체포되었다. 열흘 동안 조사를 받고 풀려난 권말자는 조사 과정에서 수사관들에게 수차례 윤간을 당했다는 충격적인 사실을 털어놓았다. 권말자가 기자회견을 자청한 이유는 조사 과정에서 친하게 지낸 친구들을 대라고 해서 할 수 없이 이름을 말한 후배가 11·22사건 구속자 명단에 있었기 때문이다. 바로 호세이대학 후배인 김원중이었다. 권말자는 "내 경험으로 판단한다면 맹세컨대 대학생 간첩단 사건은 완전히 조작"이라고 증언했다.⁴²

간첩으로 내몰린 재일한인

권혁태는 재일한인에게 씌워진 '빨갱이'라는 이미지를 분석했다. 해방 후 일본을 소재로 한 영화 356편 중 약 10퍼센트인 35편이 반공영화였다. 이 가운데 재일한인을 소재로 한 영화가 1963년부터 1969년까지 5편, 1970~1975년 12편, 1975~1979년 5편, 1980~1985년 4편으로 총 26편에 달한다. 일본을 소재로 한 반공영화 35편의 74퍼센트에 달한다. 즉 재일한인은 일본과 공산주의를 잇는 매개로서 표상된 셈이다. 영화에서 반공의 소재로 재일한인이 등장하는 경향과 실제 재일동포 정치범이 늘어나는 추세는 시기적으로 일치한다.[43]

남한 정보기관에게 재일한인은 간첩 조작을 위한 절호의 대상이었다. 특히 보안사는 재일동포 모국 유학생이나 국내 취업 재일동포가 관련된 간첩 사건을 적발하는 데서 강세를 보였다. 이에 대해서는 보안사 스스로 "1971년부터 1974년 말까지 공작과 부활과 대일공작계 신설에 따라 '공작 근원 발굴 작업'에 착수하여 총 384명의 대상을 선정하여 집요한 공작활동을 진행한 결과 김영작, 진두현, 최철교, 김철우 등 30여 명의 간첩을 일망타진했으며, 75년부터는 교포 유학생을 대상으로 737명을 선발하여 공작활동을 전개하여 강종헌 일당 20여 명의 간첩을 색출하였다"라고 밝힌 바 있다.[44]

재일동포 유학생으로 1983년 보안사에 의해 간첩으로 검거되었다가 공소 보류된 뒤 보안사 문관으로 1984년과 1985년 2년 동안 일한 김병진은 일본으로 돌아가 보안사의 간첩 조작 사실을 폭로했다. 김병진에 따르면 수사과 2계는 원칙적으로 재일한인 유학생을 전담했으며, '재일한국인 모국 유학생 위장간첩 근원 발굴 계획'이란 것을 갖고 있었는데, 이 계획에 따라 보안사는 매일같이 치안본부 신원조사과에 가서 재일동포들이 여권을 만들 때 민단에 제출하여 영사관이나 대사관을 거쳐 외무부에 가 있어야 할 서류를 뒤지면서 대상자를 골라내는 일을 했다는 것이다.[45] 보안사가 자랑한 '근원 발굴' 공작이 1980년대까지 이어진 사실을 확인할 수 있다.

일본 관련 간첩 사건에서는 '재일 북한 공작원'이 어김없이 등장한다. 이들은 대개 조선총련 소속인데, 재일동포 유학생 간첩으로 무기징역을 선고받은 강종헌의 어머니 김영애는 "만약 한국 정부가 조총련계 인사와의 접촉을 꼬투리로 잡는다면 60만 재일동포가 모두 그 대상이 될 것"이라고 항변했다.[46] 아울러 조선총련이 아닌 한민통–한통련 계열의 사람들도 재일 북한 공작원으로 다수 등장했다.

일본 우회 침투 간첩 사건에 등장하는 재일 북한 공작원이 조선총련 소속이든 한통련 소속이든 조작 의혹이 많이 제기되는 이유는 "무엇보다도 '공작원'과의 접촉 사실을 '입증'할 부담이 수사관에게 없다는 점" 때문이었다.[47] 간첩으로 몰린 재일한인이나 내국인이 일본에서 만난 정체불명, 신원 미상의 사람이 실제로 북한 공작원으로 밝혀진 적은 거의 없다. 그저 주일 대사관에 나가 있는 중앙정보부–안기부 직원이 발행하는 '영사증명서' 또는 신원확인서가 법정에서 이 문제를 해결하는 만병통치약이었다. 심지어 일본 공안당국의 통보와 정반대의 내용이 기재되어 사실을 심하게 왜곡하는 경우도 있었다.[48]

재일한인 작가 강신자는 이렇게 썼다. "북조선계 배에 우연히 탔을 때 사진이 찍혀, 연행된다는 공포에 떨며 결코 한국에 가지 않겠다는 재일한국인이 있다. 한국인끼리는 절대로 반정부적 발언은 하지 않는다. 누가 KCIA(한국 중앙정보부: 인용자)와 연결되어 있는지 모르니까. (…) 한국에 유학한 재일한국인 학생이 '북의 간첩'이라고 연행되었다는 류의 이야기는 자주 듣는다. 그렇다면 조문연과의 관계는 치명적이다." 조문연, 즉 조선문제연구회는 많은 일본 대학에 있던 재일한인 학생들의 동아리였다. 딱히 이념적이지 않은 재일한인의 일상 그 자체가 반공 이데올로기에 매몰된 한국의 정보기관 혹은 한국의 사회 통념과 부딪히면 얼마든지 '간첩' 활동으로 조작될 수 있었다.

강신자 본인도 조문연 친구로부터 "여기에 출입하는 이상 위험하니까 한국에는 가지 않는 게 좋다"는 말을 들었다고 한다. 강신자는 "실제로 북조선에 갔던 사람과 한자리에 있으니, '북의 간첩'으로 몰려도 아니라고 하기 어렵다. 이제 한국에는 못 간다는 공포와 슬픔이 밀려왔다. 재일한국인으로서 한 번은 가보고 싶은 '조상의 땅'이었다"라고 적었다.[49] 한국 수사기관에서 누군가가 간첩임을 입증하려면 지령 수수와 직무상 기밀 탐지가 확인되어야 했다. 재일한인의 경우에는 예컨대 조선총련 측 지인을 만난 것만으로 지령 수수가 성립되기 때문에 간첩으로 조작되기가 쉬웠다. 나머지 기밀 탐지 등 구체적 행위에 대한 입증은 고문으로 허위자백을 받아내는 경우가 대부분이었다.

재일한인이 본국을 찾았다가 간첩이 되어버린 비극에는 북한의 공작, 재일한인의 조국에 대한 관심, 남한 정부의 조작이라는 세 가지 배경이 존재했다. 가장 주된 것은 남한 정부의 조작이다. 이는 2000년대 이후 간첩 조작 사건에 대한 재심에서 속속 무죄판결이 내려지고 있는 데서도 확인할 수 있다. 중앙정보부, 안기부, 보안사, 검찰 등에 의한 간첩 조작은 반인권 범죄로서 단죄되어야 한다. 조작 관련자의 엄중한 처벌과 피해자에 대한 국가의 사과와 배상이 필요하다.

하지만 아무것도 모르는 재일한인 청년이 간첩으로 조작되었다는 담론은 적절하지 않다. 남한 정부의 포악함을 드러내기 위해서이겠지만, 자칫 조국과 민족에 대한 관심을 가지고 남한 땅을 찾은 재일한인의 주체성을 무시할 우려가 있기 때문이다. 보안사의 간첩 조작에 관여하다 양심선언을 한 김병진은 재일한인을 간첩으로 조작할 때는 먼저 민족을 언제 어떻게 자각했는지 조사하여, 조금이라도 조국을 사랑하면 이미 국가보안법을 적용할 수 있는 조건이 마련된 셈이라고 말했다.[50] 김효순도 재일한인의 "정체성 갈등과 민족적 자아를 되찾으려는 노력은 대공 용의점"이라고 보았다.[51]

권혁태는 "반공정권의 폭력성을 모르던 이들의 순진함을 강조해 이들의 선택을 몰주체적으로 자리매김하는 순간 이들이 모국 유학을 결심하고 이를 실행에 옮길 때까지 또 위험을 인지하고 있으면서도 한국 거주를 지속했던 이들의 민족적 자각 = 주체성의 회복이라는 요소가 가려질 위험이 있다. 즉 이들의 결단을 역사에 개입하고자 하는 개인 혹은 재일동포 사회의 주체적 노력의 하나로 자리매김할 수 없을까? 혹은 고국의 민주화와 통일에 개입하려는/개입한 하나의 주체로 평가할 수는 없는 것일까?"라고 물었다.[52] 재일한인 간첩 조작 사건 피해자는 정치범이자 민주화운동 참여자로 재평가되어야 할 것이다.

끝으로 북한 정부의 대남공작에 대해서도 눈감을 수 없다. 북한은 자신들의 의도를 관철하기 위해 끊임없이 재일한인 사회를 압박했다. 고영호, 신광수 사건에서 보이듯 직접 공작원을 파견했고, 나아가 '울릉도 간첩단' 사건에서 보이듯이 일본을 방문한 한국인들에게 북한 방문을 권함으로써, 남한 정부의 간첩 조작에 빌미를 제공했다. 북한 정부 역시 가혹한 냉전과 분단 상황에서 남과 북 그리고 일본에 거주하던 평범한 사람들을 가혹한 운명으로 내몬 책임을 피하기 어렵다.

일본 관련 간첩 조작 사건이 숱하게 일어나게 된 원인을 이해하기 위해서는 식민주의와 냉전의 상처가 새겨진 재일한인의 역사적 현실을 직시할 필요가 있다. 멀리 갈 것도 없이 재일한인 축구 선수 정대세를 떠올려보자. 1984년 한국 국적의 아버지와 '조선적' 어머니 사이에서 태어난 정대세의 국적은 한국이다. 축구 선수로 성장한 정대세는 수원 삼성에 입단해 남한의 K리그에서도 뛰고, 2007년에는 북한의 국가대표로도 활약했다. 국가대항전에서 북한 국가가 울려 퍼질 때 눈물을 흘리던 한인 청년 정대세의 모습은 남한 사람들에게 깊은 인상을 주었다. 이런 정대세를 보수논객 변희재가 국가보안법 위반으로 고발해 2013년에 검찰이 조사에 착수한 일이 있었다.[53] 많은 희생 위에 형성된 우리 사회의 성숙한 민주주의 덕분에 해프닝으로 그쳤지만, 1980년대였다면 정대세는 간첩으로 체포되었을지도 모른다. '조선적' 어머니에게 지령을 받아 수원 삼성의 비밀을 탐지했을지 모르기 때문이다.

2016년에는 일본 홋카이도에 체재하면서 재일한인 가족과 교류한 경험이 있는 남한 출신자가 간첩으로 재판에 부쳐졌다. 교류 상대였던 재일한인은 역 앞에서 타코야키 장사를 하던 이였는데 그가 바로 조선총련 관계자였기 때문이다. 교류의 흔적을 잡기 위해 남한 정보기관은 오랜 시간 도청과 미행을 거듭해온 것으로 밝혀졌다.[54] 분단이 지속되고 냉전의 유물인 국가보안법이 존속하는 한 재일한인 간첩 조작은 현재 진행형일 수밖에 없다.

제 7 장

누구를 간첩으로 만들었나 3
: 재유럽·미국 한인

유상수

1

간첩과 조작간첩이 만들어지는 과정

분단과 한국전쟁을 거치며 모든 부문에서 경쟁했던 남북한은 승리를 위해 치열한 첩보활동을 벌였다. 이런 활동은 매우 은밀하게 진행되기 때문에 그 전모를 낱낱이 밝히는 것은 무척 어렵다. 남북한이 상대방 진영에 침투시킨 공작원의 규모가 아주 컸다는 것만을 알 수 있을 뿐이다. 공안기관의 자료 에 따르면 1951년부터 1996년까지 적발한 북한 공작원은 무려 4495명이 다. 적발된 숫자가 이 정도라면 발견되지 않고 활동한 공작원의 숫자는 가 늠할 수조차 없이 많을 것이다. 남한의 경우, 북으로 침투시킨 정보사 요원 만도 만 명이 넘는다. 남과 북이 이렇게 많은 공작원을 침투시키다 보니 각 각 공작원을 양성하는 기관도 늘어났고, 그들을 적발할 방첩기구 역시 팽창 하게 되었다.[1]

남한에서는 특무대-방첩대-보안사-기무사로 이어지는 군 계통의 방첩 기구뿐만 아니라 경찰에서도 대공 분야에 많은 인원을 배치했으며, 중앙정 보부-안기부-국정원으로 이어지는 정보기관도 간첩 적발과 수사를 담당 했다. 방첩활동은 매우 중요한 업무였지만, 방첩기관들이 정치권력으로부터 독립되어 있지 못했던 상황은 심각한 부작용을 양산했다. 정권이 위기에 처할 때마다 국면 전환을 위해 '간첩을 만들어낸' 것이다.[2] '조작간첩'이라 불린 사람들은 매우 다양한 방식으로 만들어졌고, 사법당국은 자백 말고는 별다른 증거가 없는 상황에서도 이들을 처벌했다. 국내에서뿐만 아니라, 해외에 나가 있거나 해외 체류 시 있었던 일을 빌미로 '조작간첩'이 되어 갖은 고초를 겪은 경우도 많았다.

해외 한인의 간첩 및 간첩단 사건은 중앙정보부나 안기부에서 담당했다. 조사의 첫 번째 절차는 입건 수사 전 단계인 내사였다. 보통 내사는 피의자 몰래 주변 인물 등을 통해 진행했다. 특정범죄행위에 대한 혐의를 확인하기 위해 내사활동을 하는 것은 수사기관의 당연한 업무다.[3] 그런데 조작간첩 사건의 경우 제보나 추정만으로 내사에 착수해 3개월에서 5년이라는 오랜 기간 동안 진행한 조사에서 구체적인 범죄의 단서나 혐의를 찾아내지 못했음에도 일단 수사로 전환한 경우가 많았다. 그러다 보니 이는 불법감금과 고문을 통해 자백을 받아내는 수사로 이어졌다. 무죄추정의 원칙은 처음부터 존재하지 않았다.[4]

조작간첩의 피해자들은 영장의 제시나 묵비권, 변호사의 조력을 받을 수 있는 권리 등을 보장받지 못한 채 중앙정보부나 안기부에서 수사를 받았다. 일반 형사사건은 경찰에서 10일, 검찰에서 20일 동안 수사가 가능했다. 국가보안법을 위반한 경우에는 사법 경찰관서와 검찰에서 각각 1회 10일 이내로 구속기간을 연장할 수 있기 때문에 중앙정보부나 안기부에서 20일, 검찰에서 30일, 총 50일간 합법적으로 구금할 수 있었다.[5] 하지만 조작간첩 사건은 중앙정보부에 허용된 20일의 구속기간도 어기는 것이 당연시되었다. 조작간첩 피해자들은 간첩행위를 했다는 뚜렷한 증거도 없이 76일에서 116일 동안 불법구금된 상태에서 중앙정보부의 수사를 받았다.

중앙정보부 및 안기부 조사실에 도착한 피의자는 안기부가 제공한 옷으로 갈아입고 고문을 받았다. 증거가 없는 상태에서 중앙정보부나 안기부에서 만들어놓은 시나리오대로 피의 사실을 인정받는 방법은 자백밖에 없었기 때문에, 피의자에게 고문을 자행해 자백을 받아내는 작업이 이루어졌다. 고문 방식은 신체적, 정신적으로 매우 다양했다.[6] 지금도 조작간첩 사건 피해자들의 몸에는 이런 고문의 흔적이 남아 있다.

국가보안법상의 간첩죄는 사형 또는 무기징역에 처해지는 중대한 죄목인데, 증거도 없이 간첩으로 지목된 사람들은 불법구금과 고문으로 거짓자백하고 '간첩'이 되었다. 법관들 또한 수사기관과 동조해 공범의 자백, 수사기관을 거쳐간 참고인의 진술을 피고인에 대한 '보강증거'로 인정함으로써 범죄사실을 완성해주었다. 피의자들이 법정에서 고문 사실을 폭로하며 억울함을 호소했지만 이마저도 북에서 지령한 법정투쟁 전술로 몰아갔다.[7]

수사 관련 서류들은 대부분 허위로 작성되었다. 수사기관에서 수사에 착수하면 작성하는 〈인지동행보고서〉를 비롯해 피의자에게 받는 자술서에도 수사관이 원하는 내용이 포함될 때까지 각종 고문을 자행하며 간첩행위를 만들었다. 우선 백지에 피의자 본인의 원적, 본적, 주소, 직업, 성명, 생년월일 등의 인적사항과 전과, 재산, 학력과 경력, 가족관계 등을 쓰게 했다.[8] 그리고 혐의사실에 대한 제목을 제시하며 내용을 채워 쓰게 했고, 수사관이 원하는 내용이 일부 포함되었더라도 모든 내용이 간첩 활동을 하기 위한 것으로 꾸며질 때까지 잠을 재우지 않고 반복해서 자술서를 재작성하게 했다.

1985년 구미 유학생 간첩단 사건으로 구속되었던 황대권은 구금되어 있던 두 달 동안 "작성한 자술서가 책상 높이까지 쌓였고, 쓰고 버린 볼펜이

12자루"라고 회상했으며, "오른손 셋째 손가락 첫마디에 굳은살이 아직까지도 사라지지 않고 있다"고 했다.[9] 자술서에는 사실 여부와 관계없이 북한에 다녀왔다는 내용이 포함되었고, 이런 내용이 포함될 때에는 피의자들 대부분이 자포자기 상태가 되었다. 이 단계에 이르면 구속영장을 청구하고 공식적인 조서 작성을 시작했다. 이런 과정을 거쳤음에도 불구하고 조작간첩 사건이 무죄로 판결 나거나 형량이 크게 줄어드는 경우가 자주 있었다. 하지만 피의자들의 자백을 바탕으로 피의사실이 공표되면 사실 여부와 상관없이 그들에게는 간첩 낙인이 찍혔다. 무죄로 석방되거나 형을 마치고 출소하더라도 고향을 떠나 살아야 하는 경우가 대부분이었다.

간첩죄 확대 적용 또는 조작 의혹은 분단과 치열한 남북 대치가 낳은 비극의 부산물이었다. 실제로 남과 북은 서로 수많은 간첩을 보냈으며, 간첩을 적발하고 막아내는 것을 생존의 제일과제로 삼았다. 남한 공안당국은 그 과정에서 많은 공을 세우기는 했지만 그중에는 조작 의혹 또는 간첩죄를 확대 적용한 것도 포함되어 있었다. 시간이 흐르고 남파되는 간첩의 숫자가 줄어든 것과 더불어 국가기밀이 신문에 난 공지사항이라도 적에게 알려지면 적의 이익이 될 수 있다는 내용이 대법원의 판례로 자리를 잡고, 피의자가 기밀을 북에 전달하는 것이 아니라 탐지만 해도 '목적수행'으로 최고 사형까지 처해질 수 있게 되자 사실상 무전기나 난수표 등의 기본적인 증거도 없이 조작 의혹이 제기되는 간첩이 양산되었다.[10]

1960년대 중후반부터 조작 의혹이 제기되는 사건 중에서 가장 많은 비중을 차지하는 것은 우회간첩 사건이다. 공안당국에서는 북한이 우회전술을 택한 이유에 대해 "1968년 1·21사태 및 울진·삼척 사건 이후 휴전선과 해안 경계가 강화됨으로 인해 북괴는 비합법 침투로 인한 희생과 위험성이 점점 증가하게 된 것이다. 그 이유는 6·25 이후 20여 년간의 세월이 흐름에 따라 생활여건이 상이해짐으로 인해서 한국에 남파된 간첩이 적응 문제로 인해 간첩 임무 수행보다는 신분 위장에 더욱 주력하게 되어 자연적으로 소극적인 활동이 불가피한 실정에 처하게 되자 북괴는 침투수법의 새로운 방향 전환을 모색하지 않을 수 없게 된 것이다"라고 밝혔다.[11]

우회간첩 사건은 일본과 관련된 사건이 대부분이었다. 하지만 북한은 일본 이외에도 다양한 루트를 통한 우회 침투를 시도했고, 그중에서 가장 중요한 루트는 독일을 포함한 유럽이었다. 대규모 간첩단 사건은 독일을 포함해 유럽에서 주로 일어났다. 박정희 정권은 1960년대 초반까지도 북에서 직접 파견하는 '간첩'을 잡았다면 파견되는 간첩의 수가 줄어든 후에는 정치적 필요에 의해 대규모 '간첩단'을 만들었다. 특히 유럽 거주 문화예술인, 유학생, 연수 공무원, 정부 산하기관 직원 등이 '간첩단'에 포함되었다.

1967년 독일에서 발생한 동백림 간첩단 조작 사건은 북측이 남쪽 출신의 해외동포와 유학생들을 대상으로 공작을 전개한 것이었다. 동백림 간첩단 조작 사건뿐만 아니라 '유럽 간첩단' 조작 사건(1968), '유럽 거점 간첩단' 조작 사건(1973), 서독 유학생 학원 침투 사건(1985) 등이 유럽에서 일어난 사건이었다. 해외 한인이 관련된 사건 중에는 유학생이나 연수생이 관련된 경우가 대부분이었는데, 이들은 유럽의 자유분방한 분위기 속에서 북에 있는 가족이나 친지에 대한 그리움 또는 지적인 호기심 때문에 동베를린으로 건너가 북한대사관을 방문하거나 북측 인사와 접촉했고, 일부는 실제로 북한을 방문하기도 했다. 체제 경쟁을 하는 남북관계의 특수성 속에서 북한은 남조선혁명론의 일환으로 유학생을 포섭의 대상으로 삼았고, 한국 정부는 유학생을 반공체제 확립의 대상으로 바라보았다. 하지만 통일 논의를 진행하

고자 할 경우에는 유학생을 가차 없이 '간첩'으로 몰아갔다.[12]

당시 중앙정보부는 이들의 일탈적 행동을 회합통신이나 잠입·탈출 정도로 처벌하지 않고, 간첩죄로 처벌하기 위해 우방국의 주권을 침해하면서까지 납치해왔다. 독일은 일찍이 광부와 간호사가 파견되어 유럽에서 우리 교민 사회가 제일 먼저 형성된 곳으로 동서로 분단된 베를린의 지리적 특성상 북한의 대유럽 우회 침투의 전초기지이기도 했다. 독일의 교민사회는 군사독재정권 시절 반정부 민주화운동의 중심이기도 했는데, 때로는 반정부 성향의 일부 지식인이나 유학생들이 자진해서 북에 포섭되거나 협조하기도 했다.[13] 그리고 이들 중 일부가 자수하기도 했는데 정권에서는 정치적 위기를 돌파하는 용도로 대규모 간첩단 사건으로 확대하면서 '조작간첩'을 등장시켰다.

당시 억압적인 분위기 속에서 해외 한인들이 간첩으로 조작된 사건은 매우 많았다. 하지만 다른 나라에는 없는 한국전쟁과 분단이라는 특수한 상황을 고려해, 수사 과정이나 재판 당시의 조작 여부가 명백히 밝혀진 사건을 우선 다룰 것이다. 따라서 이 부분에서는 박정희 정권에서 발생했던 동백림 간첩단 조작 사건, '유럽 간첩단' 조작 사건, '유럽 거점 간첩단' 조작 사건과 전두환 정권에서 발생했던 '서독 유학생 학원 간첩 침투' 조작 사건, 미국에서 발생했지만 유럽의 조작간첩 사건과 연장선상에 있던 '구미 유학생 간첩단' 조작 사건을 집중적으로 살펴보려고 한다.

동백림 사건 기사(《경향신문》, 1967년 7월 8일)

동백림 간첩단 사건 재판 광경

2

왜 유럽의 한인을 '간첩'으로 만들었는가

이번 절에서는 서구에서 발생했던 한인 조작간첩 사건 5건을 다룬다. 박정희 정권에서 발생한 사건이 3건, 전두환 정권에서 벌어진 사건이 2건이다. 각 조작간첩 사건이 일어난 이유는 개별 사건에서 다루겠지만, 박정희 정권과 전두환 정권에서 만든 조작간첩 사건의 특징은 유학생 및 연수생들을 국내의 지식인 및 학생운동 세력과 연결해 간첩 사건을 만들었다는 것이다.

박정희 정권의 경우 학생운동과 민주화운동이 거세지는 가운데 '북한-지식인-학생'의 연결고리를 통해 만들어지는 간첩단 사건을 발표해 학생 및 민주화세력을 약화시키고자 했다. 즉 북한의 사주를 받은 지식인들이 학생들에게 불온사상을 심어줌으로써 북한의 남조선혁명을 완성시키려 한다는 내용이었다. 중앙정보부는 일본을 비롯한 유럽에서 북한 공작원과 접촉하는 것이 용이하다는 판단 아래 이 지역의 유학생 및 연수생, 교포사회의 동향에 많은 관심을 갖고 있었다. 실제로 교포사회 및 유학생과 연수생은 북한 사람을 만날 기회가 국내에서보다 훨씬 많았으며, 북한 사람과 접촉하는 것에 대한 거부감이 국내만큼 크지 않았다.

박정희 정권의 유럽 지역에 대한 관심은 시간이 지날수록 커졌다. 또한 박정희의 장기독재가 진행되는 과정에서 이를 저지하는 데 가장 적극적인 것이 학생운동 세력이었기 때문에 학생운동 세력에 대한 '적절한' 탄압이 필요했다. 박정희 정권의 학원 탄압은 두 갈래로 진행되었다. 첫 번째는 1971년 10월의 위수령처럼 학생운동 지도자들을 제적시키거나 강제로 군에 징집해 대학으로부터 격리·추방하는 것이었다. 두 번째는 학생들의 순수한 동아리 활동에 국가전복이라는 내란혐의나 용공혐의를 들씌우는 조직 사건을 만들어 학생운동을 위축시키거나 여론의 비난을 받도록 유도하는 것이었다. 총학생회 간부나 동아리 활동가 등 공개적인 시위 주도 학생들의 제적·강제징집 등은 주로 경찰과 문교부가 담당했고, 독서회·세미나·토론회 등의 활동에 대한 용공 조작은 중앙정보부가 맡아 실행했다. 중앙정보부에서도 공개 학생운동은 6국, 학생운동의 용공 조작은 5국 또는 2국이 담당했다. 이 과정에서 해외 한인을 매개로 북한과 내통했다는 혐의를 씌우려는 시도가 이루어졌다.

한편 전두환 정권 때는 학생 및 재야세력을 중심으로 통일에 대한 열기가 더 강해졌으며, 통일을 위해서 민족의 반쪽인 '북한을 바로 알자'는 움직임이 일었다. 하지만 이런 움직임에도 불구하고 국내에서 북한에 대해 알 수 있는 창구는 극히 제한적이었다. 해외의 경우는 국내보다 훨씬 많은 기회가 있었고, 자연스럽게 해외로 간 유학생들 사이에는 북한의 실체에 대해서 알고자 하는 욕구를 바탕으로 직접 북한을 경험하는 경우가 있었다.

한국의 군사독재를 용인하던 미국은 남미의 경험을 토대로 한국에서도 친미 군사독재정권을 지원하는 것에서 친미적인 민간 보수정권의 수립을 통해 안정적으로 세계질서를 유지하려는 전략으로 전환하는 것을 신중하게 검토하기 시작했다. 전두환 정권의 반대에도 해외 망명 중이던 김대중의 귀국을 주선하거나, 《타임》이나 《뉴스위크》등의 언론을 통해 '한국의 민주화'에 대한 기사를 내보낸 것은 미국의 전략이 변해가고 있음을 의미하는 것이었다. 이런 국제적인 변화 속에서 국내에서도 민주화에 대한 요구가 더욱 높아졌고, 전두환 정권에서는 이를 반전시킬 수 있는 계기가 필요했다. '조작간첩단 사건'은 이런 분위기를 반전시키고 정권을 안정시킬 수 있는 '검증된 방법'이었다.

동백림 간첩단 조작 사건

중앙정보부는 1963년 박정희 정권이 출범한 이후 1960년대에만 네 차례의 간첩단 사건을 발표했다. 도예종 등 41명이 관련된 1차 인혁당 사건(1964), 윤이상 등 194명이 관련된 동베를린(동백림) 간첩단 조작 사건(1967), 김종태 등 158명이 관련된 통혁당 사건(1968), 김규남 등 16명이 관련된 '유럽 간첩단' 조작 사건(1969) 등이다. 이 중에서 동백림 간첩단 조작 사건은 '유럽 간첩단' 조작 사건과 더불어 해외 한인을 대상으로 했다는 점에서 다른 간첩단 사건과는 차이가 있었다.

1967년 7월 8일 중앙정보부는 "동백림을 거점으로 삼아 북괴에 드나들면서 간첩 활동을 한 학계, 문화계, 언론인, 공무원을 중심으로 한 대규모 간첩 사건을 적발, 수사 중"이라고 밝혔다. 이어 "그 대상자는 각계각층에 걸쳐 광범위하게 침투되어 있는데, 그 총수는 194명에 달하고 있으며 입건또는 구속 수사 중에 있는 자가 107명"이라고 밝혔다. 각 언론은 '건국 이래최대의 간첩 사건'이라고 보도했다.[14] 중앙정보부는 1967년 7월 8일 1차발표를 시작으로 7월 17일까지 거의 매일 7차례에 걸쳐 수사 결과를 발표

| 표 1 | '동백림 사건' 발표 내용[15]

순서	일시	발표문 내용	관련자
1차	1967. 7. 8	명지대 조교수 임석진, 경희대 조교수 정하룡, 서울의대 조교수 김중환 등 독일, 프랑스에서 박사학위를 받고 국내에 교수로 재직 중인 지식인들이 '북괴'로부터 공작금을 받고 입북하여 '간첩 활동'을 해왔다고 발표	임석진, 정하룡, 이순자, 천병희, 김중환, 조영수, 김옥희 등
2차	1967. 7. 11	민족주의비교연구회(민비연)의 지도교수 서울대 황성모 교수를 비롯한 민비연 회원들이 '동백림 사건'과 관련하여 정권전복을 기도하고 사회주의 체제하의 변혁을 감행할 것을 음모했다는 혐의로 체포했다고 발표	황성모, 김중태, 현승종, 이종률, 박범진, 박지동, 김도현 등
3차	1967. 7. 12	작곡가 윤이상, 그의 처 이수자, 서독 기센대학교 최정길, 전북대 조교수 최창진에 대한 '간첩 활동' 내용을 발표, 윤이상은 1959년 1월 이래 동독 주재 '북괴'대사 박일영과 접선, 소련을 거쳐 평양을 왕래하며 간첩 활동을 벌여왔으며 최정길, 최창진을 포섭해 간첩 활동을 하게 했다고 발표	윤이상, 이수자, 최정길, 최창진
4차	1967. 7. 13	서독 프랑크푸르트대학교 이론물리학 연구원 정규명과 그의 처 강혜순, 광부 박성옥과 김성칠에 대한 혐의 내용 발표. 정규명은 1965년 7월 동독을 거쳐 평양을 방문, '북괴노동당'에 입당한 후 서독 광부 및 유학생의 포섭과 지하당 조직의 지령과 공작금을 받고 활동하는 등 반공법 및 국가보안법을 위반했다고 발표	정규명, 강혜순, 박성옥, 김성칠
5차	1967. 7. 14	한국농업문제연구소 소장 주석균 등과 서울상대 조교수 강민구 등의 간첩 활동과 이들의 활동을 불고지한 문필가 천상병의 혐의 내용을 발표, 주석균은 1963년 국제식량농업기구 회의에 참석했을 때 동베를린에 잠입, 북괴공작원 이원찬과 접선 지령과 함께 공작금으로 미화 1천 달러를 받았고, 강민구는 그의 처와 '북괴노동당'에 입당하고 귀국해 동창생을 포섭했다고 발표	주석균, 김종대, 강계호, 강민구, 강하이드룬 개린드, 이종국, 천상병

6차	1967. 7. 15	화백 이응로와 그의 처 박인경 및 서베를린 공대생 임석훈의 혐의 사실을 발표, 이응로는 프랑스 동양미술학교장을 지내면서 처와 함께 동베를린으로 들어가 북괴공작원들로부터 지령과 함께 공작금을 받고 돌아와 난수표에 의거 '북괴'와 교신하는 등 '간첩 활동'을 했고, 임석훈은 동베를린으로 들어가 '북괴노동당'에 가입, 지령과 공작금을 받고 평양을 다녀와 간첩 활동을 했다는 등의 내용을 발표	이응로, 박인경, 임석훈, 김광옥, 어준, 황춘성, 어원, 어정희, 권태숙
7차	1967. 7. 16	공광덕 등은 동백림을 드나들면서 북괴공작원과 접선, 지령과 함께 공작금을 받고 서독 또는 미국으로 돌아와 유학생 포섭 등 대남 적화공작을 위해 암약했으며 북괴 선전에 고무, 동조했다고 발표	공광덕, 정상구, 하태규, 정성배, 김진택, 배준상

했는데, 그 내용은 〈표 1〉과 같다.

중앙정보부의 발표에 따르면 관련자 194명 가운데 107명이 구속되었으며, 이 중 7명은 1958년 9월부터 동베를린 소재 북한대사관을 왕래하면서 이적활동을 한 데 이어, 북한을 방문했거나 노동당에 입당하고 국내에 잠입해 간첩 활동을 해왔다는 것이었다.[16] 그러나 관련자 중 일부가 북한을 방문한 것은 사실이지만 중앙정보부의 발표와 달리 실제로 한국에 돌아와 간첩 행위를 수행한 경우는 없었다.

중앙정보부는 대규모 간첩단이라며 무려 203명의 관련자들을 조사했지만, 실제 검찰에 송치된 사람 중 검찰이 간첩죄나 간첩 미수죄를 적용한 사람은 23명에 불과했다. 그리고 23명 중에서 최종심에서 간첩죄가 인정된 사람은 단 한 명도 없다. 이 사건에 대한 재판은 1969년 3월에 완료되었는데, 재판 결과는 잠입·탈출 등의 혐의로 사형을 선고받은 2명을 포함한 실형 15명, 집행유예 15명, 선고유예 1명, 형 면제 3명이었다.

이러한 재판 결과는 중앙정보부의 동백림 간첩단 수사가 불법적인 강제 연행과 고문에 의해 조작되었음을 단적으로 보여준다. 특히 서독, 프랑스 등 유럽에 유학 중이던 유학생과 교민들에 대한 강제연행은 유럽의 여러 나라와 외교적 마찰을 불러일으켰다. 특히 자국의 영토 내에서 17명이나 한국으로 납치당한 서독 정부는 영토 주권의 침해라고 강력히 항의하며 강제 연행자들의 원상회복을 요구했다. 결국 박정희 정부는 단교 직전까지 압박한 서독과 프랑스 정부의 압력에 굴복해 1969년 2월 24일 윤이상, 3월 7일 이응로를 형집행정지로 풀어주었고, 1970년 광복절에는 사건 관계자 모두에 대해 잔여 형기 집행을 면제했으며, 실형을 살고 있던 사람들을 석방해 유럽으로 돌려보냈다. 이 사건으로 한국의 국가 신인도가 크게 추락했고, 인권 후진국으로 낙인찍혔다.[17]

동백림 간첩단 조작 사건은 1956년 서울대 정치학과를 졸업하고 하이델베르크대학에서 사회학을 공부하고 1961년 프랑크푸르트대학에서 철학 박사학위를 받은 임석진에 의해 촉발되었다. 사건의 시초는 1967년 서독 주재 《조선일보》 이기양 특파원의 실종 사건이었다. 관계당국이 수사에 나서자 임석진은 평소 친분이 있던 박정희 대통령의 처조카 홍세표를 통해 박정희 대통령과 단독으로 면담, 독일 유학생들의 북한 접촉 실태를 털어놓았다. 임석진은 유학 시절 동베를린 주재 북한대사관을 통해 두 차례 북한을 방문했고, 주변 유학생들을 북한대사관에 소개해줬을 뿐 아니라, 1963년엔 노동당 입당 원서를 쓴 적도 있었다.[18] 또한 친구였던 이기양 기자를 동베를린 주재 북한대사관에 소개를 하기도 했다. 그런데 북한이 이기양 기자를 납치했다면 북한 측에서 자신에게도 위해를 가할 수 있다고 판단해 직접 박정희 대통령에게 자수했던 것이다.

임석진의 자수로 독일 유학생 등 유럽 거류민에 대한 대대적인 조사 바람이 불었다. 대부분 큰 경계심 없이 가볍게 생각했던 일이었지만, 3선 개헌을 추진하던 박정희 정권의 중앙정보부는 1967년 6월 초부터 'GK-공작계획'을 수립하고 수사를 시작했다. 이 사건은 200여 명이 연루된 대형 간첩 사건인 동백림 간첩단 조작 사건으로 확대되었다. 동백림 간첩단 사건 관련자들은 국내 초청 및 식사 초대 등의 거짓말에 의해 대사관으로 유인된 뒤 폭력 및 강압적 분위기 속에서 불가피하게 한국행에 동의했다. 총 30명이 연행되었고, 18명이 구속되었다. 국내에서는 총 39명이 입건되어 26명이 구속되었다. 중앙정보부는 이들에 대한 수사를 서울지검에 송치했다.[19]

1967년 동백림 간첩단 조작 사건은 박정희 정권 출범 후인 1964년에 발표된 인혁당 사건의 복사판이었다. 북한-지식인-학생의 배후와 연결고리가 다시 조직도로 그려졌다. 학생 부분은 민비연(민족주의비교연구회) 학생들로, 지식인 부분은 해외 거주 지식인 또는 유학생으로 채워졌다. 이 시기 국내에서는 6·8부정선거 규탄 시위가 한창 벌어지고 있었다.[20] 1967년 5월 3일 6대 대통령 선거에서 무난하게 재선에 성공한 박정희 정권이 한 달 후로 예정된 7대 국회의원 선거 때 개헌선인 전체 의석 3분의 2 이상을 확보하고자 금권, 관권, 폭력을 동원했고 이에 1967년 6월 9일부터 전국에서 신민당과 학생들을 중심으로 항의 시위가 일어났다. 이런 상황에서 동백림 간첩단 조작 사건이 발표되자 6·8부정선거 규탄 시위는 급격히 냉각되었다.

동백림 간첩단 조작 사건을 통해 위기에서 벗어났지만 중앙정보부의 조작은 서독의 지식인들과 학생세력인 민비연과의 관계를 제대로 밝혀내지 못하면서 실패했다. 하지만 조작의 '효과'는 인혁당 사건 때와는 차원이 다르게 컸다. 일단 동백림 간첩단 조작 사건에 포함된 지식인들의 이력이 화려했고, 실제 북한과 접촉한 적이 있었기 때문에 반공주의가 팽배했던 남한 사회의 통념에서는 사실 여부가 밝혀지기도 전에 매우 심각한 사안으로 받아들여졌다. 또한 북한과 지식인의 관계를 보여주는 데에 어느 정도 성공하면서 남한 내 지식인들에게 재갈을 물리는 효과를 거두었다. 외국의 압력에도 불구하고 박정희 정권이 1970년 광복절이 되어서야 사건 관계자들을 석방하고 유럽으로 돌려보낸 것은 '조작' 자체가 정치적 목적을 위한 것이었기에 소기의 성과를 거두자 관계자들을 전원 석방하여 유럽으로 돌려보낸 것이다.

'유럽 간첩단' 조작 사건

1969년 5월 14일 중앙정보부는 언론을 통해 '유럽 간첩단' 사건을 발표했다. 발표에 따르면 관련자는 모두 60여 명이고 이미 체포되어 조사를 받고 있는 사람은 16명인데, 그중에 공화당의 전국구 국회의원인 김규남이 포함되어 있다는 내용[21]이었다. 아직 조사 중인 사건임에도 불구하고 대부분의 언론은 중앙정보부의 보도자료를 그대로 인용해 1967년 동백림 공작단 사건과 비교했다.

중앙정보부에서 사건의 핵심으로 지목한 사람은 박노수, 김규남, 김판수 3인이었다. 박노수는 일본 유학 시절에 공산주의 서적을 구입·보관했고, 영국에 유학 중이던 1965년부터 1968년까지 동베를린을 왕래하고 평양을 방문해 지령을 받고, 잠입·탈출하고 북한 공작원과 만나 금품을 수수하고, 김규남·김판수 등을 초청, 포섭해 이들의 잠입 및 탈출을 교사하고, 국가기밀을 누설·탐지 등 간첩행위를 했다[22]는 혐의를 받았다.

김규남의 혐의는 박노수의 주선으로 영국으로 유학해 1965년부터 1966년까지 동베를린을 왕래하고 평양을 방문해 지령을 받고 잠입·탈출했으며, 박노수 및 북한 공작원과 만나 금품을 수수하고 국가기밀을 누설해 간첩행위를 했다는 것이었다.

김판수는 박노수의 주선으로 영국으로 유학해 1966년부터 1967년까지 동베를린을 왕래하여 잠입·탈출하고 박노수 및 북한 공작원에게 지령을 받고 회합통신을 했다는 혐의를 받았다.

박노수는 1953년에 도미해 미국 하와이대학에서 유학하다 귀국했다. 1955년에 도쿄대학 법학부에 다니던 중 1961년 영국 케임브리지대학의 초청으로 영국으로 건너가 법학부에 입학했다. 1966년에 결혼하고 케임브리지대학에서 초청 연구원으로 근무하던 중 1969년 2월에 귀국할 때까지 한 차례 일시 귀국한 것을 제외하면 거의 15년 동안 한국을 떠나 있었다.[23] 김규남은 도쿄대학 시절 친분이 있던 박노수의 주선으로 1965년에 영국으로 건너가 1년 정도 체류했으며, 1967년 7대 국회의원 선거에서 민주공화당 전국구 의원으로 당선된 현직 국회의원이었다. 김판수는 서울대 영문과에 재학하던 중 박노수의 주선으로 1966년에 영국으로 건너간 후 덴마크에서 1년 정도 학교를 다니다 귀국했다.[24]

사건이 발생한 1969년 5월은 5월 3일 대통령 선거에서 박정희가 승리하고, 이후 장기 집권을 위해 개헌이 필요한 상황이었다. 이를 위해서는 1969년 6월 8일에 있을 국회의원 선거에서 개헌선 이상을 확보해야 했다. 따라서 박정희 정권에서는 위기를 조장하고 국민의 지지를 받기 위해 국회의원이 포함된 해외 거점의 대규모 간첩단 사건을 조작할 필요가 있었을 것이다.

박노수, 김규남, 김판수 등은 1960년대에 유럽 유학 중 동베를린 등을 방문하고 귀국했는데, 1969년 4월 29일부터 중앙정보부 남산분실로 연행되어 조사를 받은 뒤 검찰로 넘겨져 국가보안법, 반공법 위반죄로 기소되었다. 서울지법은 재판 과정에서 이 사건을 처리하는 것과는 무관한 임홍준 외 10 인에 대한 국가보안법 사건과 병합해 재판을 진행했다.[25] 1969년 8월 18일 첫 공판이 시작되었고, 1969년 11월 3일 15차 공판에서 박노수와 김규남은 사형, 김판수는 징역 7년을 선고받았다. 이들은 재판 결과에 불복해 서울고법에 항소했다. 서울고법은 1970년 2월 12일부터 3월 4일까지 여섯 차례에 걸쳐 공판을 열었고 일부 혐의에 대해서는 무죄판결을 내렸다. 하지만 최종판결에서 박노수와 김규남은 역시 사형, 김판수는 징역 5년으로 형이 확정되었다. 이들은 대법원에 상고했지만 대법원은 1970년 7월 3일 기각하면서 형이 확정되었다.[26] 박노수와 김규남은 재심 청구를 했지만 심리가 진행 중이던 1972년 7월 28일과 7월 13일에 각각 사형이 집행되었다.

진실화해위원회는 《2009년 하반기 조사보고서》를 통해 이 사건에 대한 조사 결과를 발표했다. 이에 따르면 박노수, 김규남 등의 입북 사실에 대한 수사는 불가피했지만 불법연행과 구금, 고문 등의 강압적인 수사와 재판은 공권력 행사에 의한 인권 침해이며, 이들의 혐의가 과장되어 발표되었다는 것을 확인했다.[27]

'유럽 거점 간첩단' 조작 사건

중앙정보부 차장 김치열은 1973년 10월 25일 신문사 기자 17명, 통신사 기자 6명, 방송사 기자 14명, 외신 기자 5명, 《대한뉴스》 기자 2명 등이 참석한 가운데 '유럽 거점 간첩단' 사건을 발표하고, 사건 관련자는 총 54명이라고 했다. 이날 발표에 따르면 이 간첩단은 총책 이재원이 조선학 연구차 네덜란드에 유학 중이던 1958년에 북한의 유럽 대남공작책인 이원찬에게 포섭되어 북한에 들어가서 노동당에 입당한 후 네덜란드, 스위스, 서독 지역 공작책으로 임명되었으며, 유럽에 유학 온 학생, 공무원, 대학교수 등을 접선해 금품과 선심으로 꾀어 동조를 얻은 후 국내에 돌아가 정부기관, 학원 등에 침투해 북한의 대남 적화통일을 돕도록 했다는 것이었다.[28]

그러나 검찰에 송치된 혐의자는 수사 중 사망한 최종길 교수를 포함해 구속 3명, 불구속 17명, 미체포 4명 등 24명에 불과했다. 나머지 30여 명은 이 사건과 직접적인 관련이 없거나 친지 등 단순 참고인에 불과했다. 그러나 중앙정보부는 네덜란드 델프트공과대학에 연수 유학을 다녀온 공무원, 정부 산하기관 종사원 등 20여 명에 참고인 30여 명을 더해 54명의 '간첩단'으로 부풀렸다. 이 사건의 관련자는 대부분 서울대학교 공과대학을 졸업했고 네덜란드 델프트공과대학에서 연수 생활을 한 공직자들이었다.

중앙정보부가 발표한 '간첩단'의 조직과 활동 내용은 매우 허술했다. 간첩단의 총책이라는 이재원, 부책이라는 이재원의 동생 이재문, 연락책이라는 김성수 등 3인은 체포하지 못한 채, 유럽에서 유학했던 교수 1명(최종길)과 유럽에서 세미나 참석과 연수를 마치고 귀국한 공무원 2명(김장현, 김촌명) 등 3인을 묶어 간첩이라며 구속했지만, 혐의 근거가 부족했다. 김장현의 죄목은 이재원이 간첩임을 알고도 신고하지 않은 불고지죄와, 해외여행이 극히 드물던 그 시절 이재문이 네덜란드로 유학을 떠날 때 네덜란드 체류 경험자로서 출입국 수속을 도왔다는 '편의 제공 혐의'였다.[29] 농수산부 토목 기사였던 김촌명도 불고지죄와 네덜란드 연수를 마치고 귀국할 때 이재원의 손목시계 및 이재원을 포함한 몇 사람이 돈을 모아 산 자동차를 되팔아 남긴 돈 가운데 이재원의 투자 몫인 약간의 금품을 그의 아내에게 전달했다는 혐의를 받았다.[30]

이 사건은 매우 허술하고 급박하게 수사되었는데, 왜 그랬을까? 김장현과 김촌명이 중앙정보부 5국 9과에 연행되어 본격적으로 조사를 받기 시작한 것은 1973년 9월 20일경이었다. 이들은 거의 매일 구타와 각종 고문을 당하며 조사를 받았고, 9월 29일 이들에 대한 구속영장이 발부되었다. 구속영장이 발부되었다는 것은 이들의 범죄 사실이 어느 정도 입증되었다는 것인데, 앞서 살펴보았듯이 이들의 범죄혐의라는 것은 매우 보잘것없었다. 중앙정보부의 의도는 공무원 김장현과 김촌명, 그리고 다른 공무원 한두 명을 더 엮은 간첩단 사건을 서둘러 조작하고 대국민 발표를 함으로써 '유신 1주년'을 맞은 국민들이 간첩에 대한 위협감을 느끼도록 하는 것과 더불어 공직사회에도 긴장감을 주겠다는 의도였을 것이다.

이렇게 9월 말 김장현 등의 사건을 마무리 짓고 10월 초 발표를 예정하고 있던 와중에, 중앙정보부는 물론 반유신운동 세력조차 전혀 예측하지 못한 두 가지 사태가 일어났다. 첫 번째는 1973년 10월 2일 최초의 유신 반대 시위가 서울대학교 문리대에서 벌어지고, 10월 4일에는 서울 법대, 10월 5일에는 서울 상대에서 잇달아 시위가 일어나며 반유신 투쟁이 전국의 대학으로 확산된 것이다.[31] 중앙정보부는 확장 일로의 유신 반대 시위를 진압하기 위해 공안정국을 조성할 필요가 있었다. 그래서 5국 9과가 담당했던 '김장현 등의 간첩 사건'을 마무리하고, 5국 10과에서 새롭게 '최종길 관련 간첩 사건'을 하나 더 만들어내려고 한 것 같다.[32]

두 번째는 최종길의 갑작스러운 죽음이었다. 중앙정보부는 처음엔 최종길을 '간첩단'에 끼워넣을 생각이 없었다. 그래서 최종길에게 참고인으로 출두할 것을 요청했다. 그런데 10월 19일 참고인 조사 중에 최종길이 사망했다. 중앙정보부를 더욱 당황스럽게 한 것은 최종길로부터 기본적으로 받아두었어야 할 문서 등을 작성할 겨를도 없었다는 것이다. 이를 은폐하려면 최종길이 간첩이 되어야 했다. 그것도 빨리 발표되어야 했다. 중앙정보부는 "최종길이 간첩임을 자백하고 양심의 가책을 느껴 투신자살했다"는 시나리오를 꾸민 후 이틀 안에 꿰맞추기 위해 10월 20일 모든 서류를 조작하고, 10월 25일 김장현 등 서너 명으로 정리되어가던 소규모 간첩 사건을 최종길까지 넣어 대규모 간첩단 사건으로 확대 발표했다.

최종길의 동생이자 중앙정보부 직원인 최종선에게 형의 죽음은 너무나 큰 충격이었다. 최종길이 조사받으러 갈 때에도 최종선이 동행했고, 가족 중 형의 사망 소식을 가장 먼저 들은 것도 최종선이었지만 형의 죽음에 대

유럽 거점 간첩단 사건 재판 광경(1968)

유럽 거점 간첩단 기사(《경향신문》, 1973년 10월 25일)

해서는 무기력할 수밖에 없었다. 학생들에게 진실을 알리면 학생들의 희생이 뒤따를 것이고, 언론에 알리려 해도 당시 언론이 어떻게 통제되고 있는지를 잘 알고 있었기 때문에 그럴 수 없었다. 외국 언론에 호소해도 그 효용성은 크지 않았다. 외국 대사관에 가도 국제관례를 깨면서 도와줄 가능성은 높지 않았다. 최종선이 호소할 곳이라고는 대한민국에 단 한 곳도 없었던 것이다.[33]

최종선은 1973년 10월 26일 세브란스병원 정신병동에서 형의 죽음에 대한 기록을 남겼다. 이 기록에서 중앙정보부가 형 최종길을 '유럽 거점 간첩단'의 일원으로 발표한 것을 반박했고, 중앙정보부가 형을 조사하게 된 진짜 동기와 목적이 학원 탄압에 있음을 확신했다. 최종길의 조사를 중앙정보부에서도 간첩을 담당하던 5국이 아닌 학생운동 관련 수사를 하던 6국에서 한 것이 그 근거라고 생각했다.[34]

유럽 거점 간첩단 사건도 동백림 간첩단 사건과 마찬가지로 한 제보자로부터 시작되었다. 그는 네덜란드 헤이그의 사회과학 연구원을 거쳐 쾰른대학교에서 유학한 이필우였다. 이필우는 사회과학 연구원으로 근무하던 1960년대 초반에 이재원을 비롯해 김장현 등을 만났다. 최종길을 직접 만나지는 못했지만 이재원을 통해 유학 와 있다는 말을 들었다. 이필우도 유럽 유학 당시 동독의 북한대사관을 방문해 직원 등을 만났다. 동백림 간첩단 사건 때는 연관되지 않았지만 1969년 서독의 한국대사관을 찾아 이 사실을 고백했고, 1971년 4월 귀국해서 중앙정보부에 출두해 조사를 받고 공소 보류 처분을 받았다. 결국 1973년 이필우의 제보가 '유럽 거점 간첩단' 조작 사건을 촉발한 셈이다.[35]

김장현 등의 사건과 최종길의 사건이 별건이라는 점을 감안해서 김장현 등의 재판이 진행되었다. 서울형사지방법원은 1974년 4월 22일에 열린 8차 공판에서 김장현에 대해서는 검찰의 기소사실을 받아들여 징역 7년에 자격정지 7년을 선고했지만, 공동 피고인 김촌명에 대해서는 무죄를 선고했다. 서울고등법원은 1974년 7월 22일 3차 공판에서 검사 및 피고인 김장현의 상고를 모두 기각했다. 대법원은 1974년 11월 5일 김장현의 상고에 대해 파기환송했다. 이후 서울고등법원은 1975년 3월 27일 형법상의 간첩죄만을 인정해 징역 4년에 자격정지 4년을 선고했다. 피고인과 검사는 이 판결에 불복해 모두 상고했지만 대법원은 1975년 7월 22일 서울고등법원에서 선고한 형을 확정하면서 이 사건의 재판은 일단락되었다.

진실화해위원회는《2009년 하반기 조사보고서》를 통해 이 사건을 중앙정보부가 김장현 등에게 위법한 공권력을 행사한 사건으로 발표했다. 재판 과정과 복역 기간뿐만 아니라 출소 후에도 보안관찰 대상으로 지정해 직업이나 거주 이전의 자유까지 억압한 인권침해 사건으로 판단한 것이다.[36]

'서독 유학생 학원 간첩 침투' 조작 사건

안기부와 보안사는 1985년 9월 9일 미국과 서독에서 유학하던 중 북한에 포섭되어 국내에 잠입, 활동 중이던 학원 침투 간첩 양동화, 이진숙 등을 포함 두 개 간첩망 22명을 검거해 그중 19명을 구속하고 3명을 불구속 송치했다고 발표했다.[37] 당시 안기부에서는 비슷한 시기에 일어난 간첩 관련 사건들을 두 개 이상씩 묶어서 발표하는 경우가 많았다. 사건을 부풀리고 위기감을 조장함으로써 독재정권에 불리한 국면을 전환시키는 데 용이했기 때문이다. 이진숙, 안상근이 주모자로 지목된 서독 유학생 학원 간첩 침투 조작 사건과 양동화, 김성만, 황대권 등이 주모자로 지목된 구미 유학생 간첩단 조작 사건 역시 안기부에서 이 둘을 같이 묶어서 발표하긴 했지만, 서로 관련성은 없었다.

안상근은 한국전쟁 중 부친 안동순이 행방불명되고 어머니 김영희와 함께 살았다. 그러다가 어머니가 1960년 3월 부시환과 재혼하자 친척들에게 의지하며 생활하게 되었다. 안양영화예술전문학교에 진학해 1971년에 졸업했다. 이후 취업을 위해 서독으로 출국해 프랑크푸르트암마인 시내에 있는 도쿄 레스토랑에서 일하다가 1972년 2월에 귀국했다. 1974년 5월에 군대에 입대했고, 1974년 12월에 제대했다. 제대 후에는 음악감상실, MBC 방송국 FM음악방송 자료편집원으로 근무했다. 1981년 12월 어머니 김영희를 만나기 위해 서독으로 출국해 3개월 정도 머물다 귀국했다.

안상근의 어머니 김영희는 1972년 8월에 간호사로 서독에 갔고, 기독교통일연합회에서 회계직을 맡아 근무했다. 안상근은 1982년 6월에 아예 서독에서 살 생각으로 서독 정부에 정치적 망명을 요청했고, 서독 내의 교포 신문인 《우리나라》의 편집국장으로 활동했다. 그러다 1985년 6월 이진숙의 모친상을 계기로 귀국했고, 안기부에 자수했다.[38]

이진숙은 서독 프랑크푸르트암마인의 요한 볼프강 괴테 대학에서 유학 중이던 1984년 11월에 동료 유학생들의 소개로 안상근을 알게 되었다. 이후에 안상근과 교제했고, 1985년 3월 유학을 마치고 귀국해 대구의 모 대학에 교수로 채용되었다.[39] 1985년 6월 안상근과 함께 자수했다.

안기부는 안상근과 이진숙이 서독에서 오스트리아 빈으로 건너가 북한 공작원과 접촉했으며, 북한에서 간첩교육을 받은 후 국내 연구소나 대학에 침투해 운동권 학생들을 포섭하려 했다고 발표했다. 이 사건 역시 여타의 간첩 조작 사건과 마찬가지로 뚜렷한 증거도 없이 안상근과 이진숙의 자백에만 전적으로 의지했다. 검찰 조사 단계에서 안상근은 북한 공작원으로부터 지령 수수, 국가기밀 탐지, 귀국 동기 등은 안기부 수사관들의 강요에 의해 사실과 다르게 자백한 것이라고 밝혔으나, 이는 재판 과정에 전혀 반영되지 못했다.

이 사건은 안상근의 자살과, 이진숙에 대한 검찰의 기소유예로 마무리되었다. 이진숙의 기소유예에 대해서 검찰은 '범증이 충분하며 사안이 가볍다고 할 수 없으나, 탐지 수집 행위가 비교적 경미하고 앞으로는 투철한 국가관을 갖고 직분에 성실히 임하겠다고 굳게 서약하고 있으며, 심경 변화를 일으켜 수사기관에 자수한 점 등을 종합하면 이번에 한하여 장래를 엄히 훈계한 후 소추를 유예하는 것이 상당하다'라는 의견을 냈다. 이에 따라 1985년 9월 10일에 석방되었다. 하지만 안상근은 기소된 후인 1985년 10월 18일 서울구치소 내 수용거실 출입문에 목을 맨 채로 발견되었다.[40]

안상근의 자살 발표 당시 안상근이 편집장으로 근무했던《우리나라》에서는 안상근의 죽음에 의혹을 제기하며 몇 가지 근거를 제시했다. 첫째, 안상근의 죽음이 사망한 지 1개월이 지난 후에야 알려졌다는 점, 둘째, 죄수들에게는 수건이 하나씩만 지급되는데 안상근은 수건 두 개로 목을 매어 자살했다는 점, 셋째, 이진숙이 서독 정부의 압력으로 석방되었을 때 한국 정부는 서독 외무성을 통해 안상근도 자수를 하면 집행유예로 석방될 것이라고 전달했는데, 그렇다면 안상근도 석방되리라는 희망이 있었다는 점, 넷째, 안상근은 이진숙과 연인관계였는데, 신문사 측에서는 애정으로 인한 자살 가능성도 높지 않다고 보았다. 재판 전까지 간첩 사건의 피의자에게는 서신이나 면회 등의 외부 접촉이 허락되지 않는다는 점을 잘 알고 있는 상황에서 이진숙의 면회나 편지를 받지 못해 우울감이 심해질 수는 없다는 것이었다.[41]

한편 진실화해위원회는 2009년 보고서를 통해 안상근의 사인을 자살로 판단했다. 첫째, 안기부 수사 과정에서 장기간 불법구금된 상태에서 수사관들로부터 구타 등의 가혹행위를 당했고, 검찰에서 허위자백임을 주장했으나 받아들여지지 않은 점, 둘째, 교도관 집무 규칙 등에 규정된 재소자의 인원 점검 및 거실 상태 점검이 충실하게 이루어지지 않았고, 물품 지급 규정도 성실하게 이행하지 않은 것 등 재소자에 대한 관리가 충분히 이루어지지 않았다는 점, 셋째, 정신적으로 이진숙의 석방 소식을 듣고 상실감이 커졌다는 것이다. 이진숙은 풀려나는데, 자신은 징역을 살 것이 확실해지자 친밀한 사람과의 인간관계 상실로 인한 우울감이 자살을 유발할 수 있다는 점을 들었다.⁴²

안상근과 이진숙을 간첩으로 몰아간 것은 전두환 정권에게는 상당한 부담이 되었다. 안상근의 경우 서독으로 망명한 상태여서 서독 정부의 보호를 받고 있었고, 이진숙도 오랜 기간 서독에서 유학을 했다. 그런데 안상근과 이진숙이 간첩혐의를 받고 있다는 사실이 알려지면서 서독의 외교기관 및 국회, 기타 인권단체들은 한국 정부에 진상규명을 요구했다. 이미 1967년 동백림 간첩단 조작 사건에서 서독 정부의 개입으로 정권이 설계했던 결과를 얻는 데 실패한 전례가 있는 상황에서, 여타 조작간첩 사건과 같이 공안당국이 일방적으로 재판을 진행하는 것이 어려웠기 때문이다. 그런데 이런 위험 부담을 지지 않고 이진숙은 기소유예로 석방시켰다는 점, 안상근이 죽음으로써 재판이 이루어지지 않은 점은 이 사건 자체가 애초에 허위로 조작되었다는 것을 방증한다고 할 수 있다.

'구미 유학생 간첩단' 조작 사건

1985년 9월 9일 안기부는 2건의 유학생 간첩단 사건을 발표했다. 하나는 앞에서 살펴본 서독 유학생 학원 간첩 침투 사건이었고, 다른 하나는 구미 유학생을 중심으로 한 간첩단 사건이었다. 안기부의 발표를 정리하면 다음과 같다. 양동화와 김성만은 좌경화된 운동권 출신으로 1982년 8월 미국 웨스턴 일리노이대학교에서 유학하던 중 북한의 대남혁명 선동책자 등을 탐독하고 학습 토론을 하다가, 재미 반정부지로 위장한 《해외한민보》의 발행인이며 북한 공작책으로 평양을 수차 다녀온 서정균에게 포섭돼 간첩이 되었다. 이후 서정균의 안내로 평양과 헝가리, 동독 등지에서 간첩교육을 받았으며 노동당에 입당했다. 이에 따라 양동화는 1984년 9월에 국내에 잠입하여, 전남대의 강용주와 채영미, 한성대의 안병곤 등을 포섭하고 광주 미국문화원을 공격하여 제2의 5·18 광주사태를 유발시키라고 지시했다. 강용주는 전남대 삼민투(민족통일 민주쟁취 민중해방 투쟁위원회) 위원장 강기정 등 전남대 운동권 학생을 중심으로 지하 서클을 결성하여 김일성 주체사상, 공산당 선언 등 사상 학습을 진행했고, 이미 구속된 5·18 진상규명투쟁위원장 전남대생 한경 등과 만나 학생 시위 방향을 논의했다. 김성만은 국민대생 정금택, 성균관대생 김창규 등을 포섭하여 반미 유인물을 제작하고 연세대, 고려대, 성대 등의 10여 개 지하 이념 서클룸에 투입, 반미 학원 시위를 선동했다. 황대권은 미국 뉴스쿨 사회과학대에 유학 중이던 1983년 12월 북한 공작원 서정균에게 포섭되어 공작교육을 받은 후 귀국하여 유학 전에 조직했던 의식화 서클 올드 회원들을 재접촉, 지하혁명 조직 가능성을 탐지했다.[43]

구미 유학생 간첩단 사건으로 양동화와 김성만은 사형선고를 받았으며, 황대권과 강용주는 무기징역을, 정금택과 김창규는 징역 10년, 안병곤·김영찬·채영미·김형걸은 징역 7년형을 받았다. 이들의 재판에 대해서 부모를 중심으로 한 피해자 가족들은 민주화실천가족운동협의회(민가협)를 결성하고 수사상의 문제를 제기하며 무죄를 호소했다.[44]

민가협의 주장에 따르면 양동화와 김성만은 실제로 북한 실정이 담긴 영상을 본 적은 있었다. 양동화는 서정균으로부터 조국통일에 대해 논의해보자는 제안을 받고 유럽으로 갔으며, 유럽에서는 서정균의 북한 방문 제안을 받아들여 북한까지 갔다 왔다. 하지만 간첩 지령을 받은 적도 없고 간첩행위도 하지 않았다.

김성만의 경우는 서정균의 제안을 받아들이지 않았고, 귀국 후 ㈜문화어연의 선임 연구원으로 취직해 있다가 독일어 연수를 위해 서독에 갔을 때 북한 사람들과 만났는데, 이들은 북한 공작원이 아닌 동독을 비롯한 유럽 각 지역에 거주하는 북한 사람들이었다. 양동화와 김성만은 증거도 없이 이런 혐의만으로 고문을 당한 끝에 간첩이라고 허위자백을 했다.

황대권 또한 미국에서 정치학을 공부하면서 제3세계 정치학을 전공하기

구미 유학생 간첩단 사건의 주인공들 강용주, 황대권

위해 다양한 사람들을 만났고, 그 과정에서 양동화, 김성만, 서정균 등을 만난 것뿐이라고 했다.

강용주는 양동화와 고등학교 동문으로 친분관계가 있었으며, 1984년 귀국한 양동화를 만난 것은 단순히 오랜만에 귀국한 선배의 안부를 묻고 또 미국 생활에 대한 호기심 때문이었다고 했다.[45] 그리고 "안기부에서 두 달 가까이 있으면서 폭력과 고문에 못 이겨 그들이 시키는 대로 했을 뿐이다. 그들이 나에게 '이렇게 저렇게 했다고 얘기하라'고 해놓고 잠시 후 다시 질문을 했을 때 제대로 답하질 못하면 외울 때까지 때렸다. (…) 민주화운동을 탄압하기 위한 도구로 사용되는 자신을 돌아볼 때 죽고 싶은 마음뿐이었다"라며 안기부의 고문과 강압을 폭로했다.

다른 연루자들도 이들과 친분은 있었지만 간첩행위 같은 것은 결코 한 적이 없다고 강조했다. 민가협을 중심으로 한 피해자 가족 및 대학생들의 적극적인 구명 노력으로 양동화와 김성만은 사형에서 무기징역으로, 황대권은 무기징역에서 징역 20년형으로 감형되었다. 한편 이 사건의 관련자 대부분이 감형되거나 풀려나는 와중에도 강용주는 전향서를 내지 않았다는 이유로 장기수가 되었다. 1998년 김대중 정부가 사상전향제도를 폐지하고 도입한 준법서약서 제도 또한 거부했다. 1999년 2월에 사면되어 석방될 때까지 강용주는 세계 최연소 장기수로 기록되었다.[46] 2017년 9월 이들은 재심을 청구했다. 법원은 다음 해 5월 안기부의 강제연행과 구금은 불법체포와 불법감금에 해당한다며 재심을 개시했다. 21명의 증인이 법정에 나와 안기부의 고문을 받아 거짓진술을 했다고 증언했다. 2020년 2월 14일 재판부는 과거 안기부와 검찰이 근거로 제시했던 참고인 진술조서, 피의자 신문조서, 안기부의 수사보고서는 증거능력을 인정할 수 없으므로 공소사실

이 인정되지 않는다는 결론을 냈다.[47]

　1985년 9월에 발표된 이 사건은 왜 발생했을까? 1985년 2월 12일에 치러진 총선에서 김대중과 신민당이 50석을 얻어 제1야당이 되자 전두환 정권은 상당한 부담을 느꼈다. 더구나 대학생들이 광주 미국문화원을 점거하고 '미국은 광주 민주화운동의 책임을 지라'며 농성을 벌이자 전두환 정권은 더 큰 압박을 느끼게 되었다.[48] 국면 전환이 필요한 상황에서 이번에도 해외 유학생들과 국내의 학생운동 세력을 억지로 연결시키는 간첩단 시나리오가 동원되었다. 학생운동과 야당에 대한 국민의 지지를 원천봉쇄하고자 전두환 정권이 조작한 것이 '구미 유학생 간첩단' 사건이다.

제 8 장

누구를 간첩으로 만들었나 4
: 납북귀환어부

이정은

'간첩' 조작을 위한 공안기관의 주된 표적 대상으로는 해상 어업 작업 중 북한에 납치되었다가 귀환한 어부(이하 '납북귀환어부')를 빼놓을 수 없다. 〈표 1〉은 1951년부터 1996년까지 남한 당국이 검거한 간첩의 유형을 연도별로 정리한 것이다.

| 표 1 | **검거 간첩의 유형별 추이**

시기	직파	일본 우회	제3국 우회	납북 귀환어부	강제 송환	재남	기타	계
1951~1959	1,522	8	0	2	0	142	0	1,674
1960~1969	1,280	82	30	39	0	253	2	1,686
1970~1979	287	183	13	37	5	156	0	681
1980~1989	95	138	23	19	0	65	0	340
1990~1996	32	19	19	0	0	6	38	114
총계	3,216	430	85	97	5	622	40	4,495

출처: 국가정보원,《과거와 대화 미래의 성찰 – 학원·간첩편 (VI)》, 2007, 263쪽.

〈표 1〉에 따르면 1951년부터 1996년까지 간첩 사건 총 4495명 중 납북 귀환어부가 관련된 사건은 97명으로 약 2.2퍼센트를 차지한다. 북한에서 직접 건너온 '직파'간첩 건수를 제외하고 비(非) 북한 출신 간첩 사건에서 추려보면 그 비중은 몇 배로 늘어난다. 즉 총 1279명 중 납북귀환어부 관련이 97명으로 약 7.6퍼센트에 달한다. 한국 내 어부라는 단일 직업군만 해당하는 수치라는 점을 감안하면 매우 높은 비중이다. 시기를 중심으로 〈표 1〉을 다시 살펴보면 납북어부들이 간첩으로 검거된 시기 역시 1950년대는 매우 드물고, 1990년대 이후에는 한 건도 없다. 1960년대부터 1980년대까지 집중되고 있는 양상이다. 한국 사회의 한 직업군에 불과한 어부들이 북한에 납치되었다가 귀환한 뒤 '납북귀환어부'가 된 배경은 물론, 한 발 더 나아가 1960~1980년대에 집중적으로 간첩으로 검거된 역사적 요인과 그 실체가 궁금해질 수밖에 없다.

이 가운데 앞서의 글들에서 확인했듯, 한 가지 확실한 지점은 '반공', '반북'을 기치로 내건 박정희 정권과 그 뒤를 이은 전두환 정권의 경우, 정당성 확보 및 확대를 위한 정치적 필요에 의해 간첩이 아닌 이들까지 수시로 간첩으로 조작해 선전, 처벌했다는 사실이다. 그리고 어부라는 집단은 물리적 경계가 가시적이지 않은 해상에서 조업을 하는 직업적 특성뿐 아니라, 사회적 권력에서 상대적으로 먼 지위에 있던 까닭에 손쉬운 조작 대상이 되었다는 점이다. 이는 '간첩' 사건과 '간첩 만들기'가 횡행했던 냉전-분단-독재 체제하의 남한 사회구조 및 납북귀환어부들이 위치했던 사회적 조건이 함께 맞물려 작동하는 데서 기인했다. 아래에서는 납북귀환어부와 관련한 간첩 조작 실태와 상황을 구체적으로 살펴보겠다.

해방 이후 근해 어업 조건과 어부의 지위

'남북귀환어부'는 휴전선 접경지역에서 조업을 하던 중 북한 경비정에 피랍되거나, 혹은 안개 등으로 방향을 잃고 북한 해상으로 넘어가 북한 당국에 의해 억류당했다가 한국으로 귀환한 어부를 지칭한다. 해방 이후 분단된 이래 장기간 동안 어부 '납북'은 어느 정도 불가피한 측면이 있었다. 어선 장비가 매우 열악했고, 해상에는 육지와 달리 남북을 가르는 가시적인 경계선이 부재했던 까닭이다. 더욱이 1953년에 맺어진 정전협정 본문이나 후속합의서, 정전협정 지도에는 육상과 달리 합의된 남북 해상분계선이 없었다. 그 이후 한국 정부에 의해 서해에는 북방한계선(northern limit line: NLL), 어로저지선, 어업통제선(조업구역경계선), 어로한계선이 그려졌다가 수차례 변경을 반복했다. 북한 역시 자체적으로 해상 군사분계선과 다섯 개 섬의 '통항질서'상 수로 등 각종 선을 설정해 발표했다. 하지만 복잡한 용어만큼이나 어지럽게 얽힌 남북의 주장은 합의되지 못하고 계속 날카롭게 맞섰다.[1] 드넓은 바다에서 조업하는 어부들로서는 눈에 보이지 않으면서 동시에 고정적이지 않은 경계선들에 항시 노출된 셈이었다.

1963년 9월, 주문진 앞 해안의 어선들

이러한 위험성에도 불구하고 어민들은 생계를 위해 동해와 서해의 경계선 부근에서 고깃배를 타야 했다. 동해의 경우 6월부터 시작되는 오징어잡이는 남측이 정한 어로한계선 부근을 기점으로 오징어를 따라 남하하는 경로였고, 가을부터 겨울에 이르는 명태잡이는 북쪽으로 올라가는 명태 무리를 따라 작업을 해야 했다. 현재는 꽃게로 바뀌었지만, 1950~1970년대 서해에서 가장 중요한 어획물은 조기였는데, 조기 역시 양쯔강 모래펄에서 겨울을 난 후 북쪽으로 올라가는 4월과 5월에 북측과 인접한 연평도 부근 해역에서 어획 피크를 맞았다.[2] 먹고살기 위해 한정된 시기에 최대한 어획량을 늘려야 하는 어민들로서는 위험을 무릅쓰고 남북 해상경계선에서 조업을 해야 했다.

낡은 장비는 문제를 가중시켰다. 1970년대 이전까지 대다수 영세어민들의 어선은 20~30년 이상 된 낡은 것으로, 동력기계 없이 돛에 의지하는 무동력 목선이었다. 무전시설은커녕 나침반조차 갖추지 못한 어선도 부지기수였다. 기본적인 기계나 안전장치도 없이 '경험이 많은 선장을 보고 배를 타는' 것이 어민들의 상식이었다.

1960년대 한일협정 추진 당시 한일어업협정의 체결을 통해 받는 금액으로 3년간 어업 근대화를 꾀한다고 했던 한국 정부 구상의 한 축이 근해 어업에 쓸 신규 기계어선의 건조와 무동력선의 동력화, 어선 보수와 시설 개량이었던 것은 이러한 척박한 사정에서 나온 것이었다.[3] 다만 이러한 구상은 순조롭게 진행되지 않았다. 한·일간의 복잡한 셈법에 휘말려 한일어업 협력자금의 도입이 축소, 지연되면서 어선 근대화는 더디게 진행되었다. 1968년 7월의 조사에 따르면 국내 소재 총 5만 3294척의 어선 중 무동력선이 4만 4410척으로 압도적으로 많았으며, 극소수 원양어선과 대규모 어선을 제외하고 2톤 미만의 어선이 63퍼센트인 3만 3808척, 5톤 미만이 1만 1197척으로 영세함을 면치 못했다.[4]

명태, 조기 등의 어류들을 따라 북상하며 작업하던 열악한 장비의 어선들은 정확한 위치를 파악할 수단이 없었고, 그러다 보니 북측 함정이 관할하는 해역으로 넘어가거나 방향을 잃기 쉬웠다. 날씨가 안 좋거나 해무가 짙은 날에는 이런 일이 더욱 잦았다. 1950~1960년대 이러한 조건은 남한과 북한뿐만이 아니라, 바다를 접하고 있는 한국과 일본, 한국과 중국 어선들 사이에서도 유사한 일이 빈번히 일어나는 원인이 되었다. 1950년대 이승만 정부 때는 평화선을 침범한 일본 어선과 중국 어선을 한국 정부 측이 나포하는 일이 꾸준히 발생했고, 중국 측 해역으로 넘어간 한국 어선을 중국 측이 '납치'하는 사건도 벌어졌다.[5] 물론 남북이 적대적으로 대치하는 상황에서 이러한 일은 단순한 사건사고에 그치지 않고 간첩 사건 같은 심각한 문제로 확대되곤 했다. 이에 대해서는 다음 장에서 살펴볼 것이다.

한편 해방 이래 한국 사회에서 어업에 종사하는 사람들의 형편은 결코 넉넉하지 않았다. 1966년 말 기준으로 수산업에 종사하는 인구는 149만 4천 명으로 전체 인구의 약 4.5퍼센트였지만, 국민총생산(GNP)에서 차지하는 비중은 1.1퍼센트에 불과했다. 더욱이 수산업 종사 인구를 하위 업종별로 구분하면 어업 인구가 84만 9천여 명, 양식업이 42만 7천여 명, 수산제조업이 3만 7600명이었던 만큼, 자기자본이 없어도 쉽게 일할 수 있는 어업 인구의 소득 비중은 더욱 낮았다. 어업 종사자 내에서조차도 기업화된 원양어업과 근해어업 등 소수의 대규모 어업이 정점에 있고 대다수 영세어업이 저변을 형성하는 구조였다. 단적으로 1964년도 한국의 총어획고는 122억 8500만 원인데 이 중 극소수(10개 업자)의 원양어업이 12퍼센트, 근해어업이 35퍼센트로 거의 반을 차지했고, 절대다수의 어민이 종사하는 연안어업은 어획고의 53퍼센트를 점할 뿐이었다.

위의 수산업 종사 인구 및 어업 인구 수가 가계 기준으로 파악된 것이라면, 실제 바다로 나가는 전국 어민의 수는 1967년 3월 말 현재 총 19만 5686명으로 집계되었다. 이 중 66퍼센트인 12만 8216명이 가입해 있던 어촌계원을 중심으로 시행된 또 다른 조사에 따르면 전체 계원 중 어업을 전업으로 하는 사람은 33퍼센트, 다른 일과 겸업하는 사람은 55.9퍼센트, 고용살이는 11.1퍼센트였다. 고용살이 어민들은 어기(漁期)를 따라 여러 어장을 떠도는 철새 같은 품팔이였고, 한곳에 정착한 경우라도 어업 이외에 농업 등 다른 직업에도 종사하는 겸업자들이 절반 이상을 차지했다. 이는 어업만으로는 생계 유지가 힘든 영세민이 절반 이상이었다는 의미로, 어촌의 경제구조는 반어반농의 형태가 지배적이었다.

무엇보다 어업은 육상의 여타 산업과 달리 활동 장소가 바다이기 때문에 해양과 기상상태 등 자연조건에 영향을 받는 불안정한 계절 작업이었다. "판자 한 장 밑이 지옥"이라는 말은 당시 어민들이 직면했던 높은 위험성을 단적으로 보여주는 표현이다. 이처럼 사업의 불연속성과 수입의 불안정성 때문에 어민들은 장기 계획보다는 당장의 생계를 해결하는 데 주력해야 했다. 간혹 풍어를 만나 수입이 좋았다고 해도 이는 한때뿐이었다. 단적으로 1963년도 어민 1인당 연간소득은 5800원으로, 같은 시기 농민 소득의 49퍼센트에 불과했다. 영세 어민들은 고리채를 겸하는 객주들의 돈을 빌리는 데 의존해야 했고,[6] 자녀에게 고등교육을 시키기도 어려웠다. 무엇보다 본인 스스로 학력이 낮거나, 배울 기회가 없어 글을 읽지 못하는 사람이 많았다.[7]

북한은 바로 이러한 어민들을 납치해 이용하고자 했고, 이들의 국가 한국은 이들에게 어로 작업의 위험성보다 더 치명적인 간첩혐의를 씌우고 더 큰 고통을 주었던 것이다.

2
어부 납북 추이와 남북 정부의 대응

1954년부터 1987년 4월까지 집계된 한국 정부 자료에 따르면, 〈표 2〉와 같이 납북된 어선과 선원은 모두 459척 3651명이며, 이 중 27척 403명이 귀환하지 못하고 북한에 억류되어 있었다. 이를 시기별로 살펴보면 1960년 대에 어선 납북 사건이 가장 많이 발생했고, 1980년대 이후에는 납북 건수가 급감했다. 이는 1960년대 후반부터 어선 동력화와 무전시설 설치가 점진적으로 이루어지면서 우발적으로 북한 해역으로 넘어가는 일이 줄어들었기 때문이다. 동시에 북한의 대남전략 변화도 이와 긴밀한 관련이 있다. 뒤에서 살펴보겠지만, 이를 배경으로 1980년대 간첩혐의를 받고 처벌된 납북귀환어부의 납북 시점은 1970년대 이전이 가장 많았다.

북한이 남한 어선을 본격적으로 나포한 시기는 이승만 정부가 동해상 어로저지선을 28도 26분에서 휴전선(38도 36분 45초) 바로 아래인 38도 35분 45초로 변경한 1957년 11월부터라고 알려져 있다. 물론 어로저지선은 이후 수차례 변경되었다. 하지만 어선 납북은 이에 상응해 줄어들지 않았다. 오히려 북한은 남측 경비정보다 상대적으로 성능이 좋은 북한 경

| 표 2 | **납북귀환어부 현황**

시기	납북 선박 및 어부	미귀환 선박 및 어부
1954~1960	99척/ 675명	2척/ 35명
1961~1970	314척/ 2,236명	16척/ 241명
1971~1980	40척/ 639명	8척/ 115명
1981~1987	6척/ 101명	1척/ 12명
합계	459척/ 3,651명	27척/ 403명

※ 상기 납북선박 및 선원 중 5척이 침몰하고 16명이 사망
출처: 국무조정실, 〈연도별 해상납북 및 송환통계〉(1987년 4월 29일) (변상철, 〈납북귀환어부 간첩조작사건 실태
보고〉, 《납북귀환어부 간첩조작사건 피해자 구제방안 모색을 위한 국제토론회》, 2019, 10쪽 재인용)

비정을 앞세워 군사분계선 너머의 남한 배를 적극적으로 나포했다. 실제 1950~1960년대 남한 해군력은 매우 노후화된 것이었던 데 반해, 북측은 최신식 쾌속정을 가지고 있었다. 이러한 북측 쾌속정에 포착된 남측 어선은 속수무책으로 따라잡혔음은 물론, 어선을 지키는 남한 측 해군의 해상경비 함정이나 경찰 경비선 역시 대응은커녕 도리어 납치될 우려에 노출되어 있었다.[8]

이렇게 납북된 어부들을 북한은 어떻게 대우했을까? 짧게는 수일부터 수 주, 길게는 수개월부터 1년여 동안 북한에 억류당했다가 돌아온 어부들의 진술에 따르면, 북한 당국은 이들에게 어업 작업을 했던 근해상의 군사경비 상황이나 주변 군사정보를 묻는 한편으로, 북한 체제의 정책과 운영 방침을 교육하고 주요 산업체와 관광지를 견학시키며 북측의 우월성을 홍보하고 포섭하고자 했다.

평양에 집결 수용한 납치 어부에 대하여 5.1메데(메이데이: 인용자) 행사구경을 시켰다. '근로자 제일주의'의 일면을 어부들에게 인식시키려 했다. (…) 또 평양 시가지의 복구상을 두루 구경시켰다. (…) 앵무새같이 '조국의 평화적 통일'도 주장했다.[9]

며칠간 심문을 받았는데 심문 내용은 남한의 군사시설, 경비초소, 미군 동향에 관한 것이었다. (…) 이북에 남아 있지 않겠느냐는 유혹도 받았으나 고향으로 돌아가겠다고 주장하여 전원이 귀향했다.[10]

1950년대부터 1964년까지 북한에서 남한 어부들을 납치하는 임무를 맡았다가 남한으로 귀순한 강대진은 당시 어부들의 마음을 사로잡기 위해 미인계까지 동원했다고 밝히고 있다.

모든 어부들에게 미모의 여대생 한 명씩을 짝지어주고 간첩 임무 수행하고 오면 그들과 결혼시켜줄 것처럼 속이면서 (…) '이제 가시면 언제 오시나요. 다시 만날 때까지 죽어도 시집 안 가고 기다리겠어요' 노래 (…) 연기가 우수한 여대생은 나중에 노동당 표창을 했다.[11]

북한 당국은 어부들에게 남한에 내려간 뒤에는 "북한이 살기 좋은 낙원이라고 선전하라", "북한 사람이 남한에 내려가면 적극 협조하라", "미군 철수를 선전하라", "평화통일 선전공작을 하라"는 등의 지령을 내렸다. 귀환 시에는 물고기와 경유, 술, 담배, 음식 등을 배에 실어 보내기도 했다. 귀환 직전에 고기가 잘 잡히는 곳에서 추가 어로 작업을 하도록 허용하기도 했다.[12] 반면 납북되었다가 남으로 귀환하지 못한 어부도 늘어났다. 이유는 다양하겠지만, 〈표 2〉에 따르면 이들은 총 403명에 달하며, 한국전쟁 이후 북한에 끌려간 '전후 납북자' 수의 대다수를 점하게 되었다.[13]

북한의 어부 납치·포섭 전략에 대응해 한국 정부도 1959년 말부터 어로저지선을 넘은 어선에 대해서는 수산업법 및 국가보안법에 의거해 처벌한다는 방침을 세웠다. 하지만 어로저지선을 넘거나 납북되었던 어부들에 대해서도 1967년까지는 고의 월선이 입증되지 않는 한 무죄를 선고하는 경우가 많았다.[14] 물론 1950~1960년대 중반에도 납북되었다가 돌아온 어부들이 간첩죄로 검거되는 경우가 종종 있었지만, 언론 보도에서조차 그 수는 많지 않았다.[15] 1959년에는 어부 납북 사례가 전년대비 세 배나 증가했음에도, 남한의 정부나 언론은 그 목적이 이들의 간첩 양성보다는 '대남선전'의 토대 확보와 실효를 얻고자 하는 노력이라거나, 북측이 자진 월북자를 기대하는 것으로 해석하는 경향을 보였다.[16]

한편으로 이는 아직 한국의 수출 산업이 자리 잡기 전인 1960년대 중반까지, 이들 어부들이 '위태로운' 해상경계선에까지 가서 잡아오는 수산물이 한국 경제에서 큰 비중을 차지했기 때문이라는 추정도 가능하다. 1950년대 한국의 초라한 수출 실적에서 그나마 수위를 차지했던 것은 어선 작업을 통해 잡아오는 활선어였고, 활선어, 건오징어 등의 수산물이 전체 수출에서 차지하는 중요성은 1960년대 중반까지 이어져, 1965년 초까지도 수산물의 해외 수출고는 전체 수출고의 20퍼센트를 차지했다.[17]

오히려 남한 정부는 북한이 좀 더 물질적으로 앞서 있던 상황을 의식해서인지, 북한을 목격하고 돌아온 어부들의 입을 통해 북한의 폭압성과 참상을 고발하는 기자회견 및 선전을 지속적으로 추진하기도 했다.

납북 14일 동안의 생활은 괴뢰들의 감시를 줄창 받으면서 이곳저곳 강제로 끌려 다니며 그들의 선전 무대만 구경하고 돌아왔다. (…) 평양 시내에서 노인 거지를 많이 보았으며 큰 거리에는 3, 4층의 건물이 서 있었으나 상점이나 시장에는 물건이 전혀 없었다.[18]

밥은 중류층의 것이 쌀, 밀, 보리 3곡이 섞인 데다 찬이라고는 무우를 넣은 된장국과 소금에 절인 김치 두 가지뿐이었다. (…) 부녀자들의 옷은 추운 겨울인데도 엷은 인조치마 저고리에 무명 몸빼 겸한 속옷 걸치고 검은 고무신 (…) 여관방의 다다미 자리는 비에 젖어 모두 썩어가고 있었다.[19]

납치 당시 중상을 입은 항해사는 해주 소재 대학병원에서 진통제도 맞지 않은 채 수술을 받았다.[20]

납북어부들이 북한에서 강요받은 내용은 한국 정치 상황에 유리하게 강조되기도 했다. 서해안에서 어로 작업 중 납북되었다가 25일 만에 돌아온 제1보승호 선원들은 북괴로부터 "한일회담 결사반대를 외치고, 남쪽에 가면 학생들을 설득시켜 반미운동도 해야 한다", "한일회담 반대 학생들이 들고 일어나면 이북은 물심양면으로 돕겠다"는 등의 교육을 받고 선전을 들었다고 기자회견 자리에서 밝혔다.[21] 이는 야당 진영이나 대학생들이 주도하는 한일회담 반대운동이나 반미운동을 하는 것은 곧 북한에 호응하는 것이라는 논리를 의도적으로 내비치는 친정부적 정치 효과를 발휘할 수 있었다.

그런데 흥미로운 점은 당시 북한 측이 내세우는 대남 선전 공세에 따르면, 오히려 미국이나 한국 정부 역시 북한 어선을 납치한 후 북한 어부들에게 간첩교육을 시킨 후 북측으로 송환하고 있다거나, 남측 '무장간첩'을 남한 어부로 위장시켜 북측으로 올려 보내고 있다고 주장한다는 것이다. 남한 정부는 이러한 북한의 동향을 언론을 통해 간간히 전하면서도 북측의 모략이라고 비난하는 동시에, 북한이 남한의 어부들을 납북한 후 남한이 파견한 간첩이라는 누명을 씌우고 허위자백을 끌어내기 위해 갖가지 폭력과 고문을 자행하고 있다고 역공세를 펼쳤다.[22] 그런데 이는 1960년대 후반~1980년대에 본격화했던 한국 정부의 납북귀환어부 간첩 조작 방식과 크게 다르지 않으니, 북한 당국과 한국 정부는 서로 '미워하며 닮아가는' 관계였음을 보여준다.[23]

3

1968년 이후 남북 정부의 강경조치 선회

비교적 온건했던 납북귀환어부에 대한 정부의 처리와 활용 방식은 1960
년대 후반부터 급격히 선회했다. 변화의 기점이 된 것은 1968년이었다.
1968년 1월 21일 김신조 등의 간첩단 침투에 더해 1968년 11월 2일 울
진·삼척지구 무장공비 사건이 발발한 이후였다. 당시 정부당국은 나포 선
원들이 제공한 정보들이 북한 무장공비 침투에 이용되었다고 판단하고 납
북어부들을 엄벌한다는 방침을 세우기 시작했다.[24]

> 이(납북어부 문제)를 통한 북괴의 대남침투에 있어서 활용되는 기초자료의
> 수집 방법, 공작원 침투, 월북의 루트, 세뇌공작을 통한 지하공작 거점 확
> 보 등의 유력한 이용 방법이라는 점에 국가안보적 입장에서 다뤄야 할 시
> 대적 필요가 높다. (…) 엄벌하는 입장으로 전환해야 한다.[25]

이에 따라 1968년 11월 이후부터 군사분계선이 아닌 어로저지선 부근
에서 조업하다가 북한 경비정에 나포되는 경우에도 미필적고의를 적용해

반공법으로 처벌하는 사례가 속출하기 시작했다.[26] 더 나아가 1968년 12월 24일 대검찰청 공안부는 조업 중 두 번 이상 납북된 어부에게는 반공법과 국가보안법을 적용해 사형을 구형하라는 초강경 방침을 전국 검찰에 지시했다.

대검공안부(한옥신 검사)는 어로저지선 근해에서 조업 중 두 차례 이상 납북됐다가 송환된 어부에 대해 반공법 9조 2, 국가보안법 10조의 2(재범자 특수가중)를 적용, 법정최고형(사형)을 구형하라고 관하검찰에 지시했다. 또 납북어부들이 북괴로부터 지령을 받고 귀환한 후 수사기관에 신고하지 않았거나 위장신고 또는 불완전신고를 했을 경우 반공법과 국가보안법상의 탈출·잠입죄, 형법상의 간첩죄 또는 간첩미수죄를 적용, 기소하라고 지시했다. 또한 귀환어부에 유기형을 구형할 때는 자격정지형을 반드시 병과 구형하고 집행유예 판결이 내릴 경우에는 무조건 상소권을 행사, 납북어부를 엄벌에 처하라고 강력히 지시했다.[27]

물론 북한 당국 역시 1968년을 전후해 남한으로의 간첩 침투 시도를 급격히 늘리고 있었다. 그리고 납북한 어부들은 포섭과 회유의 대상에서 더 나아가 간첩으로 훈련시킬 수 있는 유용한 대상이 되었다. 1960년대 전반까지 어부들의 억류 기간은 길어야 몇 개월이었지만 1년으로 늘어났고, 남한으로 귀환시키는 납북어부들에게 주입하고자 했던 지령도 다음과 같이 더욱 구체화되었다.

(1) 선거 때 간첩이 찾아가면 도와주고 그들이 수류탄 폭약 등을 제공하면

푸에블로호 승무원 귀환(1969)

관공서 폭파공작에 협력하라. (2) 가족, 친지, 노동자, 농민들에게 북괴를 선전하라. (3) 미일세력을 몰아내자고 선동하라. (4) 합법적 친목회 등을 조직, 유사시 할 수 있는 대열을 조직하라. (5) 향토예비군을 포섭, 규합시켜 유사시 할 수 있는 대열을 구축하라. (6) 북괴간첩이 찾아가면 신고하지 말고 적극 지원하라 등.[28]

1972년 한국 내무부에서 파악하고 있던 북한의 지령을 구체적으로 살펴보면, 지령은 북한 지도원이 납북 선원 전원에게 공통적으로 주는 일반지령과 개별적으로 전달하는 특수지령으로 나눠졌다. 일반지령의 주된 내용은 "남북공동선언 교육과 북한 찬양. 선전하라. 통일이 되면 간부로 임명되니 임무를 실천하라" 등이었다. 특수지령은 더 구체적으로 지시되었는데, "공작임무로 지하당 조직, 군입대 봉기, 단독 또는 대동 입북, 남파간첩 접선, 삐라 살포" 등을 비롯해 간첩행위를 위한 각종 통신연락 수행 방법을 교육받았다.[29]

이에 따라 귀환한 납북어부들은 남한 땅에 도착하는 즉시 수사기관에 납북귀환 사실 및 북측으로부터 어쩔 수 없이 듣고 온 지령 내용을 의무적으로 신고해야 했다. 이 과정은 모두 강도 높은 합동심문과 경찰 조사를 통해 이루어졌다. 그런데 1968년 말 납북어부들에 대한 정부의 방침이 바뀐 이후에는 납북어부들에 대한 조사 역시 단순한 심문에 그치지 않았다. 1968년 7월 납북되어 4개월 뒤 귀환한 태영호 사건이 그중 하나였다. 북한 어선에 의해 납북되었다가 귀환한 태영호 선원들에 대해 반공법, 수산업법 위반에 따른 징역 1년 6월 및 자격정지 1년, 집행유예 3년이라는 선고를 내린 것이다. 당시 이들은 남한 해역에서 조업하다가 북한 어선에 의해 납치되었음에도 수사관들은 이들이 월선을 했다고 결론 내렸다. 하지만 태영호 선원들이 월선을 했다는 증거는 30일간의 불법구금과 그 과정에서 이뤄진 몽둥이 구타, 물고문 등을 통해 얻어낸 허위자백뿐이었다. 당시 태영호 선원들의 무죄를 증명할 수 있는, 기소 11일 후 접수된 "월선을 하지 않았음에도 북한 경비정이 나포하였다"는 해군본부의 회신문은 법원에 아예 증거로 제출되지도 못하고 무마되었다.[30] 고문을 통해 허위자백을 받아내 처벌까지 이끌어낸 데에는 다음과 같은 이유가 있었다.[31]

> 경찰관들은 '너희들이 남한 해상에서 납치되었다고 하면 북한 경비정이 넘어왔는데도 지키지 못했다고 징계를 당하니 너희들이 북한 해상에 넘어갔다'고 하라고 했다.[32]

이러한 사정은 1973년 9월 12일 "특별한 사정이 없는 한 어로저지선 부근에서 조업을 하면 북한 경비정에 납치될 수 있다는 미필적 예측이 인정되어야" 하므로 어로저지선 부근에서 고기를 잡다 납북되어 북한에 군사기밀을 제공했을 경우, 국가보안법 및 반공법상의 간첩행위로 처벌되어야 한다(대법원 형사부 한환진 판사)는 새로운 판례를 낳았다.[33]

하지만 이는 시작에 불과했다. 북측에 억류당했다가 귀환한 후 당장 간첩조작 사건에 휘말리지 않았다고 해도, 이들 납북귀환어부들에게는 끝없는 고통이 기다리고 있었다. 간첩의 납북 사실 자체를 대상으로 한 고문과 처벌은 1차 피해였고, 수년 뒤, 길게는 10여 년 후 갑자기 간첩으로 '소환'되어 가혹한 고문과 긴 옥고를 치르는 2차 피해가 속출했다.[34] 이는 귀환 직후에 가해졌던 고문과 처벌이 끝난 이후에도 납북귀환어부들을 대상으로 한 수사기관의 계속된 감시가 작동한 산물이었다.

"1968년 이후 북한이 후방 고정간첩들에게 결정적 시기가 오면 무력폭동을 일으키도록 하기 위해 유격기지 구축을 목적으로 재남 지도부(가칭 통일혁명당) 조직에 대한 확대 공작을 하고 있으며, 납북귀환어부를 이용한다"고 판단하였다. 따라서 납북귀환어부들을 "불온사상 포지자(또는 사상전과자)로 규정하고 보안사 부대원 1인당 사찰 대상자 1세대를 담당하여 책임지고 사찰하도록 하는 1:1 사찰제도를 마련하여 사찰, 도서 지역 등 취약지역에 대해서는 집중 사찰제도를 마련한다."[35]

가장 심각한 문제는 이러한 방침을 발판 삼아, 1970~1980년대 발표된 납북귀환어부 간첩 사건의 상당수가 사실과는 상관없이 사찰기관에 의해 조작되었다는 점이다.

4

'조작' 납북귀환어부 간첩 사건과 진상규명 실태

〈표 3〉은 여러 자료들을 참고해 주요 간첩 사건을 정리한 것으로, 특히 간첩 '조작'의 혐의가 짙은 것들이다. 이를 반영하듯 결론부터 밝히자면, 이 중 수 많은 사건이 2000년대 들어 진행된 재심에서 무죄판결을 이어가고 있는 중이다. 가장 최근의 무죄판결 사건은 1969년 2월 반공법, 수산업법 위반 혐의로 재판에 넘겨져 징역 1년부터 최대 징역 3년을 선고받은 남정길 등 납북어부 5명(남정길 외 나머지는 고인)의 재심청구였다. 선고 당일인 2019년 7월 12일 전주지법 군산지원 형사1부(재판장 해덕진)는 "남씨 등이 당시 고 문을 받아 본인 의지와 관계없이 자백했기 때문에, 수사기관이나 법정에서 한 자백은 증거로서 의미가 없다"라며 모두 무죄를 선고했다.[36]

납북어부가 귀환 즉시 간첩죄로 처벌받지 않고 시일이 지난 후에야 당국 에 의해 적발된 사건은 1969년 2월 보안사가 발표한 김호섭 일행 사건이 최초였다(〈표 3〉의 4번).[37] 이러한 유형의 간첩 사건 발표는 1970년대 들어 본격화했는데, 김이남 사건이 대표적이다(〈표 3〉의 16번).

1971년 8월 30일 승해호에서 조업 중 납북되었다가 1972년 9월 7일 귀

| 표 3 | 주요 납북어부 간첩 사건

	성명	검거일시	수사기관	납북일시	귀환일시	구금일수	형량	재심무죄선고	비고
1	김대옥 외 8명	1962. 6	합동수사본부	1962. 5. 16	1962. 6. 1				《동아일보》, 1962. 6. 23.
2	백남욱 외 5명	1967. 12	중정전주분실 /부안경찰서	1967. 7. 22	1967. 12. 24	27일	7년	2012	진화위신청 (2008)
3	임덕택, 임대택 등	1968	전북도경 /군산경찰서				5년	2014	간첩 무죄(2심) -고무찬양, 반공법
4	김호섭 외 4인	1969	보안사	1964. 11. 25	1964. 12		15년	미확인	《경향신문》, 1969. 2. 25
5	최만춘	1969. 3	군산경찰서 /전북도경	1963. 6. 20		195일	10년	2014	개야도 /진화위 신청 (2010)
6	김익순 등	1970	강릉 308보안대				7년	2014	
7	이강주 등	1972	전북도경 대공분실				7년 (사형 구형)	2013	
8	임봉택 외 2인	1972	군산경찰서				7년	2011	개야도 /진화위 신청 (2009)
9	박월림	1973	해군목포보안대 /중정전남지부				10년	2012	진화위 신청 (2010)
10	김성학, 이청일	1973	전북도경 대공분실				2년 6월	2012	고무찬양죄 /진화위 신청 (2010)/거문도
11	신평옥	1973	여천경찰서				1년 6월	미확인	간첩무죄(2심), 대법유죄(3심)
12	박춘완	1973. 2. 28	군산경찰서	1968. 6. 1					개야도
13	정영철		군산경찰서						개야도
14	백유종	1974	전북도경 대공분실				2년	2013	간첩무죄(2심) -고무찬양, 반공법
15	김영수	1975	37사단 보안대	1971. 8. 29	1972. 9. 7		15년	미확인	승해호 /납북 당시 중학생

	성명	검거일시	수사기관	납북일시	귀환일시	구금 일수	형량	재심 무죄선고	비고
16	김이남(37)	1976. 4. 1	목포경찰서	1971. 8. 30	1972. 9. 7	72일	무기(1심), 20년(2심)	2014	진화위 신청 (2010)
17	이길부	1976. 6	군산경찰서	1967. 5. 28			10년	2014	개야도
18	정규용	1976	경기도경 대공분실 /이근안				15년	2013	
19	오형근	1976. 9	경기도경 /이근안	1965. 10. 29	1965. 11. 20			미확인	강화
20	안장영	1977. 4	경기도경 대공분실 /이근안	1965. 10. 29	1965. 11. 20		사형 (1심)	2014	미법도(강화)
21	김흥수	1977. 8	경기도경 대공분실	1959.5 (1963. 6)		2개월	무기(1심), 15년(2심)	2015	인천/ 2회 납북
22	안희천	1977. 9	경기도경 대공분실 /이근안	1965. 10. 29	1965. 11. 20	185일	15년	2013	미법도(강화)
23	박우룡	1978. 7	강원도경 /고성경찰서	1968. 10. 30	1969. 5. 29		7년	2014	고성
24	강대광 외	1978	부안경찰서 /전북도경	1968. 7			15년	2008	진화위 신청 (2007) /1968년 태영호 탈출죄도 2008년 재심 무죄선고)
25	배일규	1979	중앙정보부				5년	2015	《연합뉴스》, 2015. 4. 6
26	이성국	1981. 7	서산경찰서	1971. 10. 25	1972. 9. 7	89일	10년	2013	강근하 외손
27	강경하	1981. 7	서산경찰서	1971. 10. 25	1972. 9. 7	104일	무기	2013	이성국의 외조 /옥사
28	김흥규	1981. 10	경찰	1968. 7. 2	1968. 10. 31				고성
29	황용윤	1982. 1	경기도경 /안기부	1965. 10. 29	1965. 11. 20		7년	미확인	미법도(강화)
30	김영일	1982. 4	광주 505보안대	1971. 5. 20	1972. 5. 11	45일	15년	2012	71년 집유 /진화위 신청 (2010)
31	김정묵	1982	서울서부경찰서	1958. 5		40일	무기		강화 /1998. 8. 15 특사

	성명	검거일시	수사기관	납북일시	귀환일시	구금일수	형량	재심 무죄선고	비고
32	정영	1983. 9	안기부 인천분실	1965. 10. 29	1965. 11. 20		무기	2011	미법도(강화)/ 본부 무혐의 처리 사건/ 진화위 신청 (2009)
33	이상철	1983. 12	창원502보안대 /안기부 부산분실	1971. 9. 21	1972. 9. 7	37일	17년 (1심)	2012	1998. 8·15특사 /진화위 신청 (2010)
34	김춘삼	1983	강원도경 대공분실				2년	2013	
35	김진용	1984. 1. 1	506보안부대	1971. 9. 21	1972. 9. 7				1984. 2. 24. 서울지검 기소유예
36	윤질규	1984. 1	고성경찰서 /치안본부	1976. 8. 30	1972. 10	54일	10년	2012	1991. 가석방 /진화위 신청 (2010)
37	김용태	1984. 4	301보안대	1971. 9. 21	1972. 9. 7		17년 (1심)	2014	강릉 /13세 승선, 납북
38	서창덕	1984. 5	전주 510보안대	1967. 5. 28	1967. 9. 28	4개월	10년	2008	개야도 /진화위 신청 (2007)
39	이민호	1984. 8. 30	제주 508보안대	1980. 11. 29	1981. 7. 31	30일			제주
40	김용이	1984. 10. 5	치안본부				7년		영일
41	안정호	1985. 2	강원도경 /고성경찰서, 이근안	1980. 9			10년	2012	고성
42	이병규	1985. 5	강릉 107보안대	1969. 5. 5	1969. 11. 2		14년	2012	장성탄광노조 파업 때 구속 /진화위 신청 (2010)
43	정삼근	1985. 5	전주510보안대 /안기부전주분실	1968. 5. 2	1968. 11. 1	52일	7년	2009	개야도 / 1969. 2. 반공법 징역1년 신청 /진화위 신청 (2007)
44	김성학	1985. 12	경기도경 대공분실 /이근안	1971. 8. 30	1972. 9. 7	72일			1심 무죄
45	여덕현	1986. 4	보안사	1971. 12	1971. 12			미확인	2심 무죄
46	강종배	1986	고성경찰서	1980. 9. 6	1981. 5. 20	87일	2년	미확인	간첩죄 1, 2심 무죄

	성명	검거일시	수사기관	납북일시	귀환일시	구금일수	형량	재심 무죄선고	비고
47	이상국			1981.5?			7년		제주제일 공영호?
48	남정길	1969.2	경찰	1967.5	1967.10		1년	2019.7	제5공진호 /검찰 항소

출처: 국가정보원, 《과거와 대화 미래의 성찰-학원·간첩편(VI)》; 《진화위 조사보고서》 각 권; 《납북귀환어부 간첩 조작사건 피해구제방안 모색을 위한 국회토론회》 자료집; 해당 간첩 사건 신문기사 등 참조.

환한 김이남은 4년이 지나서 간첩으로 구속되었다. 귀환 당시 북한으로부터 받은 지령을 자백하지 않고 군사기밀 탐지 등 간첩 활동을 했다는 혐의였다. 1심에서 무기징역을 선고받았고, 2심에서 20년형으로 감형받았다. 그러나 이 사건의 실상은 남파공작원 접선이나 밀입북은커녕, 무전수신이나 군사기밀 전달 방법 등에 관한 아무런 증거도 없이 장기구금과 고문에 의한 자백만으로 형량을 받은 것이었다. 이후 이 같은 방식으로 불법감금과 고문에 의한 자백만으로 중형을 선고받는 납북어부 간첩 사건들이 이어졌다.[38]

이러한 방식은 1970년대 말~1980년대 중반까지 집중 발생한 납북귀환어부 간첩 사건의 경우, 납북 시점부터 기소까지 무려 10여 년 이상의 차이가 나는 사례들을 부지기수로 만들었다. 하지만 혐의 사실이 맞다면, 이는 또한 길어야 수개월 동안 어부들을 억류했던 북한의 포섭 시도가 매우 성공적이었으며, 남한의 현실은 평범한 어부들이 쉽게 간첩 활동을 택할 만큼 문제가 많았고, 이조차 오랜 기간 포착하지 못한 수사기관들의 무능을 반증하는 것일 수밖에 없었다. 물론 현실에서 이러한 문제 제기는 전혀 없었다.

경찰이 주로 다루던 납북귀환어부 간첩 사건은 적발 건수가 늘면서 중앙정보부 및 안기부, 보안대까지 적극적으로 나서기 시작했다. 특히 보안대는 민간인에 대한 수사권이 없음에도 민간인 귀환어부들을 수사했고 이를 덮기 위해 안기부 수사관 명의로 피의자 신문조서 등을 작성하는 위법을 자행

했다.[39]

더 큰 문제는 간첩 '조작'과 이를 가능하게 만든 각종 불법 가혹행위였다. '공안'의 시대에 국민의 자기검열과 복종을 유도하는 간첩은 필수적 존재였지만, 간첩 조작은 또한 공안기관 담당자의 출세 욕구의 산물이자 공안기관들 사이에 벌어진 실적 경쟁의 산물이었다.[40] 그런 상황에서 가장 쉽게 간첩으로 '조작'할 수 있는 대상은 북한의 선동에 노출된 '혐의'가 있고 이미 관리대상에 올라 있던 인물이자, 대부분 교육이나 사회적 위치 면에서 자기 방어능력이 거의 없던 납북귀환어부들이었다.

상부에서 간첩을 잡으라는 지시에 따라 다른 부대와 간첩 검거 경쟁에서 이기기 위해 수사역량을 집중하였다. 납북귀환자가 북한의 지령을 받고 잠복해 있다가 일정 기간이 지나면 활동을 하여 납북귀환자들에다 초점을 맞춘 것이다.[41]

공안수사관들은 혐의가 있는 납북귀환어부를 영장 없이 장기간 불법구금한 후 간첩행위를 자백받기 위해 가차 없이 폭력을 휘둘렀다. 그 일단은 진화위 조사의 일환으로 소환되었던 과거 수사관들의 단편적 진술에서도 드러난다.

당시에는 영장 없이 데려오고 구금하는 것이 관행이었다.

꿇어앉힌 채 잠을 재우지 않고 뺨을 때리거나 몽둥이를 사용하여 구타하거나 거친 말(욕설)로 강압 (…) 연행하고 나서 초기에 수사를 잘해야지 빈틈

1980년대 민가협에서 만든 고문 경찰 이근안 수배 전단

을 주게 되면 그 수사는 더 진행할 수 없게 된다.[42]

간첩 등은 그냥 조사를 하면 자백을 하지 않는다. 그래서 구타나 물고문 등을 하여야 자백을 한다. (…) 그때는 간첩이라면 사람 새끼로 안 보았다. 어떻게 때리지 않고 조사할 수 있냐. 다 때리고 하였다.[43]

그런데 당시 '관행'으로 여겨졌던 수사 수단들은 막연한 제보나 구체적인 혐의가 부족한 상태에서 행해지는 경우가 태반이었고, '조작'한 납북어부들의 간첩행위 혐의에 대한 유일한 증거 확보 방안인 '자백'을 받기 위해 고문이 자행되었다. 구타, 잠 안 재우기, 코에 물 붓기 등은 기본이었고 담당 수사관과 처한 조건에 따라 각양각태의 고문이 행해졌다. 혐의를 시인하지 않으면 쥐도 새도 모르게 죽여버리겠다는 협박은 물론, 가족과 지인들까지 간첩으로 몰아붙이겠다는 협박을 일삼았다. 참고인으로 부른 주변 지인들에게도 고문을 가해 이미 연행된 어부의 간첩혐의가 사실이라고 진술하도록 압박했다. 참고인으로 불려온 가족과 지인들이 고문을 당하는 소리나 고문당한 모습을 일부러 노출시키기도 했다.

몽둥이로 계속 때리고 주리를 틀고 거꾸로 매달아 콧구멍에 고춧가루 물을 붓고 잠을 통 안 재우고 하는 고통을 수도 없이 계속 반복했다. (…) 군용 곡괭이 자루를 가지고 와서 내 엉덩이를 때렸다. (…) '너 하나 죽이는 일은 아무것도 아니다. 네 놈을 죽인 뒤 군용 더블 빽에 넣고 바다에 던져 고기밥이 되어도 쥐도 새도 모른다'고 말하였다.[44]

온몸을 나체로 만든 후 찬물을 끼얹어 가면서 몽둥이질을 하였고, 다음은

간첩 시대

연 3일간 전기고문을 하였으며, 고춧가루 물까지 코에다 먹이려 하였다. 또한 구둣발과 주먹세례는 셀 수가 없었다. 온몸은 푸르게 멍이 들었다. 잠은 며칠 동안 재우지 않고 정신을 흐리게 만든 후 조사를 했으며, 입에서 나오면 나오는 대로 받아 적고 그것이 마땅치 않으면 다시 몽둥이 구타와 고문을 하였다.[45]

손과 발로 때리고 재떨이를 던지며 마구 구타하여 정신없이 맞았으며, 꿇어앉힌 채 뺨을 때리고 무릎을 밟히는 등 구타당했다. (…) 조사받는 동안 전혀 잠을 자지 못하게 하였고, 피곤해서 졸면 막 두들겨패곤 했다. (…) 혐의사실을 부인하자 포승줄로 손을 묶더니 양쪽 기둥에 쇠막대기를 걸고서는 양손을 그곳에 매달아놓고 야전침대 각목으로 마구 구타했다. 피를 토할 정도였다. 똥을 쌌던 (…) 머리에 총을 겨누고 협박했다. 고춧가루를 물에 타서 얼굴에 들이붓는 물고문을 했고, 지인의 고문받는 소리를 들리게 했다. (…) 글을 잘 모른다고 하자 볼펜을 손가락 사이에 끼워 비트는 고문도 했다. (…) 구둣발로 사타구니를 걷어차 너무나 고통스러운 부상을 당했다.[46]

형사들이 써주는 대로 그대로 베껴 쓰지 않으면 '너희 형들과 편모와 동생들을 모조리 잡아다가 간첩으로 몰아붙인다'고 협박하였습니다.[47]

생존한 '간첩 조작'의 희생자들은 지금까지도 극심한 신체적 외상과 정신적 고통을 호소하고 있다. 고문 후유증으로 출소 후 얼마 안 가 사망한 이들도 있다. 남은 가족들은 생계 문제에 시달려야 했다. 아예 뿔뿔이 흩어지기

도 했다. 이에 더해 간첩 가족이라는 주위의 혹독한 경계와 멸시를 견뎌야
했다. 특히 자녀들에게는 대를 이은 사회적 차별과 연좌제가 작동했다.

(백종인의 부인 증언) 가정이 엉망이었지만 남편은 몸이 좋지 않았기 때문에
어떠한 일도 하지 못했습니다. 속으로 얼마나 울었는지 모릅니다. (…) 감
옥에서 5년을 살고 석방되었으나 남편은 앉지도 못했고 조그만 찬바람을
쏘이면 손가락 마지막 마디들이 시커매졌습니다. (…) 애들을 초등학교 보
냈더니 매일 다른 애들이 간첩의 자식이라고 놀리고 때린다고 울고 집에
돌아왔습니다. (…) 나중에 커서는 취직을 했다가도 사상 문제로 쫓겨났습
니다.

(백남욱의 아들 증언) 아버지는 감옥살이를 하다가 목구멍이 부어 음식을 삼
키지 못하자 석방되었는데 한 달을 넘기지 못하고 돌아가셨습니다.

(백운만의 딸 증언) 저는 아버지가 구속된 사건 이후 충격으로 정신이 나가버
렸습니다. 우울증이라고 해야 할까요. 반멍청이가 되어버렸습니다. 동네
사람들이 지랄을 한다고 하였습니다. (…) 아버지는 석방된 후 시름시름 앓
다가 돌아가셨습니다.[48]

간첩 조작은 피해자 개인과 가족뿐 아니라 지역공동체까지 손상시켰다.
특히 어업 종사자가 많아 다수의 간첩 사건이 연달아 '만들어질 수' 있었던
작은 섬들의 경우, 지역공동체가 완전히 파괴되기도 했다. 수차례의 조작간
첩 사건에 휘말린 미법도(안희천, 안장영, 황용윤, 한금분, 정영·정진영 사건), 개야

도, 위도(백남욱, 태영호, 강대광 사건 등) 등이 대표적이다.

　전라북도 옥구군 소재 개야도는 군산항에서 20여 킬로미터 떨어진 곳으로 900여 명의 주민이 대다수 어업에 종사하고 있었다. 개야도에서는 서해안에 형성되는 조기 떼를 따라 북상하면서 조업을 하다가 북측 경비정에 피랍되는 경우가 많았는데, 북에 갔다가 돌아온 귀환어부가 10여 명에 달했다. 개야도 납북귀환어부들은 1968년경에 일제히 처벌받았다. 하지만 납북귀환어부뿐만 아니라 이웃 주민들까지 1970~1980년대에 지속적으로 간첩 사건에 연루되면서 지역사회는 서로에 대한 불신과 깊은 고통으로 파괴되었다. 전북 지역을 관할하던 전주510보안대를 비롯한 수사기관들은 이 지역을 좌익 취약 지역으로 지목하고 간첩 검거 실적이 필요할 때마다 이 섬 주민들을 끌어들였다.[49]

5

공범 남북 당국, 그럼에도 희망을 이끈 사람들

납북귀환어부 간첩 사건의 당사자들은 대부분의 사건이 조작되었다고 호소했다. 불법연행되어 자행된 야만적 고문은 이들로 하여금 듣지도 못한 북한의 지령을 수행했다고 허위자백하게 했고, 한 적도 없는 간첩 활동을 했다고 인정하게 했다. 국정원과 진실화해위원회의 조사 결과만 보아도, 이들의 공소사실을 인정한다 하더라도 이들이 수집했다는 군사기밀은 가치가 거의 없는 미미한 것들이었다. 이들이 북한의 지령을 받아 탐지·수집했다고 적시된 군사기밀 대다수는 지역사회에서 자연스럽게 취득할 수 있는 것들이었고, 마을 주민이나 주변인이라면 대부분 알고 있는 사실이었다. 다시 밀입북하거나 북한 공작원과 접촉했다거나 무선지령을 받았다는 증거도 없었다. 군사기밀을 북에 전달할 수단도 없는 상태에서 간첩으로 몰린 것이다.[50] 술 한잔 먹고 내뱉은 신세 한탄이나 사회적 불만이 북한 찬양으로 둔갑하기도 했다. 이들을 간첩으로 만들기 위해 수사관들이 만든 가공의 인물도 실재하는 것으로 인정해야 했다.

배움이 짧고 사회적 지위도 낮은 이 어부들은 불법연행 과정부터 재판에

간첩 시대

이르기까지 자기주장을 논리적으로 피력하거나 주변의 도움을 받을 기회조차 없었다. 한글을 읽거나 쓸 줄 모르는 까닭에 가혹한 고문 뒤에 수사관이 작성해 내민 자술서를 내용도 모른 채 인정해야 했다. 이들은 조사받는 내내 자기가 정확히 무슨 죄를 저질렀다는 것인지 모르는 경우도 있었다.[51] 수사관들은 이러한 사실을 너무나 잘 알고 있었고, 특히 이들의 납북 경험은 가장 취약한 지점이었다.

> 수많은 고문과 죽여버리겠다는 무서운 협박 등을 견디지 못하고 경찰의 강요대로 북한을 찬양하였다고 자술서에 쓰고 조서에 응했다. 경찰관들이 '너는 북한에 갔다 왔으므로 간첩으로 만들기가 누워서 떡 먹기이니 이쯤 해두는 것을 다행으로 여기되 검찰이나 법정에서 부인하기만 하면 좋지 않을 것이니 그리 알아라'고 하여 검찰이나 법정에서 부인 한 번 못 하고 경찰 조서와 공소사실을 시인하였다.[52]

물론 지식이 있고 없고의 차이를 떠나서, 납북귀환어부는 물론 간첩혐의를 받고 끌려온 이들은 수사관들의 폭력에 노출되어 속수무책으로 굴복할 수밖에 없었다. 그야말로 야만과 폭력의 시대였고, 납북귀환어부는 그 최전선에 몰려 배치된 이들이었다.

〈표 3〉에서 살펴보았듯이 그나마 다행스럽게도 1960~1980년대에 집중적으로 발생한 납북귀환어부 간첩 사건들은 현재 국정원과 진실화해위원회의 진실규명 결정에 따라, '조작' 사건에 대한 재심을 통해 무죄판결이 꾸준히 이어지고 있다. 이렇게 늦게나마 억울함을 푼 사람들도 있지만, 소명의 기회조차 얻지 못하고 평생 간첩으로 낙인찍힌 채 살다가 죽거나 아직

도 힘들게 여생을 살고 있는 당사자 및 그 가족들도 많다.

　납북귀환어부들은 대부분 배움의 기회를 충분히 갖지 못했고 섬 출신으로 경제적으로 열악한 처지에 있던 사회적 약자들이었다. 한국의 독재정권 입장에서는 현실에 불만을 갖기 쉬운 이들을 일종의 잠재적 위험군으로 분류했을 수도 있다. 하지만 무엇보다 사회적 연결망에서 열악한 처지에 놓여 있었던 데다, 납치라는 폭력적 수단에도 불구하고 일단 북한 땅을 밟고 돌아왔다는 약점은 이들을 손쉬운 간첩 조작 대상으로 만들었다. 북한과 접촉했다는 사실만으로도 반공국가 대한민국에서는 원죄와 다름없었고, 대공 수사관들의 표적이 되었다. '의심을 당하기도 쉽고, 의심을 사실인 양 뒤집어씌우기도 쉬운 대상'이었던 것이다.

　어부들을 이용한 것은 한국 정부와 공안당국뿐만이 아니었다. 이들의 의사와 상관없이 어선을 납치하고 어부들에게 지령을 주며 포섭을 시도하고, 납북 경험만으로도 간첩혐의를 받고 가혹한 처벌을 받을 수 있는 남한으로 다시 돌려보내기를 반복한 북한 당국 역시 남한 공권력과 더불어 가혹한 공범이었다. 남과 북의 정권 모두 자신들의 이익을 위해 어부들을 '도구'로 이용하고, 결국 사지로 내몰았다.

　그럼에도 이러한 잔인한 사실들 속에서 빛나는 것은 간첩 누명과 각종 고문, 장기 투옥의 고통 속에서도 진실을 밝히기 위해 지금까지 버텨온 납북 귀환어부들과 그 가족들, 그리고 이들 곁을 지키며 함께 싸워온 이들의 모습이다. 이들의 존재 자체는 기나긴 억압과 독재의 어두운 터널을 빠져나오는 데 있어서 저변을 이룬 힘이자, 앞으로 펼쳐질 길 앞에서도 희망을 가질 수 있는 묵직한 이유일 것이다.

제1장 **한국에서 간첩이란**

1 한홍구, 《대한민국史》, 한겨레신문사, 2005, 199쪽.

2 위의 책, 200쪽.

3 한옥신, 《사상법죄론》, 최신출판사, 1975, 88~89쪽.

4 위의 책, 92쪽.

5 〈1957년 형상 제228호, 1957년 9월 20일(파기환송)〉(한옥신, 위의 책, 93쪽에서 재인용).

6 〈1966년 제284호 1966년 4월 26일(상고기각)〉(한옥신, 위의 책 93~94쪽에서 재인용).

7 한옥신, 위의 책, 100~103쪽.

8 김정기, 《밀파》, 대영사, 1967, 12쪽.

9 국가정보원, 《과거와 대화 미래의 성찰 – 학원·간첩편(VI)》, 2007, 272쪽.

10 위의 책, 274쪽.

11 김상숙 외, 《한국현대사와 국가폭력》, 푸른역사, 2019, 255쪽.

12 1970년대 이후에는 유학생, 월북자 가족, 납북어부를 엮은 고정간첩단 사건이 빈번하게 발표되었다. 1987년 6월 항쟁 이후에는 사회운동가, 2000년대에 들어와서는 탈북이주민이 많아지면서 이들이 연루된 간첩 사건이 일어났다(김학민, 《만들어진 간첩》, 서해문집, 2017, 153쪽).

13 박원순, 《국가보안법 연구》 2, 역사비평사, 1997, 387쪽.

14 국가정보원, 앞의 책, 245쪽.

15 최선웅, 《해 뜨면 돌아가리라》, 책만드는공장, 2003, 220쪽.

16 한국구술사학회, 《구술사로 읽는 한국전쟁》, 휴머니스트, 2011, 161쪽.

17 김형태, 《지상에서 가장 짧은 영원한 만남》, 한겨레출판사, 2013, 250~251쪽.

18 서승, 《옥중 19년》, 진실의힘, 2018, 176쪽.

19 박원순,《야만시대의 기록》3, 역사비평사, 2006, 518쪽.

20 간첩 조작의 역사는 미군정기인 1946년 5월에 일어난 정판사 위조지폐 사건에서 출발한다고 보는 경우도 있고(전갑생,《한국전쟁과 분단의 트라우마》, 선인, 2011, 294쪽), 1949년에 일어난 국회 프락치 사건에 주목하는 경우도 있다(박노자,〈또 하나의 '회색분자', 간첩〉,《귀신 간첩 할머니》, 현실문화, 2014, 79쪽). 국회 프락치 사건은 1949년 모든 외국군 철수와 평화통일을 요구한 13명의 중간좌파와 중간우파 국회의원들을 남로당의 프락치, 즉 간첩으로 몰아간 사건을 가리킨다. 이승만 정부 시절 가장 대표적인 간첩 조작 사건 중 하나로는 1952년에 일어난 국회 내 국제공산당 사건이 있었다. 당시 내무부는 이승만의 정적이던 장면의 비서실장 선우종원, 원내자유당 창당위원 등을 탄압하기 위해 그들이 국제공산당 자금 30만 원을 받아 정부 전복을 꾀했다고 조작했다. 1956년 대통령 선거에서 이승만의 강력한 정적으로 떠오른 조봉암도 1958년에 간첩으로 조작되었다. 그는 1심에서 5년형을 선고받았지만 2심에서 사형이 선고되었다. 재심을 청구했으나 대법원은 1959년 7월 30일 기각했고, 그다음 날 이승만 정권은 사형을 집행했다.

21 홍성우·한인섭,《인권변론 한 시대: 홍성우 변호사의 증언》, 경인문화사, 2011, 391쪽.

22 김동춘,《전쟁정치》, 길, 2013, 28~29쪽.

23 국가정보원, 앞의 책, 257쪽.

24 독일은 광부와 간호사들이 파견되어 교민 사회가 형성되어 있는 곳이고 동서로 분단되어 있었다. 독일 교민 사회는 반정부 민주화운동에 앞장섰다. 남쪽 출신 지식인들은 유럽의 자유분방한 분위기 속에서 북에 있는 가족이나 친지에 대한 그리움 혹은 지적인 호기심으로 동베를린의 북한대사관을 방문하거나 북한 인사와 접촉했고 북한을 방문하기도 했다.

25 전명혁,〈1970년대 재일교포 유학생 국가보안법 사건 연구 – 11·22사건을 중심으로〉,《한일민족문제연구》21, 2011, 80쪽.

26 김상숙 외, 앞의 책, 265~266쪽.

27 국방부과거사진상규명위원회,《과거사진상규명위원회 종합보고서 – 제3권 8개 사건조사결과보고서》(하), 2007, 169쪽(오태영,〈조작된 간첩, 파레시아의 글쓰기〉,《동악어문학》73, 2017, 212쪽에서 재인용).

28 김학민, 앞의 책, 267쪽.

29 위의 책, 168~169쪽.

30 《연합뉴스》, 2006년 7월 18일(김병선,〈간첩사건의 행위자 네트워크〉,《경제와사회》

94, 2012, 87쪽에서 재인용).

31 박정희 정부 시기의 중앙정보부, 전두환 정부 시기의 보안사는 멀쩡한 사람을 간첩으로 제조하는 공장이었다. 간첩단 사건 발표 횟수를 보면 박정희 정부에서는 1969년, 1971년, 1974년에 두드러진다. 모두 민주화운동이 고조되던 시기였다. 1980년대는 치안본부 대공분실, 보안사 등이 1980년, 1985년 등 정권에 위기가 닥쳤을 때 경쟁적으로 간첩단을 만들어냈다(홍석률, 〈박정희 정권기 국가폭력과 인권침해〉, 《대통령소속의문사진상규명위원회보고서 – 진실을 향한 험난한 여정-2차》, 2004, 101쪽).

32 홍성우·한인섭, 앞의 책, 391쪽. 한국민주통일연합(한민통)은 1978년에 반국가단체로 규정되어 한국 국적을 가지고 있어도 관련자는 한국 입국이 금지되었다(조경희, 〈한국사회의 재일조선인 인식〉, 《황해문화》 57, 2007, 51쪽).

33 국가정보원, 앞의 책, 278~279쪽.

34 장영석, 〈진상! 조작된 간첩사건들〉, 《월간 말》, 1989년 2월호, 24쪽.

35 김효순, 《조국이 버린 사람들》, 서해문집, 2015, 286쪽.

36 김상숙 외, 앞의 책, 252쪽. 조작간첩 사건에 대한 진상조사는 노무현 정부 때 과거청산의 차원에서 국정원, 국방부, 경찰 등에 의해 이루어졌다. 2005년에는 진실·화해를위한과거사정리위원회가 출범하면서 진상조사에 나섰다. 이러한 진상조사를 바탕으로 사법부에 의한 재심이 본격적으로 이뤄졌는데, 아직도 진행 중이다.

37 윤철호, 〈우리시대 '간첩'을 위한 변론과 반론〉, 《월간 길》, 1992년 11월호, 20~21쪽.

38 국가정보원, 앞의 책, 305쪽. 중부지역당 사건이 발표되자 사상검사였던 선우종원은 대공기관이 더욱 강화되어야 한다고 주장했다(선우종원, 《사상검사》, 계명사, 1992, 309쪽).

39 국가정보원, 앞의 책, 631쪽.

40 〈간첩 잡는 귀신 박처원 전 치안감 9년 만에 입을 열다〉, 《한국논단》 85-1, 1996, 50~58쪽.

41 김형태, 앞의 책, 275쪽

42 김혜인, 〈간첩조작과 노동운동〉, 《정세와노동》 100, 2014, 16~17쪽.

43 김병선, 앞의 글, 82~83쪽.

44 박봄매, 〈'종북' 매카시즘 공세와 트로이 목마〉, 《정세와노동》, 2013년 11월호, 19쪽.

45 박권일, 〈종북몰이의 내적 논리〉, 《황해문화》 82, 48쪽.

46 김정인, 〈종북프레임과 민주주의의 위기〉, 《역사와현실》 93, 2014, 210~211쪽.

제2장 공안통치와 간첩 담론

1 권보드래·천정환, 《1960년을 묻다》, 천년의상상, 2012, 192~194쪽.

2   《경향신문》, 1961년 5월 22일.

3   민주화운동기념사업회 편, 《한국민주화운동사》 1, 2008, 358쪽.

4   조갑제, 《박정희》 10, 조갑제닷컴, 2007, 113쪽.

5   김재춘, 〈방첩의 중요성〉, 《최고회의보》 2호, 1961. 141쪽.

6   김형욱, 〈간접침략이란 이런 것이다〉, 《최고회의보》 2호, 1961. 146쪽.

7   〈6·25 제16주년 담화문〉(1966. 6. 25), 대통령 비서실, 《박정희대통령 연설문집》(이하 《연설문집》) 2집, 1973, 712쪽.

8   〈예비검속자 제헌절 출감조치에 대한 담화〉(1961. 7. 17), 《연설문집》 1집, 15쪽.

9   이준식, 〈박정희 시대 지배이데올로기의 형성: 역사적 기원을 중심으로〉, 《박정희 시대 연구》, 백산서당, 2002.

10   김정주, 〈1970년대 경제적 동원기제의 형성과 기원〉, 《역사비평》, 2007년 겨울호, 288~289쪽.

11   박정희, 《민족중흥의 길》, 광명출판사, 1978, 147~148쪽.

12   양동안, 〈반시대적 사조들 -1막극 '민족적 민주주의의 안팎〉, 《사상계》, 1970년 3월호, 47쪽.

13   〈연두 기자회견〉(1972. 1. 11), 《연설문집》 4, 133쪽.

14   박정희는 1967년 대선에서 전국적으로 승리했지만 서울에서는 패배했다. 이에 박정희 는 "왜 서울은 저 모양이야? 지식인들은 나라가 발전하는 게 싫은 모양이지? 나는 서울에 서만은 이길 줄 알았는데"라고 실망감을 감추지 못했다고 한다(조갑제, 《내 무덤에 침을 뱉어라》 8권, 조선일보사, 2001, 33쪽).

15   〈연두 기자회견〉(1975. 1. 14), 《연설문집》 5, 1976, 379~381쪽.

16   임유경, 앞의 글, 218~219쪽.

17   김병익 외, 〈4월혁명과 60년대를 다시 생각한다〉(좌담), 《4월혁명과 한국문학》, 창작과 비평사, 2002, 46~48쪽.

18   〈무장간첩의 준동〉(사설), 《동아일보》, 1971년 3월 27일.

19   임재성, 〈징병제 형성과정을 통해서 본 양심적 병역거부의 역사〉, 《사회와 역사》 88집, 2010, 403쪽.

20   국가정보원, 《과거와 대화 미래의 성찰 -학원·간첩편(Ⅵ)》, 2007, 245쪽.

21   김동춘, 〈'간첩 만들기'의 전쟁정치〉, 《민주사회와 정책연구》 통권 21호, 2012, 157~ 158쪽.

22   《경향신문》, 1971년 4월 9일.

23 오탁근, 〈간첩의 위장전술과 공작양상〉, 《자유공론》, 1968년 5월호, 67쪽.

24 〈대남간첩과 정치공작〉(좌담), 《신태양》 73호, 1958, 92쪽.

25 〈무장간첩의 준동〉(사설), 《동아일보》, 1971년 3월 27일.

26 〈간첩들을 철저히 색출하자〉(사설), 《동아일보》, 1963년 5월 6일.

27 위의 기사.

28 최택원, 〈대무장공비작전과 민의 역할〉, 《자유공론》, 1968년 5월호, 62쪽.

29 김신조, 〈124군 부대〉(상), 《해군》 199호, 1970, 142쪽; 〈124군 부대〉(하), 《해군》 200호, 1970, 50~51쪽.

30 그 담론적 효과를 잘 보여주는 것이 어린이들이다. 1970년대 간첩에 대한 질문에 아동들은 "무섭게 생긴 사람"이라는 반응이 많았다. 변소 안에 간첩이 나온다고 혼자 가기를 꺼리거나 빨간 사람을 그려서 간첩이라고 하기도 했다. 머리에 뿔 달린 괴물로 그리는 것도 일반적인 모습이었다(김성필, 〈아동들의 간첩관〉, 《교육경남》 42호, 1974).

31 《경향신문》, 1963년 3월 12일.

32 《동아일보》, 1963년 3월 18일.

33 《동아일보》, 1963년 3월 25일.

34 〈간첩들을 철저히 색출하자〉(사설), 《동아일보》, 1963년 5월 6일.

35 〈대남간첩과 정치공작〉(좌담), 89~90쪽.

36 김문석, 〈이것이 간첩의 정체다〉, 《신사조》 18호, 1963, 260쪽.

37 오탁근, 앞의 글, 68쪽.

38 박명석, 〈북괴 간첩 식별법과 신고요령〉, 《새교육》 190호, 1970, 122~124쪽.

39 범인은 부산에서 조선총련계 외항 선원에 포섭되어 도쿄와 북한에서 간첩 밀봉교육을 받고 다대포를 통해 침투했다고 한다. 이후 활동이 부진해지자 밀항 자금을 확보하기 위해 강도짓을 했다는 것이 수사기관의 발표 내용이었다(《경향신문》, 1971년 7월 27일).

40 유완식, 〈민청학련 사건과 국가안보〉, 《세대》, 1974년 7월호, 210, 213쪽.

41 《동아일보》, 1967년 3월 23일.

42 《경향신문》, 1967년 3월 27일.

43 《경향신문》, 1968년 5월 24일.

44 《동아일보》, 1968년 8월 30일.

45 《경향신문》, 1968년 12월 18일.

46 〈이수근 사건과 우리의 반공태세〉(사설), 《경향신문》, 1969년 2월 13일.

47 《동아일보》, 1969년 2월 13일.

48 《경향신문》, 1969년 2월 14일.

49 《경향신문》, 1969년 2월 14일.

50 신상초, 〈이수근 간첩 사건이 남긴 교훈〉, 《기러기》 56호, 1969, 43쪽.

51 《경향신문》, 1970년 2월 3일.

52 〈북괴의 대일 세균발주 사건〉(사설), 《경향신문》, 1970년 2월 3일.

53 전팔현, 〈간첩의 개념〉, 《검찰》 7호, 1968, 224쪽.

54 《경향신문》, 1970년 2월 3일.

55 〈횡설수설〉, 《동아일보》, 1970년 2월 13일.

56 《경향신문》, 1979년 4월 6일.

57 김질락, 《어느 지식인의 죽음》, 행림출판, 2011. 김질락의 수기인 이 책은 원래 〈주암산〉이라는 제목으로 《북한》지에 연재되었던 글을 1991년에 출간한 것이다.

58 《동아일보》, 1973년 6월 5일.

59 《동아일보》, 1978년 4월 15일.

60 〈좀더 참신해야 할 관광객 유치계획〉(사설), 《경향신문》, 1970년 2월 12일.

61 《경향신문》, 1958년 8월 1일.

62 테드 휴즈, 나병철 옮김, 《냉전시대 한국의 문학과 영화》, 소명출판, 2013, 169~172쪽.

63 김성필, 앞의 글, 94쪽.

64 전지니, 〈유신 이후의 반공영화와 오제도라는 '신화' – 영화 〈특별수사본부〉 시리즈를 중심으로〉, 《한국극예술연구》 56집, 2017, 73~74쪽.

65 위의 글 참조.

66 테드 휴즈, 앞의 책, 191~193쪽 참조.

67 고영호, 〈이 자유와 광명을〉, 《세대》, 1971년 7월호.

68 成樂五, 〈저것이 自由의 불빛이다〉, 《세대》, 1971년 12월호.

69 이일, 《나는 북괴 간첩이었다》(전향간첩 수기), 경영자료사, 1977, 459~460쪽.

70 수기에 대한 분석은 권보드래·천정환, 앞의 책; 임유경, 앞의 책에서 이루어진 바 있다.

71 〈횡설수설〉, 《동아일보》, 1962년 10월 12일.

72 신상초, 앞의 글, 44쪽.

73 김성필, 앞의 글, 96쪽.

74 《동아일보》, 1970년 2월 16일.

75 《경향신문》, 1970년 3월 3일.

76 〈70년대 – 세계 속의 한국〉(좌담회), 《매일경제》, 1970년 1월 1일.

77 《경향신문》, 1970년 1월 21일.

78 《동아일보》, 1970년 3월 11일.

79 《동아일보》, 1971년 1월 12일.

80 《동아일보》, 1970년 2월 19일.

81 《경향신문》, 1971년 1월 9일.

82 〈농약공해 광역화를 경계한다〉(사설), 《매일경제》, 1978년 3월 29일.

83 大法 1958. 12. 16. 判 1958 刑上 496號, 한옥갑, 《간첩재판의 판단과 사상 – 東柏林거점 공작단사건을 중심으로》, 광명출판사, 1969, 569쪽.

84 정명환, 〈간첩·신분증·도시락〉, 《세대》 통권 16호, 1964, 28~29쪽.

85 〈광주 일원 심각 사태〉, 《경향신문》, 1980년 5월 22일.

제3장 북한의 대남전략과 남파공작원

1 정영철, 〈남북한 통일정책 역사와 비교: 체제 통일에서 공존의 통일로〉, 이화여자대학교 통일학연구원 편, 《남북관계사: 갈등과 화해의 60년》, 이화여자대학교출판부, 2009, 56쪽; 안명일·정철만, 《조국통일투쟁사 1》, 평양: 사회과학출판사, 1992, 216~225쪽.

2 РГАНИ, ф. 5, оп. 28, д. 314, Всесилынаборьбузаобъединениеинезависимостьродиныистроительствосоциализмав Северной Корее/Брошюраозадачахстроительствасоциализмав Северной Корее, розданнаячленамЦК ТПКна Хапрельскомпленуме ЦК ТПК/[모든 힘을 조국의 통일독립과 북조선에서의 사회주의 건설을 위하여(조선노동당 중앙위원회 제10차 4월 전원회의에서 배포된 북조선 사회주의 건설 과제에 관한 소책자)], лл. 158~159; 조수룡, 《전후 북한의 사회주의 이행과 '자력갱생' 경제의 형성》, 경희대학교 박사학위 논문, 2018, 34~37쪽.

3 안명일·정철만, 《조국통일투쟁사 1》, 242~245쪽.

4 정용욱, 〈6·25 전쟁 – 1950년대 후반 북한의 평화운동〉, 《역사와 현실》 91, 2014, 303~304쪽.

5 АВПРФ, ф. 0102, оп. 16, п. 85, д. 8, лл. 90~91; 유영구, 《남북을 오고간 사람들》, 도서출판 글, 1993, 185~190쪽.

6 유영구, 위의 책, 192~196쪽.

7 АВПРФ, ф. 0102, оп. 16, п. 85, д. 8, лл. 72~101; 김일성, 〈조선인민의 민족적 명절 8·15 해방 15주년경축대회에서 한 연설(발췌) 1960년 8월 14일〉, 《남조선혁명과

조국통일에 대하여》, 평양: 조선노동당출판사, 1969, 150~151쪽.

8   김일성, 〈조선인민의 민족적 명절 8·15 해방 15주년경축대회에서 한 연설(발췌) 1960
      년 8월 14일〉, 《남조선혁명과 조국통일에 대하여》, 150~151쪽.

9   심지연, 《남북한 통일방안의 전개와 수렴》, 돌베개, 2001, 52쪽.

10   "Cable from Qiao Xiaoguang, 'The South Korean Military Coup Situation'",
      May 16, 1961, History and Public Policy Program Digital Archive, PRC
      FMA 106-00581-03, 19-20 (https://digitalarchive.wilsoncenter.org/
      document/111303); 신종대, 〈5·16쿠데타에 대한 북한의 인식과 대응: 남한의 정치
      변동과 북한의 국내정치〉, 《정신문화연구》 33(1), 2010, 85~93쪽.

11   "Cable from the Chinese Embassy in the Soviet Union, 'Soviet Newspapers'
      Comments on the South Korean Military Coup'," May 18, 1961, History and
      Public Policy Program Digital Archive, PRC FMA 106-00581-07, 22-23
      (https://digitalarchive.wilsoncenter.org/document/110054); 《로동신문》, 1961
      년 5월 21일.

12   신종대, 앞의 글, 90~93쪽.

13   김일성, 〈조선노동당 제4차 대회에서 한 중앙위원회사업총화보고(발췌) 1960년 9월
      11일〉, 《남조선혁명과 조국통일에 대하여》, 159쪽.

14   АВПРФ, ф. 0102, оп. 16, п. 85, д. 8, лл. 1-15; 안명일·정철만, 《조국통일투쟁사
      1》, 357쪽; 유영구, 앞의 책, 265~266쪽.

15   김일성, 〈조국통일위업을 실현하기 위하여 혁명력량을 백방으로 강화하자 – 조선노동당
      중앙위원회 제4기 제8차 전원회의에서 한 결론 1964년 2월 27일〉, 《남조선혁명과 조국
      통일에 대하여》, 184~187쪽.

16   유영구, 앞의 책, 267쪽.

17   안명일·정철만, 앞의 책, 358쪽.

18   위의 책, 358~359쪽; 《통혁당: 역사·성격·투쟁·문헌》, 대동, 1989, 83~85쪽.

19   국방부군사편찬연구소 편, 《대비정규전사 II(1961~1980)》, 국방부 군사편찬연구소,
      1998, 194~201쪽; 유영구, 앞의 책, 298~299쪽.

20   김일성, 〈현정세와 우리 당의 과업 조선노동당 대표자회에서 한 보고〉, 《김일성저작선집》
      4, 평양: 조선노동당출판사, 1968, 399~400쪽; 김성주, 〈1960년대 북한의 군사주의 확
      산 과정 연구〉, 《현대북한연구》 18(2), 2015, 284쪽.

21   김성주, 위의 글, 285~286쪽.

22 황일호, 〈극비 북한의 '제2의 6·25' 작전〉, 《월간중앙》, 1993년 4월호, 645~646쪽; 임 영태, 고유환 감수, 《북한 50년사》 2, 들녘, 1999, 56~57쪽.

23 홍석률, 《분단의 히스테리: 공개문서로 보는 미중관계와 한반도》, 창비, 2012, 129~130 쪽.

24 위의 책, 299~327쪽.

25 위의 책, 327~334쪽.

26 김일성, 〈민족의 분열을 방지하고 조국을 통일하자 1973년 6월 23일〉, 《김일성저작집》 28, 평양: 조선노동당출판사, 1984; 정영철, 앞의 글, 65쪽.

27 《북한총람》, 북한연구소, 1983.

28 유영구, 앞의 책, 192~193쪽.

29 위의 책, 195~196쪽.

30 위의 책, 228-229쪽.

31 중앙정보부, 《북한대남공작사》 제2권, 서울: 중앙정보부, 1973, 126~127쪽.

32 유영구, 앞의 책, 247~248쪽.

33 위의 책, 257쪽.

34 이종석, 《조선로동당연구》, 역사비평사, 1995, 303~304쪽.

35 신경완, 〈곁에서 본 김정일(상)〉, 《월간중앙》, 1993년 6월호, 402쪽.

36 중앙정보부, 《북한대남공작사》 제2권, 149쪽.

37 김선호, 《조선인민군: 북한 무력의 형성과 유일체제의 기원》, 한양대학교출판부, 2020, 237~248쪽.

38 위의 책, 360~631쪽, 482~485쪽.

39 康仁德, 〈北韓의 對南戰略機構 변천에 관한 考察: 黨 對南工作部署를 중심으로〉, 《安保硏究》 제17집, 동국대학교 안보연구소, 1987, 97~98쪽.

40 중앙정보부, 앞의 책, 153~154쪽.

41 위의 책, 141쪽.

42 《조선일보》 1958년 5월 18일; 국가정보원, 《과거와 대화 미래의 성찰 – 학원·간첩편 (VI)》, 국가정보원, 2007, 247쪽.

43 김남식, 《남로당 연구》, 돌베개, 1984, 395~397쪽.

44 위의 책, 468~480쪽.

45 공산권문제연구소 편, 《북괴간첩 밀봉교육의 전모》, 신명, 1982, 119~120쪽.

46 위의 책, 121~132쪽.

47 간첩 공작에 활용되던 무인 우편함을 말한다. 약속한 비밀 장소에 독이나 깡통을 묻어두고 지령이나 보고, 필요 물품을 넣어둔다. 밀파된 공작원과 북한의 연락 수단으로 흔히 활용되었다.

48 공산권문제연구소 편, 앞의 책, 179~189쪽.

49 위의 책, 303~304쪽.

50 국가정보원, 앞의 책, 247쪽.

51 공산권문제연구소 편, 앞의 책, 313-314쪽; 오기환, 〈와해작전〉, KBS 편, 《北에서 왔수다: 北傀對南間諜의 正體》, 서울: 춘조사, 1967, 301-388쪽.

52 〈휴전선 도발과 철책〉, 《서울신문》, 2018년 5월 7일.

53 국가정보원, 앞의 책, 273~280쪽.

제4장 간첩을 만드는 공안기구

1 국립국어원, 《표준국어대사전》 (검색일: 2019년 10월 30일).

2 정호기, 〈박정희 시대의 '공안사건'들과 진상규명〉, 《역사비평》 80, 2007, 268쪽.

3 박원순, 《국가보안법연구 1: 국가보안법변천사(증보판)》, 역사비평사, 2004, 277~301쪽.

4 2013년 국가정보원이 조작한 '서울시 공무원 간첩사건'이 대표적이다. 《한겨레》, 2013년 9월 6일.

5 안진, 《미군정기 억압기구 연구》, 새길, 1996, 132·135쪽.

6 내무부치안국, 《한국경찰사 II》, 1973, 189쪽.

7 위의 책, 1159~1160쪽.

8 위의 책, 1175~1176쪽.

9 내무부치안본부, 《한국경찰사 III》, 1985, 154쪽.

10 강성현, 〈1945~50년 '검찰사법'의 재건과 '사상검찰'의 '반공사법'〉, 《기억과 전망》 25호, 2011, 103~141쪽 참고.

11 이상 군 정보기관에 관련한 내용은 김득중, 〈한국전쟁 전후 육군 방첩대(CIC)의 조직과 활동〉, 《사림》 36호, 43~59쪽을 정리한 것이다.

12 노영기, 〈5·16 쿠데타 주체세력 분석〉, 《1960년대 한국의 근대화와 지식인》, 선인, 2004, 115~116쪽.

13 《동아일보》, 1960년 6월 29일(조간).

14 육군본부, 《야교 18-5: 전투정보》, 1952, 3~5쪽; 노영기, 앞의 글, 122쪽에서 재인용.

15 《國家再建最高會議本會議會議錄》제1회(1961.5.19).

16 《동아일보》, 1961년 5월 16일(호외).

17 《동아일보》, 1961년 7월 4일.

18 김충식, 《남산의 부장들》 1권(개정증보판), 폴리티쿠스, 2012, 50쪽.

19 〈중앙정보부법 [시행 1961.6.10.] [법률 제619호, 1961.6.10. 제정]〉, 《법제처 국가법령정보센터》(http://www.law.go.kr).

20 대공활동에 대해서 정부 수립 직후부터 1950년대까지 다룬 《한국경찰사 Ⅱ》(1973)에서는 이를 사찰활동이라고 언명하는 데 반해, 박정희 정권기의 활동을 정리한 《한국경찰사 Ⅲ》(1985)에서는 정보활동이라고 명명하는 차이가 있다.

21 내무부치안본부, 앞의 책, 154~155쪽.

22 〈중앙정보부법 [시행 1963.12.17.] [법률 제1510호, 1963.12.14. 전부 개정]〉.

23 김형욱, 《김형욱 회고록》(제1부 5·16비사), 아침, 1985, 235쪽.

24 정호기, 앞의 글, 270~293쪽.

25 한성훈, 〈권력의 중심에 선 정보기관: 국군기무사령부와 국가정보원〉, 《내일을 여는 역사》 53, 2013, 15~16쪽.

26 〈국군보안부대령 [시행 1977.9.26.] [대통령령 제8704호, 1977.9.26. 제정]〉.

27 정호기, 앞의 글, 272쪽.

28 국군보안사령부, 《대공30년사》, 435쪽; 국가정보원, 《과거와 대화 미래의 성찰-학원·간첩편(Ⅵ)》, 2007, 287쪽 재인용.

29 진실화해를위한과거사정리위원회, 《진실화해위원회 종합보고서 Ⅳ 인권침해 사건》, 2010, 3장, 4장 참고.

30 정호기, 앞의 글, 273쪽.

31 이 책 8장 참고.

32 '망원' 조직은 정부 수립 직후부터 경찰이 민간사회를 사찰하는 데 광범위하게 활용되었던 것으로 추정된다. 경찰은 한국전쟁 때의 부역자 및 보도연맹원에 대한 요시찰인 명부를 1990년대까지도 작성했다. 〈경찰은 당신이 60년 전에 한 일을 알고 있다〉, 《한겨레21》 제816호, 2010년 6월 24일. 또한 이들은 1970년대에도 대학 학생운동을 사찰하기 위해 망원을 프락치로 활용하고자 했다. 〈첫 비밀 해제된 공안 문서 입수〉, 《중앙SUNDAY》, 2007년 6월 2일.

33 〈중앙정보부〉, 《한국민족문화대백과사전》(https://encykorea.aks.ac.kr/) (검색일: 2019년 10월 30일).

34 한성훈, 앞의 글, 116쪽.

35 〈국가안전기획부법 [시행 1981. 1. 1.] [법률 제3313호, 1980. 12. 31. 전부 개정]).

36 한홍구, 〈적폐청산의 시발점, 공안체제의 해체〉, 《황해문화》, 2017년 여름호, 25쪽.

37 〈공안검사〉, 《두피디아》(http://www.doopedia.co.kr/) (검색일: 2019년 10월 30일).

38 한홍구, 앞의 글, 25쪽.

39 국방부과거사진상규명위원회, 《국방부 과거사진상규명위원회 종합보고서 제1권》, 120쪽.

40 위의 책, 113~125쪽.

41 《한겨레》, 1990년 10월 5일.

42 《한겨레》, 1988년 11월 30일; 《경향신문》, 1988년 12월 1일.

43 〈국가안전기획부법 [시행 1994. 1. 5.] [법률 제4708호, 1994. 1. 5. 일부 개정]).

44 〈국가안전기획부법 [시행 1996. 12. 31.] [법률 제5252호, 1996. 12. 31. 일부 개정]).

45 국가정보원, 앞의 책, 310쪽.

46 한홍구, 앞의 글, 32~33쪽.

47 《한겨레》, 2012년 8월 13일.

48 《한겨레》, 2011년 10월 31일.

49 《한겨레》, 2019년 4월 15일.

50 《한겨레》, 2017년 11월 8일.

51 《한겨레》, 2011년 8월 25일.

52 《한겨레》, 2013년 9월 6일. 2015년 대법원은 간첩혐의에 대해 무죄를 확정하고, 증거를 조작한 국정원 직원들에 대해서는 유죄를 확정했다(《한겨레》, 2015년 10월 29일).

53 〈현실 될 뻔한 '광화문 탱크'〉, 《한겨레21》 제1222호.

54 〈기무사, 촛불집회 엮어서 간첩 사건 기획했다〉, 《한겨레21》 1267호.

55 《한겨레》, 2017년 11월 29일.

56 〈군사안보지원사령부령 [시행 2018. 9. 1.] [대통령령 제29114호, 2018. 8. 21. 제정]); 《한겨레》, 2018년 8월 31일.

제5장 누구를 간첩으로 만들었나 1: 월북자 가족

1 국가정보원, 《과거와 대화 미래의 성찰 – 학원·간첩편(VI)》, 국가정보원, 2007, 245~248쪽.

2 당시 연도별 검거 인원을 살펴보면, 1967년과 1968년에 각각 346명, 384명으로 정점

에 달한 후 1969년 164명, 1970년 150명으로 크게 감소하기 시작했다.

3 한홍구, 《한국현대사의 그늘, 남파공작과 비전향장기수》, 《역사비평》, 2011년 봄호, 209쪽.

4 서준식, 〈간첩 조작이란 무엇인가〉, 《간첩은 이렇게 만들어집니다 – 간첩사건 조작 증언 자료집》, 민주화운동실천가족협의회 장기수가족협의회, 1989, 11쪽. 또한 같은 책 (141~156쪽)에서 1989년 당시 장기구금 양심수 명단을 수록하고 이를 다음과 같이 열 가지 유형으로 분류했다. (1) 월북·행방불명자 가족 사건, (2) 월남자 사건, (3) 납북 귀환어부 사건, (4) 재일동포 사건, (5) 내국인 일본 관련자 사건, (6) 민주화운동 관련 해외 유학생, (7) 월북 기도자 사건, (8) 조직 사건, (9) 남파공작원, (10) 개별 국가보안법 사건 및 미확인.

5 박은경, 〈간첩 누명 쓰고 혹독한 고문받은 두 여인의 '잃어버린 30년'〉, 《신동아》, 2004년 11월호, 390~401쪽; 진실화해를위한과거사정리위원회, 《2006년 하반기 조사보고서》, 2007, 83~110쪽.

6 〈신직수 부장 회견, 김일·유장식 만나기도〉, 《동아일보》, 1974년 3월 15일.

7 최창남, 《울릉도 1974》, 뿌리와이파리, 2012, "돌아갈 수 없는 땅 – 전서봉 선생 이야기" 참조.

8 〈울릉도거점간첩단 47명 검거〉, 《경향신문》, 1974년 3월 15일.

9 〈법원, '울릉도간첩단 조작 피해자들에 국가가 125억 줘라'〉, 《한겨레》, 2015년 12월 22일.

10 〈무장 고정간첩단 검거, 일당 24명 삼척 거점 민심교란 획책〉, 《동아일보》, 1979년 8월 9일.

11 서어리, 《나는 간첩이 아닙니다》, 한울, 2016, 142~152쪽.

12 은유, 《폭력과 존엄 사이: 간첩 조작 사건 피해자를 만나다》, 오월의봄, 2016; 서어리, 위의 책, 162쪽. 은유 책에는 김순자의 회고와 삶이, 서어리 책에는 무기징역을 선고받았던 진창식과 김태룡의 술회가 담겨 있다. 이외에도 〈그녀는 왜 남영동 대공분실 머릿돌을 탁본했나, 김순자 씨의 증언〉, 《오마이뉴스》, 2019년 2월 25일 참조.

13 서어리, 위의 책, 158쪽.

14 남규선, 〈양심수 가족들의 겨울나기〉, 《월간 말》, 1993년 12월호, 175쪽.

15 〈삼척 고정간첩단 37년 만에 누명 벗어〉, 《연합뉴스》, 2016년 5월 23일.

16 서어리, 앞의 책, 162쪽.

17 국가정보원, 앞의 책, 275~278쪽.

18 위의 책, 335쪽.

19 당시 안기부에서 검거했다고 발표한 세 개 지하 고정간첩망 중에서 '김우장 망' 사건은
    조선총련과 연관된 사건이다. 발표한 내용은 다음과 같다. "김우장(51·원림양행 대표)
    은 74년 조총련 여맹원 천정순에 포섭되어 77년 4월~80년 4월까지 10회에 걸쳐 일본
    으로 가 천정순으로부터 일환 64만 엔을 공작금으로 받아 간첩 활동을 해왔다. 김우장은
    천정순의 주선으로 친척인 김광신과 함께 주싱가포르 북괴대사관에 밀파된 정상철과 접
    선, 정상철로부터 주중대사 및 월북 연고자 포섭 지령을 받고 최근 국내 정세와 미군 주
    둔 상황 등 국가기밀을 북괴에 보냈다."〈間諜 3개網 15명 打盡, 越北者 南派 公務員 등
    으로 10년간 暗躍〉,《경향신문》, 1981년 1월 20일.

20 〈안전기획부 발표, 고정간첩 3개망 15명 검거〉,《동아일보》, 1981년 1월 20일.

21 〈아부하고 고개 숙여 정승 판서 나오면 뭐하냐〉,《한겨레》, 2016년 9월 23일; 〈이순신이
    아낀 정씨 가문은 어떻게 간첩이 되었나〉,《오마이뉴스》, 2019년 4월 26일.

22 윤점순(정종희의 아내), 〈자유를 사랑하고 민주주의를 사랑하는 시민 여러분〉,《간첩 조
    작은 이제 그만》, 조작된간첩사건가족모임, 1989, 60~61쪽; 〈앞 못 보는 아버지가 북한
    암호 해독? 참혹한 고문 흔적〉,《오마이뉴스》, 2019년 3월 14일.

23 진실화해를위한과거사정리위원회,《2007년 상반기조사보고서》, 2007, 707~738쪽.

24 박동운 등 진도 간첩단 사건에 대해서는 '국정원과거사건진실규명을통한발전위원회'의
    상세한 조사가 이루어진 바 있고, 이를 토대로 '진실화해를위한과거사정리위원회'의 조
    사도 이루어진 바 있다. 이에 대해서는 국가정보원, 앞의 책, 412~466쪽; 진실화해를위
    한과거사정리위원회,《2008년 하반기 조사보고서(04)》, 2009, 421~459쪽 참조.

25 〈부부 아들 낀 고정간첩 7명 검거, 진도거점 24년 암약〉,《경향신문》, 1981년 7월 31일.

26 진실화해를위한과거사정리위원회,《2008년 하반기 조사보고서(04)》, 2009, 426~429
    쪽 참조.

27 남규선, 〈양심수 가족들의 겨울나기〉,《월간 말》, 1993년 12월호; 〈(커버스토리) 38년이
    지난 오늘… 국가의 고문은 끝났습니까 – '진도가족간첩단 조작사건' 생존자들 인터뷰〉,
    《경향신문》, 2019년 7월 28일.

28 진실화해를위한과거사정리위원회,《2008년 하반기 조사보고서(04)》, 2009, 436쪽에
    서 재인용.

29 박경준, 〈간첩 조작의 실상을 폭로한다〉,《간첩은 이렇게 만들어집니다 – 간첩사건 조작
    증언 자료집》, 민주화운동실천가족협의회 장기수가족협의회, 1989, 68~69쪽.

30 〈안기부 발표 전교수 등 25년 암약 간첩망 타진〉,《경향신문》, 1982년 9월 10일; 〈고정

간첩 29명 일망타진, 서울·충북거점 25년간 지하공작〉,《매일경제신문》, 1982년 9월
10일.

31 〈간첩단 29명 검거, 안기부 발표 혈연중심 25년 암약… 12명 구속〉,《동아일보》, 1982년
9월 10일.

32 〈(사설) 인텔리 間諜團事件의 衝擊〉,《경향신문》, 1982년 9월 10일;〈(사설) 또 잡아낸
間諜團〉,《동아일보》, 1982년 9월 10일.

33 〈民主黨政權의 容共政策 眞相, 間諜 및 朝聯係와 接線〉,《경향신문》, 1961년 7월 5일
(조간).

34 송씨 일가 간첩단 사건에 대해서는 '국정원과거사건진실규명을통한발전위원회'에 의해
상세한 재조사가 이루어져 83쪽에 달하는 보고서가 제출되었다. 국가정보원, 앞의 책,
328~411쪽, "월북자 가족 간첩 사건 – 송씨 일가 간첩 사건" 참조.

35 이에 대해서는 홍성우·한인섭,《인권변론 한 시대 – 홍성우 변호사의 증언》, 경인문화사,
2011, 397~423쪽. 이후 송씨 일가 간첩단 사건은 2009년 8월 28일 서울고등법원 재
심에서 무죄가 선고되었다.〈'송씨—家 간첩사건' 27년 만에 무죄〉,《경향신문》, 2009년
8월 28일.

36 안기부가 수사 과정에서 피해자들과 참고인, 피의자 측 증인에게 자행한 고문과 협박에
대해서는 국정원과거사건진실규명을통한발전위원회, 앞의 책, 341~349쪽 참조.

37 〈안기부 간첩 14명 검거〉,《동아일보》, 1985년 3월 20일;〈안기부 4개 간첩망 14명 검
거〉,《경향신문》, 1985년 3월 20일; 민주화운동실천가족협의회 장기수가족협의회, 앞의
책, 118~119쪽.

38 〈국군보안사 발표 고정간첩 5개망 타진〉,《경향신문》, 11월 1일;〈간첩 5개망 15명 검
거〉,《동아일보》, 1985년 11월 1일; 민주화운동실천가족협의회 장기수가족협의회, 앞의
책, 20~24쪽; 민주화운동실천가족협의회 장기수가족협의회,《(장기복역양심수실태자
료집) 분단의 철창을 열고 이제는 하나가 되어야 합니다》, 1992, 40~41쪽·184쪽.

39 〈치안본부 간첩 8개망 11명 검거〉,《동아일보》, 1985년 12월 28일;〈치안본부 발표 북
괴간첩 8개망 11명 검거〉,《경향신문》, 1985년 12월 28일; 진실화해를위한과거사정리
위원회,《2006년 하반기 조사보고서》, 2007, 182~220쪽; 민주화운동실천가족협의회
장기수가족협의회, 앞의 책(1992), 183쪽.

제6장 누구를 간첩으로 만들었나 2: 재일한인

1 정영환 지음, 임경화 옮김,《해방공간의 재일조선인사 – '독립'으로 가는 험난한 길》, 푸른

역사, 2019, 59쪽.

2 미즈노 나오키·문경수 지음, 한승동 옮김, 《재일조선인 – 역사, 그 너머의 역사》, 삼천리, 2016, 113~115쪽.

3 金賛汀, 《朝鮮総連》, 新潮社, 2004, 26~28쪽.

4 東北アジア問題研究所編, 《在日朝鮮人はなぜ帰国したのか》, 現代人文社, 2004, 20~25쪽.

5 金賛汀, 앞의 책, 40~44쪽.

6 미즈노 나오키·문경수, 앞의 책, 144~145쪽.

7 金賛汀, 앞의 책, 49쪽.

8 東北アジア問題研究所編, 앞의 책, 119~122쪽.

9 金賛汀, 앞의 책, 51~54쪽.

10 위의 책, 70~72쪽.

11 東北アジア問題研究所編, 앞의 책, 4~5쪽.

12 지충남, 〈재일한인 사회의 통일운동 고찰: 한통련을 중심으로〉, 《한국민족문화》 6, 2016년 11월, 467쪽.

13 전명혁, 〈1970년대 '재일교포유학생 국가보안법 사건' 연구 – '11·22사건'을 중심으로〉, 《한일민족문제연구》 21, 2011년 12월, 77쪽.

14 지충남, 앞의 글, 468~470쪽.

15 조기은, 〈해외 한국민주화운동 – '민주민족통일해외한국인연합'을 중심으로〉, 《한일민족문제연구》 29, 2015년 12월, 178~179쪽.

16 지충남, 앞의 글, 465·472~474쪽.

17 전명혁, 앞의 글, 82쪽.

18 조기은, 앞의 글, 179쪽.

19 지충남, 앞의 글, 475쪽.

20 조기은, 앞의 글, 205~210쪽.

21 지충남, 앞의 글, 474쪽.

22 조기은, 앞의 글, 186쪽.

23 지충남, 앞의 글, 476~477쪽.

24 金賛汀, 앞의 책, 92쪽.

25 위의 책, 112~113쪽.

26 위의 책, 127쪽.

27 高榮浩,〈이 自由와 光明을〉,《世代》, 1971년 7월호.

28 〈한국서 복역 중인 간첩 신광수〉,《중앙일보》, 1988년 1월 20일.

29 국가정보원, 앞의 책, 285쪽.

30 미즈노 나오키·문경수, 앞의 책, 186·205쪽.

31 위의 책, 171~172쪽.

32 국가정보원, 앞의 책, 286쪽.

33 위의 책, 280쪽.

34 최창남,《울릉도 1974 – 긴급조치 시대가 만들어낸 울릉도 간첩단 사건 이야기》, 뿌리와 이파리, 2012, 188~193쪽.

35 국가정보원, 앞의 책, 288쪽.

36 권혁태,〈재일동포 정치범 사건을 통해 본 한국 사회와 재일동포〉, 재일동포 정치범 사건 – 11·22사건 – 40년 토론회 "우리는 왜 '간첩'이 되었나?" 자료집, 2015년 10월 19일, 2쪽.

37 김효순,《조국이 버린 사람들 – 재일동포 유학생 간첩 사건의 기록》, 서해문집, 2015, 16~18쪽.

38 전명혁, 앞의 글, 79~80쪽.

39 《동아일보》, 1975년 11월 22일; 전명혁, 위의 글, 85쪽.

40 《중앙일보》, 1975년 11월 22일; 전명혁, 위의 글, 83쪽.

41 진실화해를위한과거사정리위원회,〈재일동포 유학생 김동휘 간첩사건〉,《2010년 상반기 조사보고서 (9)》, 396쪽.

42 전명혁, 앞의 글, 91~92쪽.

43 권혁태, 앞의 글, 3쪽.

44 국군보안사령부,《대공 30년사》, 1978, 435쪽(전명혁, 앞의 글, 95쪽에서 재인용).

45 김병진,《보안사 – 어느 조작 간첩의 보안사 근무기》, 2013, 188쪽.

46 민주화실천가족운동협의회 장기수가족협의회,《간첩조작, 이제는 그만!》제2부, 101쪽 (국가정보원, 앞의 책, 290쪽에서 재인용).

47 서준식,〈조작간첩 사건과 일본사회〉, 천주교조작간첩진상규명대책위원회,《분단조국의 희생양, 조작간첩》, 1994년 11월, 13쪽(국가정보원, 앞의 책, 292쪽에서 재인용).

48 국가정보원, 앞의 책, 292쪽.

49 姜信子,《ごく普通の在日韓国人》, 朝日新聞社, 1987, 83~84쪽.

50 김병진, 앞의 책, 139~140쪽.

51 김효순, 앞의 책, 302쪽.

52 권혁태, 앞의 글, 4쪽.

53 〈재일동포 정대세 사건 부글부글… "일본 우익과 다른 게 뭐냐"〉,《미디어 오늘》, 2013년
6월 22일.

54 〈간첩 상부선으로 둔갑한 타코야키 장수… 영화 〈불가사리〉로 포섭했다니… 분단의 비
극〉,《오마이뉴스》, 2016년 4월 7일.

제7장 누구를 간첩으로 만들었나 3: 재유럽·미국 한인

1 국가정보원,《과거와 대화 미래의 성찰 – 학원·간첩편(VI)》, 2007, 247쪽.

2 김학민,《만들어진 간첩 – 유럽 거점 간첩단 사건, 그리고 최종길 교수 죽음의 진실》, 서해
문집, 2017, 152쪽.

3 국가정보원, 앞의 책, 258쪽.

4 위의 책, 260쪽.

5 위의 책, 260쪽.

6 고문 방식은 온몸 구타, 손바닥·발바닥 등 특정부위 때리기, 물고문, 전기고문, 성기고문,
체모 불태우기, 잠 안 재우기, 거꾸로 매달기, 통닭구이, 비녀꽂이, 손발톱 사이 찌르기, 손
발톱 뽑기, 원산폭격 등의 군대식 기합, 손가락 사이 나무막대기 끼우기 등 신체적 고통
을 가하는 고문에서부터 다른 사람들의 고문 소리 듣게 하기, 가족을 데려다가 고문하겠
다고 협박하기, 성적 수치심과 모욕감 자극하기 등 다양했다.

7 국가정보원, 앞의 책, 261쪽.

8 〈반격인터뷰 "천지신명에 맹세코 나는 최교수를 죽이지 않았다" 최종길 교수 조사한 차
철권 전 중정수사관 최초증언〉,《신동아》, 2002년 3월호(https://shindonga.donga.
com/3/all/13/101536/1).

9 〈황대권, 그는 그렇게 간첩이 되었다〉,《오마이뉴스》, 2003년 9월 16일.

10 국가정보원, 앞의 책, 254쪽.

11 위의 책, 257쪽.

12 김학민, 앞의 책, 153~154쪽.

13 이정민, 〈동백림 사건과 한독관계〉, 성균관대학교 박사학위 논문, 72~73쪽.

14 〈북괴대남간첩사건 발표〉,《동아일보》, 1967년 7월 8일; 〈동백림 거점으로 한 북괴공작
단 검거〉,《경향신문》, 1967년 7월 8일.

15 전명혁, 〈1960년대 '동백림 사건'과 정치·사회적 담론의 변화〉,《역사연구》22, 2012,

146쪽.

16 〈북괴대남간첩사건 발표〉, 《동아일보》, 1967년 7월 8일; 〈동백림 거점으로 한 북괴공작단 검거〉, 《경향신문》, 1967년 7월 8일.

17 이정민, 앞의 논문, 85~86쪽.

18 〈'헤겔 철학 대가' 임석진 교수 별세… 동백림 사건 단초 역할〉, 《한국일보》, 2018년 10월 2일.

19 국가정보원, 〈1967년 동백림 사건〉, 2006, 129~134쪽.

20 오제연, 〈동백림 사건의 쟁점과 역사적 위치〉, 《역사비평》 119호, 2017, 143~144쪽.

21 〈유럽 및 일본을 통한 북괴간첩단사건 전모〉, 《동아일보》, 1969년 5월 14일; 〈대규모 간첩단 16명 검거〉, 《매일경제》, 1969년 5월 14일.

22 진실화해를위한과거사정리위원회, 〈박노수, 김규남 등 유럽간첩단 사건〉, 《2009년 하반기 조사보고서》, 424쪽.

23 위의 책, 424쪽.

24 위의 책, 427쪽.

25 중앙정보부는 당시 이 두 사건을 동일 사건으로 발표했지만 두 사건은 유사한 시기에 발생했다는 점과 수사기관이 중앙정보부라는 점을 제외하면 관련성이 없었다. 진실화해를위한과거사정리위원회(진실화해위원회)에서는 두 사건을 조사하는 과정에서 별개의 사건임을 확인했다.

26 진실화해를위한과거사정리위원회, 앞의 책, 429~431쪽.

27 위의 책, 464쪽.

28 〈중앙정보부 발표 유럽 거점 간첩단 발표〉, 《동아일보》, 1973년 10월 15일; 〈합작투자 가장 침투 중앙정보부 3명 검거, 2명 수배〉, 《경향신문》, 1973년 10월 15일; 국방군사연구소, 《대비정규전사 II : 1961-1980》, 1998, 354~355쪽.

29 김학민, 앞의 책, 184~186쪽.

30 위의 책, 176~177쪽.

31 위의 책, 70~72쪽.

32 위의 책, 131~136쪽.

33 최종선 메모, 〈세브란스병원 정신병동〉, 1973년 10월 26일.

34 김학민, 앞의 책, 133쪽.

35 위의 책, 236~239쪽.

36 진실화해를위한과거사정리위원회, 〈김장현 유럽간첩조작 의혹 사건〉, 《2009년 하반기

조사보고서》, 740쪽.

37 〈안기부·보안사 발표, "북괴대남공작 운동권과 연계"〉, 《경향신문》, 1985년 9월 9일.

38 진실화해를위한과거사정리위원회, 〈안상근 의문사 사건〉, 《2009년 상반기 조사보고
서》, 357쪽.

39 〈미·서독 유학생 간첩단사건 개인별 범죄사실〉, 《동아일보》, 1985년 9월 9일.

40 진실화해를위한과거사정리위원회, 〈안상근 의문사 사건〉, 《2009년 상반기 조사보고
서》, 363쪽.

41 한국민주주의연구소, 《지역 민주화운동사 편찬을 위한 기초조사연구 ― 유럽》, 2005,
30~31쪽.

42 진실화해를위한과거사정리위원회, 〈안상근 의문사 사건〉, 《2009년 상반기 조사보고
서》, 366~367쪽.

43 〈유학생 간첩단 사건〉, 《매일경제》, 1985년 9월 10일.

44 민주화실천가족운동협의회, 구미유학생간첩단사건가족일동, 〈누가 민족분열자이고 누
가 민족화해자인가〉, 1989년 2월 11일; 구미유학생간첩단사건가족일동, 〈구미유학생
간첩단 사건〉, 1996년 2월 9일.

45 〈황대권, 그는 그렇게 간첩이 되었다〉, 《오마이뉴스》, 2003년 9월 16일.

46 〈강용주, 인간의 자존심과 정체성을 지키고 싶었다.〉, 《경향신문》, 2008년 8월 21일; 〈24
년 뒤 그 얼굴 보자마자 온몸이 덜덜…〉, 《한겨레》, 2014년 3월 21일.

47 〈'구미 유학생 간첩단' 35년 만에 무죄… "반공 독재 시대 마무리"〉, 《경향신문》, 2020년
2월 17일.

48 〈최연소 비전향 장기수 강용주씨 보안관찰처분 면제 결정〉, 《경향신문》, 2018년 12월
12일.

제8장 누구를 간첩으로 만들었나 4 : 납북귀환어부

1 서해 북방한계선, 어로저지선, 어업통제선, 어로한계선 등에 대해서는 다음을 참고. 〈복
잡한 선, 선, 선…〉, 《한겨레21》 제462호, 2003년 6월 5일.

2 〈만선 꿈에 부푼 황금어장〉, 《경향신문》, 1966년 5월 4일; 〈자취 감춘 동해 명물〉, 《동
아일보》, 1967년 8월 26일; 국립민속박물관, 〈민속현장조사〉(http://efw.nfm.go.kr/
service/book/text/341) 등.

3 〈한·일회담 바람타고 움직이는 수산업계〉, 《경향신문》, 1965년 5월 1일.

4 〈만선 꿈에 부푼 황금어장〉, 《경향신문》, 1966년 5월 4일.

5 〈간첩혐의 농후〉,《경향신문》, 1954년 4월 1일; 〈일인에게는 특별대우〉,《동아일보》, 1954년 11월 29일; 〈4일 대만으로 강송 중공어부 등 19명〉,《경향신문》, 1955년 8월 6일 등.

6 "북한괴뢰는 금년부터 별안간 조기잡이 어장 일대에 대형 함정 및 최신 어뢰정으로 구성된 기동함대 배치. 간첩을 수시 남파할 수 있는 루트 네 곳도 새로이 연평도 북방에 설치(…) 그러나 어부들은 그들을 따라다니는 채권자들을 더 두려워하고 있었다. 조기잡이로 나서기 전 가난한 어부들은 백만 환 내지 2백만 환식의 자금을 빚내어 어구, 기름, 식량, 그 밖의 작업에 소요되는 비품을 마련하였다. 그 자금을 대어준 자본주(물주)가 금년에는 어로 현장까지 따라 나왔다는 것. 줄곧 동행하고 있기 때문에 어부들은 한 마리도 제 맘대로 처분할 수 없는 (…) 1,200여 척에 탄 7천여 명의 어부들은 조기 떼를 뻔히 바라보고도 잡을 수 없는 '원한의 휴전선'과 그 너머에서 오는 위협 앞에 '결사적' 어로 중." (〈서해의 조기잡이 배를 따라〉,《경향신문》, 1961년 5월 18일)

7 〈한 · 일회담 바람타고 움직이는 수산업계〉,《경향신문》, 1965년 5월 1일; 〈직업(8) 어업〉,《경향신문》, 1968년 7월 29일.

8 〈어로해역의 확장은 당연지사〉,《동아일보》, 1957년 11월 17일; 〈괴뢰는 "바다"를 노리고 있다〉,《동아일보》, 1959년 8월 23일; 〈국토방위와 상재전장〉,《경향신문》, 1961년 4월 9일; 변상철, 〈납북귀환어부 간첩조작사건 실태 보고〉,《납북귀환어부 간첩조작사건 피해자 구제방안 모색을 위한 국제토론회》, 2019, 7~8쪽 참조.

9 〈괴뢰는 "바다"를 노리고 있다〉,《동아일보》, 1959년 8월 23일.

10 〈보고 온 북한 송환된 어부들의 말〉,《경향신문》, 1961년 4월 26일.

11 〈귀순거물간첩 강대진 씨 수기 〈11〉 어부납북(하)〉,《동아일보》, 1970년 5월 9일.

12 〈괴뢰는 "바다"를 노리고 있다〉,《동아일보》, 1959년 8월 23일; 〈되돌아온 월북어선을 검거〉,《동아일보》, 1962년 6월 23일.

13 통일부의 통계에 따르면, 2020년 2월 현재 납북어부 중 미귀환자는 457명으로 전체 전후 납북 억류자 516명 중 약 89퍼센트를 차지한다. '납북자'는 대한민국 국민으로서 자기 의사에 반하여 북한에 의해 군사분계선 이북 지역으로 강제로 끌려간 사람을 말한다. 납북자는 크게 6·25전쟁 중에 납북된 사람과 군사정전협정 체결(1953. 7. 27) 이후에 납북된 사람으로 구분되며, 6·25전쟁 중 납북자를 전시납북자, 정전협정 체결 이후 납북자를 전후납북자로 부른다(통일부 납북자 홈페이지 참조 https://reunion.unikorea.go.kr/abduct/).

14 검찰이 납북 귀환자를 기소하기 시작한 1965년부터 1967년까지 기소된 127명을 조사

한 일본《교도통신》서울지국장 아와쿠라 요시카츠에 따르면 이 중 유죄판결을 받은 사람은 14명이고 90퍼센트에 가까운 113명이 무죄를 선고받았다(〈'월북 조작' 어민들 '빨갱이 굴레' 벗지 못했다〉,《한겨레21》제1149호, 2017년 2월 13일). 1968년 1월 초 45명의 납북귀환어부들이 대거 구속되었을 때조차, 1968년 4월 사법부는 북측 억류 중의 정보 제공은 형법상의 이른바 '강요된 행위'로 처벌할 수 없다는 입장을 견지하며 이들에게 국가보안법과 반공법을 적용하지 않았다(〈수산업법만 적용〉,《동아일보》, 1968년 4월 11일; 국가정보원,《과거와 대화 미래의 성찰-학원·간첩편(VI)》, 298쪽).

15 〈간첩 6명을 검거〉,《동아일보》, 1958년 12월 30일; 〈되돌아온 월북어선을 검거〉,《동아일보》, 1962년 6월 23일 등. 신문 자료에서 최초 확인되는 납북어부 간첩 사건 보도는 1957년 4월 납북되었다가 5일간의 정치교육을 받고 돌아온 '명신호' 선원들에 관한 위의 1958년 12월 30일자 기사다.

16 〈괴뢰는 "바다"를 노리고 있다〉,《동아일보》, 1959년 8월 23일.

17 〈상반기에 145만 불〉,《경향신문》, 1958년 8월 13일; 〈버려둔 유산 바다〉,《경향신문》, 1964년 5월 18일; 〈한·일회담 바람타고 움직이는 수산업계〉,《경향신문》, 1965년 5월 1일. 특히 주요한 수출 대상국은 일본, 미국, 홍콩 등이었다. 가장 많은 수출품은 해태로 전체 수산물 수출고의 22.8퍼센트였고, 다음이 선어 507만여 달러로 21.4퍼센트, 오징어가 501만 달러로 21.2퍼센트로 그 뒤를 바짝 쫓았다.

18 〈송환된 어부들의 말〉,《경향신문》, 1961년 4월 26일.

19 〈보승호 납북 침몰〉,《경향신문》, 1964년 4월 20일.

20 〈납북어선의 귀환〉,《경향신문》, 1967년 9월 27일.

21 〈5백75시간의 암흑 보승호 납북 침몰〉,《경향신문》, 1964년 4월 20일.

22 〈간첩 파송은 날조〉,《동아일보》, 1957년 11월 26일; 〈전쟁 도발자는 괴뢰 측〉,《동아일보》, 1958년 6월 27일; 〈보승호 납북 침몰〉,《경향신문》, 1964년 4월 20일; 〈역트집 북괴 '간첩'이라고〉,《동아일보》, 1967년 11월 11일.

23 남측에서도 어부들을 통한 남파간첩 파견 시도가 있었던 것으로 드러난다. 이는 진화위 보고서 중 진실화해를위한과거사정리위원회, 〈어부 최봉직의 실종 의혹 사건〉,《2008년 하반기 조사보고서 (4)》, 2009의 사례를 보면 알 수 있다.

24 〈월선어부 간접간첩으로 규정〉,《동아일보》, 1968년 11월 22일; 〈귀환어부 감독 등 철저히〉,《경향신문》, 1968년 12월 23일.

25 임상현, 〈납북어부의 죄책〉,《검찰》 17, 1969년 9월(진실화해를위한과거사정리위원회,《2007년 하반기 조사보고서》, 2008, 1375쪽 재인용).

26 〈춘천지방법원항소부 1968.11.12 68노158〉 (진실화해를위한과거사정리위원회, 《2006년 하반기 조사보고서》, 2007, 119쪽 재인용). 일본의 아와쿠라 요시카츠의 조사에 따르면 납북 피해가 절정에 달한 1968년부터 검찰의 어민 기소가 455명으로 급증했다. 이 시기 기소자 가운데 무죄는 74명(16퍼센트), 유죄는 381명(84퍼센트)이었다(〈'월북 조작' 어민들 '빨갱이 굴레' 벗지 못했다〉, 《한겨레21》 제1149호 (2017년 2월 13일)). 1심에서 무죄판결을 받았지만 항소심·상고심에서 유죄판결을 받은 피고인도 속출했다. 이때 내다수 납북귀환어부들의 혐의는 반공법 제6조1항(탈출) 및 수산업법 제15조(어업의 제한조건), 제71조(어로저지선 월선조업) 위반이었다.

27 〈두 번 이상 납북어부 사형구형토록〉, 《동아일보》, 1968년 12월 24일.

28 〈북괴 흉계, 납북어부들이 폭로〉, 《경향신문》, 1971년 3월 24일.

29 진실화해를위한과거사정리위원회, 〈납북귀환어부 김이남에 대한 간첩 조작 의혹 사건〉, 《2010년 상반기 조사보고서 (10)》, 2010, 317~318쪽.

30 진실화해를위한과거사정리위원회, 〈태영호 납북사건〉, 《2006년 하반기 조사보고서》, 2007 참조.

31 1980년 8월 30일 납북, 1981년 5월 20일 귀환 안정호 진술.

32 변상철, 앞의 글, 17쪽.

33 〈월선 고기잡이 납북어부 간첩죄 적용〉, 《경향신문》, 1973년 9월 13일.

34 이명춘 변호사에 따르면 2차 사건보다 1차 사건의 피해자가 더 극심한 고문을 받았을 것으로 추정되기도 한다. 특정 인물을 표적으로 삼아 간첩으로 둔갑시킨 2차 사건에서는 고문기술을 가진 이른바 '고문 전문가'가 심문을 담당했지만, 지방 경찰관들이 직접 나선 1차 사건 피해자들은 고문의 방법도, 한계도 모르는 이들에게 무자비하게 구타당해 고문 피해가 더 심각했을 가능성이 높다는 것이다(〈'월북 조작' 어민들 '빨갱이 굴레' 벗지 못했다〉, 《한겨레21》 제1149호, 2017년 2월 13일).

35 국군보안사령부, 《대공70년사: 1978. 12. 20.》, 305·318쪽(진실화해를위한과거사정리위원회, 《2008년 상반기 조사보고서 (3)》, 2008, 286~287쪽 재인용).

36 그러나 검찰은 7월 19일자로 즉각 항소를 제기한 상태다. 이에 대해서는 〈50년 간첩누명 벗은 기쁨도 잠시〉, 《한겨레》, 2019년 7월 19일 참조.

37 〈동해안 지구 고정간첩단 타진〉, 《경향신문》, 1969년 2월 25일. 보안사는 이들이 1964년 말 어선 납북을 가장해 북한에서 밀봉교육을 받았으며, 귀환한 후 4년여 넘게 간첩행위를 해왔다고 발표했다.

38 국가정보원, 《과거와 대화 미래의 성찰-학원·간첩편(Ⅵ)》, 2007, 301쪽.

39 대표적으로 진실화해를위한과거사정리위원회,《2007년 하반기 조사보고서》, 2008 중 〈정삼근 간첩조작 의혹사건〉, 〈납북어부 서창덕 간첩조작 의혹 사건〉:《2010년 상반기 조사보고서 (10)》, 2010 중 〈납북귀환어부 박월림에 대한 간첩조작 의혹 사건〉 등

40 김동춘, 〈'간첩 만들기'의 전쟁정치 : 지배질서로서 유신체제〉,《민주사회와 정책연구》 21, 2012, 162쪽.

41 진실화해를위한과거사정리위원회,《2007년 하반기 조사보고서》, 2008, 1388쪽.

42 위의 책, 1180·1388쪽.

43 진실화해를위한과거사정리위원회, 〈납북귀환어부 김이남에 대한 간첩조작 의혹사건〉, 《2010년 상반기 조사보고서 (10)》, 2010, 314쪽(당시 수사관 진술).

44 진실화해를위한과거사정리위원회, 〈납북귀환어부 이병규에 대한 간첩조작 의혹 사건〉, 《2010년 상반기 조사보고서 (10)》, 2010.

45 진실화해를위한과거사정리위원회, 〈납북어부 김영일에 대한 간첩조작 의혹 사건〉, 《2010년 상반기 조사보고서 (10)》, 2010.

46 진실화해를위한과거사정리위원회, 〈납북어부 서창덕 간첩조작 의혹 사건〉,《2007년 하반기 조사보고서》, 2008.

47 진실화해를위한과거사정리위원회, 〈납북귀환어부 윤질규에 대한 간첩조작 의혹 사건〉, 《2010년 상반기 조사보고서 (10)》, 2010.

48 진실화해를위한과거사정리위원회, 〈납북귀환어부 백남욱 외 5명 간첩조작 의혹 사건〉,《2008년 상반기 조사보고서 (3)》, 2008.

49 진실화해를위한과거사정리위원회,《2007년 하반기 조사보고서》, 2008, 1375쪽.

50 대표적으로 진실화해를위한과거사정리위원회, 〈납북귀환어부 김영일에 대한 간첩조작 의혹사건〉,《2010년 상반기 조사보고서 (10)》, 2010 등 참조.

51 진실화해를위한과거사정리위원회, 〈납북어부 서창덕 간첩조작 의혹 사건〉,《2007년 하반기 조사보고서》, 2008; 진실화해를위한과거사정리위원회, 〈납북귀환어부 박월림에 대한 간첩조작 의혹 사건〉,《2010년 상반기 조사보고서 (10)》, 2010. 등.

52 진실화해를위한과거사정리위원회, 〈납북귀환어부 김성학, 이청일에 대한 반공법 위반 조작 의혹 사건〉,《2010년 상반기 조사보고서 (10)》, 2010, 407쪽.

- 국가기록원
- 《대한민국 정부 기록사진집》(제1권 – 제16권), 국정홍보처
- 연세대학교 김대중 도서관
- 오픈아카이브
- e영상역사관
- 정인숙 사진작가

간첩 시대

한국 현대사와 조작간첩

1판 1쇄 2020년 8월 14일

지은이 | 김정인, 황병주, 조수룡, 정무용, 홍정완, 홍종욱, 유상수, 이정은

펴낸이 | 류종필
편집 | 정큰별, 이정우
마케팅 | 김연일, 김유리
표지 · 본문 디자인 | 석운디자인
교정교열 | 오효순

펴낸곳 | (주)도서출판 책과함께
　　　　주소 (04022) 서울시 마포구 동교로 70 소와소빌딩 2층
　　　　전화 (02) 335-1982
　　　　팩스 (02) 335-1316
　　　　전자우편 prpub@hanmail.net
　　　　블로그 blog.naver.com/prpub
　　　　등록 2003년 4월 3일 제25100-2003-392호

ISBN 979-11-88990-80-1 03910